JN092878

「創世記」に学ぶ

―21世紀の共生―

加納 貞彦［著］

早稲田大学出版部

まえがき

聖書は古典として世界で最も多くの人に読まれている書物です。創世記は、旧約聖書の第一書です。創世記の一章から一一章二六節までは、「原初史」と呼ばれます。それは、一章の天地創造と人間の創造の物語から始まり、一一章のバベルの塔の物語で終わる、極めて神話的な色彩の濃い物語です。ここに書かれたわかりやすい神話的な物語を通して、私たちは、ユダヤ教、キリスト教、イスラム教に共通する基本的な世界観と人間観を学ぶことができます。

その「原初史」の後に続く、アブラハム・イサク・ヤコブ・ヨセフの物語は、登場するそれぞれの人間が人生の途上で、失敗と成功を繰り返しつつ、次第に神の存在を実感して成長してゆく様子が描かれています。そこから私たちは人間の弱さについて学ぶとともに、弱い人間が信仰を深めることにより、次第に強くなっていく様子を見ることができます。このように創世記は世界について人生についていろいろ考えさせる興味深い書物です。

私が聖書を本格的に読み始めたのは、東京大学教養学部の学生時代でした。内村鑑三・矢内原忠雄の流れを汲む無教会キリスト者である三人の先生たちが、キャンパス内の和風家屋であった「柏蔭舎」の和室で、毎月一回「柏蔭舎聖書研究会」という名の聖書研究会を開いていました。私は大学に入って二年目に留年し、たまたまこの「柏蔭舎聖書研究会」に参加しました。そこで、聖書を学問的に読むことを学びました。次にその学んだ結果が、今を生きる私たちに語りかけてくる内容と問いかける問題について考えさせられました。そのうえで、聖書から生きる力、すなわち信仰を学びました。三人の先生というのは、教養学部の学生部長であった西村秀夫先生、物理学の鈴木皇先生、そしてドイツ語ドイツ文学の杉山好先生でした。私は学び始めた聖書が面白く、もう一年留年して聖書を学ぶことに集中しました。当時、私は東京都国立市に住んでいましたが、たまたま同じ国立市に住んでおられた杉山好先生が、公務員宿舎の自宅で開いていた家庭集会にも日曜日ごとに参加するようになりました。この杉山好先生の家庭集会は、その後人数が増えたので場所を国立市の公民館に移して、「国立聖書研究会」となりました。私はこの「国立聖書研究会」に今日まで五五年余、継続して参加しています。

　私は二年の留年生活を終えて、工学部電気工学科に進学して卒業し、日本電信電話公社（現在のＮＴＴの前身）の研究所に就職して、情報通信技術の研究者となりました。この間も、「柏蔭舎聖書研究会」で学んだ聖書研究の方法で、ＮＴＴに勤務していた三二年間は職場の聖書研究会で仲間と聖書を読みました。その後早稲田大学に移ってからは、学生とともに日本語と英語のバイリンガルで聖書を読みました。早稲田大学には外国人留学生も多く、当時約四千人いたからです。早稲田大学を定年退職した後は、早稲田奉仕園でバイリンガルの聖書研究会を継続し、社会人および日本にいる外国人の人々を含めた方々とともに聖書を読み続けて今日に至っています。

　こうした読み方で、五〇章からなる創世記をこれまで五回にわたり仲間と通読しました。一回の通読に、それぞれ約五年かかりましたが、その度に新たなインスピレーションが与えられ、新たな発見がありました。信仰についての理解だけでなく、人間や社会に対する見方も教えられました。そういう意味で、創世記は私が自分の生き方だけでなく、人生や歴史について多くを学ぶことができた書物です。この本は、旧約聖書学者でない私が、以上のような聖書研究の経験をもとに書いた創世記の研究書です。

本書の構成は、以下の通りです。第一章「『創世記』のよりよい理解のために（序論）」では、創世記のよりよい理解のために、私が最低限必要と考える項目として、聖書文献学の簡単な紹介、創世記成立の歴史的背景などについて述べます。次に第二章からは、創世記の本文を冒頭から順次取り上げ、初めにその本文が書かれた背景や語句について学問的な解説を試みます。その後に私の意見・感想を述べる形で読み進めます。上巻では創世記一章から、内容上一応の区切りである二五章一八節までを取り上げます。その後、下巻では二五章一九節から最後の五〇章までを取り上げます。

このような学びの中で私が一番印象に残ったことの一つは、創世記には多様な信仰の形や思想が混在していることでした。創世記を読む前の私は、一神教は一つの神、一つの考えだけを提示し、強制するものと考えていました。しかし創世記をよく読んでみると、登場する人間に応じて神の現れ方や導き方はいろいろあることがわかりました。また多様な考え方が混在することもわかりました。このことは、二一世紀におけるグローバル社会のあり方やその中における人間の生き方にも示唆を与えるものだと考えるようになりました。つまり、異なる歴史や文化を持つ多様な民族が、交通や通信の発展によってますます狭くなったこの地球上で、互いの歴史や文化を尊重しながら共生していくためのヒントをこの創世記が与えてくれるのではないかと考えたことが本書を出版することにした大きな動機の一つです。

後の出エジプト記以降の旧約聖書では民族としてのイスラエルが前面に出てきますが、創世記は、それ以前の宇宙や人類の誕生に関する世界の普遍的な見方と、具体的な人間が人生の旅路を歩むにあたって人間を越えた存在（すなわち神）に遭遇して、自分の生き方を確立していく過程を生き生きと描きます。そのようなものとして、私は創世記を読んでいます。

聖書のテキストとしては、基本として、「聖書協会共同訳」（日本聖書協会発行、二〇一八年）を使いました。本書ではとくに断りのない限り、この「聖書協会共同訳」から引用をしています。しかし、必要に応じて、他の日本語訳聖書や英語訳聖書も引用しています。

本書で参照した文献を、目次の後の「参照文献」に掲げました。本文中では、「参照文献」の表の中の太字表記にしたがって、引用をしています。なお、聖書テキストの原資料が何であるかは、すべて本文中で断りのない限り、『旧約聖書創世記』関根正雄訳（岩波書店、一九六七年）にもとづいています。

本書の執筆にあたって最も参考になったのが、旧約聖書に関する学問的な研究の成果です。

この意味で、月本昭男先生には、上智大学公開講座、無教会研修所聖書講座の創世記の講座、およびヘブライ語原典講読などの場を中心に様々なご教示をいただきました。本書で多数の月本先生のご著書や講義資料からの引用があることがそれを示しています。月本先生は、本書の原稿にも目を通してくださり、貴重なご意見をいただきました。感謝して、そのことを記します。

またＮＴＴ研究所の聖書研究会の先輩である武田英夫氏にも謝意を表します。武田氏は、ＮＴＴ研究所から民間会社にしばらくお勤めになった後、東京神学大学に社会人入学した後に日本基督教団の牧師をされました。その牧師職引退後に、本書の原稿に目を通してくださり、貴重なご意見を多数いただきました。

そして長年一緒に聖書を勉強してきた国立聖書研究会の皆様、ＮＴＴ研究所聖書研究会の皆様、そしてバイリンガル聖書研究会（早稲田大学ＹＭＣＡ・早稲田奉仕園共催）の皆様に感謝します。毎回のレポート後の皆様の意見や感想が大変参考になりました。

その中でも特筆して感謝したいのが、アメリカ在住のポール・サマーズ氏（Mr. Paul Somers）です。ポールに私は毎回のバイリンガル聖書研究会の英語のレポートをメールに添付して送りました。そのたびに彼は私のレポートを読んで、数々の貴重な意見をメールで送ってきてくれました。彼は私の高校のＡＦＳ留学生時代からの友人で、クウェーカー信徒です。彼が示してくれたアメリカからの視点とかクウェーカー信徒からの視点のコメントは大変参考になるものでした。

最後に妻、加納孝代に感謝します。彼女は私と長年信仰を共にした同志です。私の原稿のすべてに目を通して、内容に関する意見の他、特に日本語が読者の方々にとって読みやすくなるようにと、厳しいコメントをくれました。

目　次

参照文献

ゴシック体は、本文中の表記方法です

1．日本語訳聖書

『口語訳聖書』日本聖書協会『聖書』一九五五年

『新共同訳聖書』日本聖書協会『聖書　新共同訳』一九八七年

『聖書協会共同訳聖書』日本聖書協会『聖書　聖書協会共同訳』二〇一八年

2．日本語聖書（註解付き）

『旧約聖書創世記』関根正雄訳、岩波書店、一九六七年

『旧約聖書1　創世記』月本昭男訳、岩波書店、一九九七年

『聖書　原文校訂による口語訳』フランシスコ会聖書研究所訳注、サンパウロ、二〇一一年

3．日本語註解書

月本昭男『物語としての旧約聖書　上　人間とは何か』NHK宗教の時間テキスト、NHK出版、二〇一八年

木田献一「序章　旧約聖書とは」日本基督教団版局『新共同訳旧約聖書略解』所収、十三―十九頁、二〇〇一年

大野恵正「創世記」日本基督教団出版局『新共同訳旧約聖書略解』所収、二十―八七頁、二〇〇一年

矢内原忠雄「聖書講義創世記」『矢内原忠雄全集第十巻』所収、岩波書店、一九六三年

4．英語訳聖書

『KJV』King James Version, 1611

『RSV』Revised Standard Version, 1946（新約聖書）、1952（旧約聖書）

『NIV』New International Version, 2011

5．英語註解書

Gordon. J. Wenham. Word Biblical Commentary Genesis 1-15. Zondervan. 1987

Gordon. J. Wenham. Word Biblical Commentary Genesis 16-50. Zondervan. 2000

The New Interpreter's Bible Vol.1. *Genesis.* Abingdon Press. 1994.
Rabbi Jonathan Sacks. Covenant & Conversation. *GENESIS: THE BOOK OF BEGINNINGS.* Maggid Books & The Orthodox Union. 2009
Nahum Sarna. Exploring Exodus. Schocken Books. New York. 1986.
Nahum Sarna. Understanding Genesis. Schocken Books. New York. 1966.
The Hebrew English Concordance To The Old Testament. John R. Kohlenberger III, James A. Swanson. Zondervan Publishing House 1998

6. そのほか

Rabbi Matin Tokayer. Japan and the Ten Lost Tribes of Israel. Tokuma Shoten. 1999（日本語版「聖書に隠された日本・ユダヤ封印の古代史」久保有政訳、徳間書店、一九九九年
Phyllis Trible. ***Texts of Terror: Literary-Feminist Readings of Biblical Narratives.*** Fortress Press. 1984
月本昭男「旧約聖書原典講読　創世記」講義資料、無教会研修所主催聖書学習講座、二〇一八年度（東京新宿、家庭クラブ会館）
月本昭男「原初史の思想と信仰—創世記を読む（1）」講義資料、無教会研修所主催聖書学習講座、二〇一八年度（東京新宿、家庭クラブ会館）
月本昭男「アブラハム物語—創世記を読む（2）」講義資料、無教会研修所主催聖書学習講座、二〇一九年度（東京新宿、家庭クラブ会館）
加藤隆『集中講義旧約聖書　「一神教」の根源を見る』ＮＨＫ出版、二〇一六年
山我哲雄『一神教の起源　旧約聖書の「神」はどこから来たのか』筑摩書房、二〇一三年
井筒俊彦訳『コーラン上』岩波書店、一九五七年
井筒俊彦訳『コーラン中』岩波書店、一九五八年
井筒俊彦訳『コーラン下』岩波書店、一九五八年
平藤喜久子『神話学と日本の神々』弘文堂、二〇〇四年
長谷川修一『ヴィジュアルＢＯＯＫ　旧約聖書の世界と時代』月本昭男監修、日本基督教団出版局、二〇一一年
プラトン『ソクラテスの弁明』久保勉訳、岩波文庫、一九二七年
アウエルバッハ『ミメーシス—ヨーロッパ文学における現実描写　**上』**篠田一士・川村二郎訳、筑摩書房、一九六七年
キルケゴール『おそれとおののき』桝田啓三郎訳、河出書房、一九六六年

第一章　「創世記」のよりよい理解のために（序論）

1・1 旧約聖書「創世記」の紹介

旧約聖書には、第一書の「創世記」の他、多数の書物が含まれています。これらの書物はヘブライ語で書かれています。これらの書物のヘブライ語での題名は、すべてその書物の最初の一語からとられています。たとえば「創世記」の第一章第一節は、「初めに神は天と地を創造された」なので、創世記のヘブライ語での書名は、「ベレーシート（初めに）」です。

旧約聖書は紀元前六世紀ごろにバビロンに捕囚されていたユダヤ人たちによって編纂されたといわれています。その後、ユダヤ人たちが地中海周辺の各地に散在するにつれて、ヘブライ語よりもギリシャ語に堪能なユダヤ人が増え始めたので、それらの散在ユダヤ人たちにもわかるように、前三世紀頃にギリシャ語訳が作成されました。このギリシャ語訳は、「七十人訳（ラテン語 Septuagint、セプチュアギント）」と言われます。ラテン語で Septuagint とは七〇を意味し、ヘブライ語からギリシャ語への翻訳に携わったと伝説的にいわれる七〇人の学者による訳であることから、この名が付きました。

このギリシャ語の「七十人訳」では、創世記は、その内容から「Genesis Kosmou（宇宙の起源）」と名付けられました。ギリシャ語の「Genesis（ゲネシス）」は、生成、起源という意味で、「Kosmou（コスムー）」は秩序、宇宙という意味の Kosmos（コスモス）に由来します。

この七十人訳の「Genesis Kosmou」をもとに、英語訳聖書では「創世記」のタイトルは、「Genesis」となりました。日本語訳の「創世記」は、日本語訳より以前に訳された中国語訳の「創世記」をそのまま継承しました。

このように「創世記」は、そもそも宇宙はどのように始まり、自然と人はどのように創造されたのか、そしてイスラエル人およびアラブ人の先祖であるアブラハムとその子孫であるイサク、ヤコブ、ヨセフがどのように人生を過ごしつつ、失敗したり成功したりしながら、人間として信仰的に成長して人生を終えたのかを述べる物語です。

旧約聖書の中の最初の五書（創世記、出エジプト記、レビ記、民数記、申命記）は、「モーセ五書」と呼ばれます。ユダヤ教では，これらの「モーセ五書」を「律法（トーラー）」と呼びます。この「モーセ五書」は、ユダヤ教、キリスト教、イスラム教の共通の経典となっています。とくに、「創世記」はこれらの宗教に共通する世界観と人間観を理解するのに必須の書であると思います。

１・２　聖書文献学の紹介

聖書は、一八世紀までの長い間、神が直接述べた言葉であるから、その言葉をそのまま信じるべきだと言われてきました。言いかえると、聖書の言葉を学問的な研究の対象とすることは推奨されていませんでした。

しかし、一七五三年にパリ大学医学部教授でフランス王ルイ一五世の侍医でもあったジャン・アストリュク（Jean Astruc）が創世記を原文（つまりヘブライ語）で読んで、創世記は二つの資料からなる書物であると、研究論文で発表しました。その二つの資料とは、一つは神の名をエロヒム（Elohim）と呼ぶエロヒム資料、もう一つは神の名をヤハウェ（Yahweh）と呼ぶヤハウェ資料です。そもそも神が書いたのなら、神の名前が二つ出てくることはおかしいし、一つの資料だけからなるのなら神の名は一つのはずだと彼は考えました。

この研究論文で、アストリュクは、次の二つの重要な指摘をしました。

（一）　創世記は神が書いたものではなく、神を信じた人間が書いたものである。

（二）　創世記は異なる資料からなる。

このアストリュクの論文により聖書の文献学が始まりました。中心となったのは、ドイツのプロテスタント系の学者たちでした。彼らのさらなる研究の結果、アストリュクの研究論文発表の五〇年後の一八〇三年には、エロヒム資料は、二つの異なる伝承から成るという説があらわれ、多くの学者がこれを受け入れました。一つはそのままエロヒム（Elohim）資料の名称を引き継ぎましたが、もう一つには祭司（Priest）資料という名が与えられました。なおヤハウェ資料からは、後に申命記資料（Deuteronomy）が分離されました。申命記資料は創世記には出てきません。

ヤハウェ資料を書いた人はヤハウィスト、エロヒム資料を書いた人はエロヒストと呼ばれます。またヤハウェ資料は一般にJ資料と略されます。それは主としてドイツの学者が聖書の文献学を発展させたので、ヤハウェのドイツ語の表記 Jahweh の頭文字Jを取ったものです。

以上のように旧約聖書の「モーセ五書」と呼ばれる最初の五書、すなわち、創世記、出エジプト記、レビ記、民数記、申命記は、ヤハウェ資料とエロヒム資料と祭司資料と申命記資料の四つの資料からなるという説は、ドイツの聖書学者ウェルハウゼンの「イスラエル史序説」（一八八三年刊）によって確定的となりました[1]。

このような聖書文献学の成果を、プロテスタント系の聖書学者は比較的早期に受け入れました。一方カトリック教会が、このような聖書文献学の成果を取り入れたのは、一九四三年に教皇ピオ一二世が出した回勅「聖書研究の奨励」以降です。現在では、たとえばカトリックのフランシスコ会聖書研究所が出した『聖書創世記—原文校訂による口語訳』（出版社サンパウロ、一九五八年）は、聖書本文についての注に、聖書文献学の成果を反映する記述をしています。

コラム 1-1

ジャン・アストリュクについて

パリ大学医学部教授であったジャン・アストリュク（Jean Astruc）が一七五三年に出版した論文の長いタイトルを日本語に訳すと、次のようになります。

「創世記を書くにあたってモーセが使用したと考えられるメモに関する推測―この推測に裏付けを与える、または光をあてる意見とともに[2]」

ここで、「モーセが使用したと考えられる」とあるのは、この時点では創世記など、モーセ五書の著者はモーセであるとされていたからです。アストリュクは、当時のフランスの宗教的な状況から、匿名で、またフランスではなく、ベルギーのブリュッセルで、この研究論文を出版しました。

彼はカトリックの人でしたが、彼の父はプロテスタントからカトリックに改宗した人でした。また、アストリュク家はユダヤ人の家系でした。このような家族的な背景から、彼は聖書の原文に関心を持ち、ヘブライ語にも通じていました[3]。

（１）『旧約聖書創世記』関根正雄訳、二一八頁。

（２）原文のフランス語のタイトルは、Conjectures sur les mémoires originaux dont il paroit que Moyse s'est servi pour composer le livre de la Genèse. Avec des remarques qui appuient ou qui éclaircissent ces conjectures. Bruxelles (1753)

本書の執筆にあたって、私が参照した註解書は、一つを除いて、すべてこの資料説に基づいて書かれています。その一つの例外は、最も新しい一九九七年に出版された『旧約聖書1　創世記』月本昭男訳です。この本は、最新の旧約聖書文献学の成果に基づいて、これまでの聖書文献学の成果に対する疑義を表明しています。重要な指摘なので、長くなりますが、以下に引用します。[4]

「当初から、こうした資料仮説に対する批判もなくはなかった。しかし、その多くは聖書本文の歴史的・文献批評学的研究そのものに否定的であったから、学問上の論争にはなりにくかったのである。(中略)ところが一九七〇年代中頃から、歴史的・文献批評学的研究の内部で、従来の資料仮説の根本を揺るがすような見解が次々に発表されるようになってきたのである。

そうした見解の筆頭は、なによりも、資料区分自体に関する疑義である。従来の資料区分の根拠は、実はそれほど確実なものではなく、区分された資料自体もその範囲が不明確であったり、同一資料内における不整合性も少なくない、といった指摘である。その結果、創世記から民数記までを貫くヤハウェ資料、エロヒム資料、祭司資料のような文書資料の存在は否定されたのである。(中略)

従来の資料仮説と対立するもう一つの見解は、従来の資料区分自体は概ね認めるものの、とくにヤハウェ資料の成立時期をダビデ・ソロモン時代から捕囚期へと大幅に下げるべきだ、という主張である。(中略)

モーセ五書の資料仮説に対するこのような批判的見解は決して一様でなく、今後、それが資料仮説に代わるような通説として収斂してゆくのかどうか、学会の動向は必ずしも定かではない。従来の資料仮説の擁護論もまた根強く残っている。しかし、現在、従来の資料仮説をそのまま踏襲すればそれですむ、という状況にないことは確かである。」

本書を執筆する中で、確かに現在の資料説では説明しきれないところもあることを私も実感しました。しかし私は旧約聖書学には素人ですので、私が長年親しんできた参照文献にあげた註解書をもとに、基本的にはこれまでの資料説に基づいて本書を執筆してゆくことにします。

本文中では、聖書箇所の原資料がヤハウェ資料、エロヒム資料、祭司資料のいずれかであることを説明していきます。その出典は特に断りのない限り、『旧約聖書創世記』関根正雄訳です。関根先生には、学生時代にヘブライ語を少し学びました。感謝してこれを記します。

１・３ 「創世記」成立の歴史的な背景

１・３・１ イスラエル民族成立の歴史的な背景

創世記を含む旧約聖書の舞台は、パレスチナ地方です。その位置は、ヨーロッパとアジア、さらにアフリカを結ぶ陸の橋の役目を果たすところにあります（図1-1）。「陸の橋」というのは、パレスチナ地方の西は地中海に面し、南東には広大なシリア・アラビア砂漠が広がっているので、人が住めるところの幅は狭いところで一〇〇

（３）アストリュクに関する出典：
（1）1911 Encyclopædia Britannica/Astruc, Jean https://en.wikisource.org/wiki/1911_Encyclop%C3%A6dia_Britannica/Astruc,_Jean
（2）Jewish Encyclopedia.Jean Astruc. http://www.jewishencyclopedia.com/articles/2058-astruc-jean
（４）『旧約聖書１ 創世記』月本昭男訳、一八六―一八七頁。

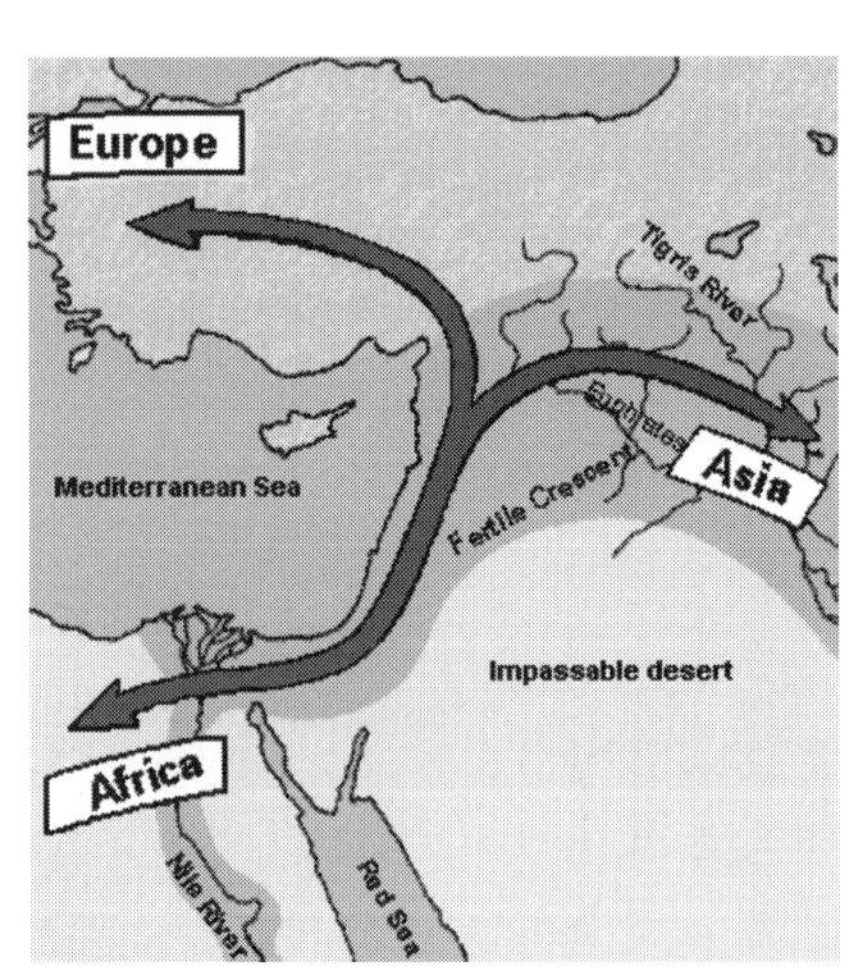

図1-1　パレスチナ：アジア・アフリカ・ヨーロッパを結ぶ陸の架け橋

［出典：https://home.snu.edu/~hculbert/bridge.htm］

キロメートル弱しかないからです。ここはしばしば「肥沃な三日月地帯（Fertile Crescent）」と呼ばれてきたメソポタミア地方からエジプトに至る三日月型をした肥沃な土地の一部です。[5] ですから、よそに飢饉があると、この「肥沃な三日月地帯」に向けて人々が入ってきました。また地中海沿岸の諸民族がさまざまな理由でしばしばこの地に移住してきました。一方、この「肥沃な三日月地帯」のそこかしこでもしばしば飢饉があり、人々は他の地方に移動しました。さらにエジプトやメソポタミアの強大な帝国の軍隊がこの地を通り過ぎてゆきました。このように、この地方は古来多くの民族が往来しました。ですから現在に至るまで、これらの民族の間で平和的に共存したり、民族間で領土をめぐって争ったりした歴史があります。

山我哲雄氏の『一神教の起源―旧約聖書の『神』はどこから来たのか』は、イスラエル民族の成立の歴史をかなり詳しく述べています。[6] それを要約すれば、ほぼ以下のようなります。

「パレスチナにおいて「イスラエル」と呼ばれる民がいたことを裏付ける最古の資料は、現在までのところエジプトのテーベの神殿で発見された、エジプト第十九王朝第四代のファラオであるメルンエプタ（前一二一三―一二〇三年在位）が前一二〇七年ごろに行ったパレスチナ遠征の戦勝記念石碑である。この石碑には、メルンエプタが打ち破った民として七つの民の名があげられており、その一つが「イスラエル」となっている。したがって前一三世紀の終わりごろ、パレスチナにすでに「イスラエル」と呼ばれる民がいたことになる。[7]」

この「イスラエル」と呼ばれる民がどういう民であったのかについては、山我哲雄氏は諸説を紹介した後に、結論としてもっともありうるのは以下のようなことではなかったか、と述べます。[8]

「（当時の）パレスチナ全体を襲った政治的・社会的・経済的混乱と危機的状況の中で、都市を離脱して山岳地帯に移住してきた農民たち（これを「原イスラエル人」という）と、もともと彼らと共存関係にあった牧羊民が山地で遭遇し、合流したということも十分可能だからである。その後、エジプトからの逃亡奴隷の集団や、アラム人と関係のある人々がそこに加わった可能性がある。『イスラエル人』は起源を異にする多種多様な集団が融合しあう『るつぼ』のような状況から生まれてきたのではないだろうか。」

「（当時の）パレスチナ全体を襲った政治的・社会的・経済的混乱と危機的状況」とは、前述のように、多くの多様な民がこの地域に移住してきたこと、さらに海から移住してきた民（ペリシテ人など）もいたことから、パレスチナ地方の平野部にはいくつかの都市国家ができ、これらの都市国家の間では戦乱が絶えなかった状況を指します。このような平野部の戦乱を逃れるために、農民たちはパレスチナの中央部の山岳地帯に、いわば難民となって移住したのでした。その農民と合流した可能性のある「牧羊民」の中に、故郷であるカルデアのウルを出てカナンに来たアブラハム一族もいたかもしれない、と山我氏は説明します。

また同じくそこに合流したかもしれないと山我氏がいう「集団」の一つに、「エジプトからの逃亡奴隷の集

(5)「肥沃な三日月地帯」の範囲については諸説があります。エジプトを含まずパレスチナ地方までとする説、パレスチナ地方さえ含めず、メソポタミア地方に限定する説などです。

(6) 山我哲雄『一神教の起源』第二章「イスラエルという民」五一―九八頁。

(7) 同上六二頁。

(8) 同上八一頁。

団」があります。出エジプト記に出てくるこの逃亡奴隷の集団は、比較的少数であったことが、以下のことからわかると山我氏は言います[9]。

出エジプトをした民が「壮年男子だけで六十万人」（出エジプト記一二・三七）とあるので、家族などを加えれば数百万人の規模になり、さらに家畜も加わったとすれば、エジプトの史料にこれを示唆するなんらかの記述がありそうなものですが、現在まで何も見つかっていません。さらに何百万人もの人が同時に移動したとすれば、通過した後に一連の破壊の跡や大規模集団の宿営の跡、大量の土器の散乱など、考古学的な痕跡も残るはずですが、そのようなものは現在まで発見されていません。

したがって、歴史的に考え得るのは、出エジプトの伝承のもとになったのは、実は文書記録にも残らず、考古学的な痕跡も残らないような、小規模の出来事であった可能性が高いと山我氏は言います[10]。

それを後のイスラエル民族は、自分たちの民族全体の共通体験として再解釈したのではないか。そのような再解釈の例は、近現代にも以下のような事例に見ることができる、と山我氏は続けます[11]。

「アメリカ人は十一月の第四木曜日に「感謝祭」（サンクスギビングデー）を国民の祝日として祝い、なぜか七面鳥を食べる。これはイギリスで国教会に迫害されたピューリタンの会衆派の一部（ピルグリム・ファーザーズ）が、自分たちの宗教的理想を実現するために本国を「脱出」し、一六二〇年にメイフラワー号でアメリカに渡り、厳しい冬を乗り越えて得た収穫を神に感謝したことに由来し、いわばピューリタン国家としてのアメリカの創健神話的な意味を持っている。実際にメイフラワー号でアメリカに渡ったのはわずか一〇二人のイギリス人であり、例えば後に奴隷としてアメリカに連れてこられたアフリカ系アメリカ人や、一九世紀になってからアメリカに渡ったアイルランド系、イタリア系、ドイツ系、アジア系の移民は彼らとは遺伝的に何の関係もない。しかし、アメリカ人はそんなことは百も承知で、それでもそれを自分たちの象徴的な起源と見なし、国民的団結を確認する行事として毎年それを祝っているわけである。」

以上をまとめて山我氏は以下のように述べます。[12]

「『イスラエル』という民族集団は、パレスチナの中で、起源を異にするさまざまな集団が、何段階かにわたる複雑で漸進的な過程を通じて相互に結合し、民族的自己同一性(アイデンティティ)を獲得することによってはじめて形成されたというのが真相のようなのである。」

その集団の形成は、出エジプトが行われた前一三世紀からサウルを王とするイスラエル国家が建設された前一〇二一年にわたる二〇〇—三〇〇年の間に行われたものと考えられます。その集団の形成については、「旧約聖書の伝承に残された結果から見ると、その経過を担った人々はまさに天才的であったと言わねばならない」と山我氏は述べます。[13] そのイスラエル民族の統合を作り出した主たる要素として、山我氏は次の四つを挙げます。[14]

(1) 共通の祖先の系図 イスラエルの一二部族がアブラハム—イサク—ヤコブという共通の祖先から生まれたとしたこと。

(2) 歴史の共有 出エジプトを民族全体の歴史としたこと。

(3) 特異な習慣を通じた外部との差異化 食べ物の禁忌(「コーシャー」と言われる)、男子の割礼、安息日の順守、過越の祭や除酵祭の順守。

(4) 共通の神の崇拝 出エジプトを導いたヤハウェと呼ばれる神と、もともとパレスチナの山岳地帯に住ん

(9) 我哲雄『一神教の起源』第二章「イスラエルという民」六〇—六一頁。

(10) 同右六一頁。なおユダヤ人の旧約聖書学者ナフム・サルナ氏は、出エジプトしたイスラエルの人々の数はおよそ五五五〇人であったのではないかと推測しています。Nahum Sarna, Exploring Exodus, p.99

(11) 山我哲雄、同右六一—六二頁。 (12) 同上六〇頁。 (13) 同上八〇—八一頁。 (14) 同上八一—九八頁。

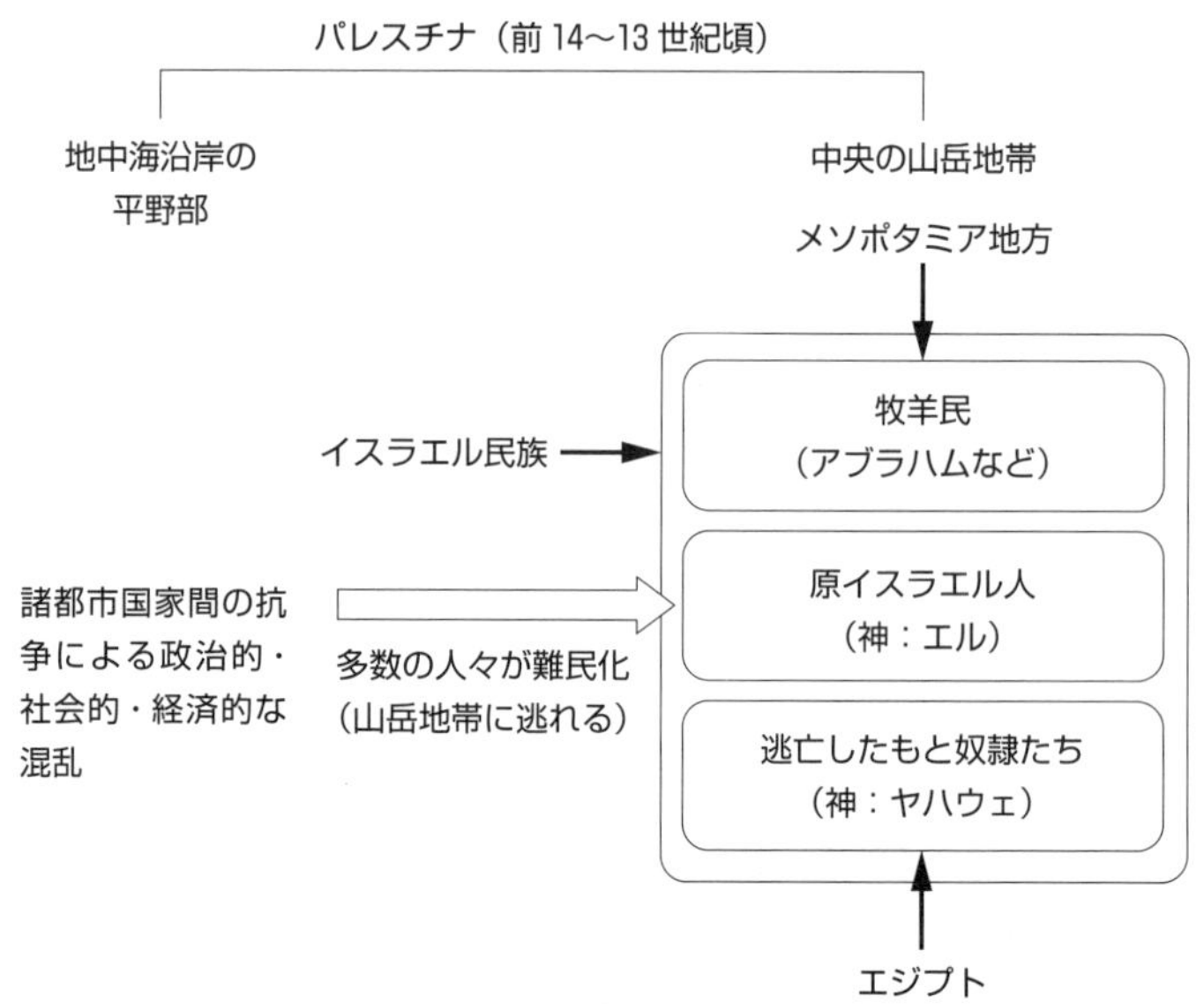

図1-2　イスラエル民族の成り立ち
［出典：山我哲雄「一神教の起源」をもとに筆者作成］

でいた人々（原イスラエル人）が礼拝していた神（エル）を次第に同一の神として崇拝するようになったこと。

以上をまとめて、イスラエル民族の成り立ちを図示すると図1-2になります。

1・3・2　書物としての「創世記」成立の歴史的背景

書物としての創世記成立の歴史的な背景を年表的に示すと表1-1のようになります。イスラエル民族やアラブ諸族の共通の祖であるとされるアブラハム、およびその子孫イサク、ヤコブ、ヨセフらの創世記の主人公たちが生きた時代は、前一八—一六世紀といわれています。創世記によれば、アブラハムから数えて三代目のヤコブの時代に、カナン地方に飢饉があったので、ヤコブは食料を求めて一族を連れて、息子ヨセフが宰相となっていたエジプトに行きました。ヨセフの死後、ヨセフのことを知らないエジプトの国王（ファラオ）が出て、イスラエル人たちはエジプトで奴隷となり苦しい生活を強いられました。その奴隷となったイスラエルの民が、モーセに率いられてエジプトを脱出した、いわゆる「出エジプト（Exodus）」は前一三世紀のことだといわれています。モーセの死後、イスラエルの人々は、ヨシュアに率いられて先住民族のいたカナン地方に入っていきました。その後、危難の時に立ちあがった、世襲でない「士師（しし）（Judges）」とよばれた複数の指導者たちに率いられた時代を経て、前一〇二一年にベニヤミン族出身のサウルを初代の王とする王制が敷かれ、イスラエル王国が誕生しました。しかしそのサウル王は、ペリシテ人との戦いに敗れて戦死しました。その後、ユダ族出身のダビデが王となりました。ダビデ王の死後、その子ソロモンが次の王になりました。

このソロモン王の時代の前一〇世紀頃にヤハウェ資料が成立したといわれています[15]。ダビデ王とその子ソロモン王はいずれもイスラエルの一二部族のうちの「ユダ族」の出身であり、ヤハウェ資料は南イスラエルのユダ族の間で伝承された物語をまとめたものであるといわれています。

ヤハウェ資料の特徴をあげると次のようになります[16]。

まずユダ族の祖ユダが大きな役割を演じていること、また南方ユダ地方の聖所を中心とした伝説を多く保存しています。また神の名前として、出エジプトを導いた神の名前「ヤハウェ」を使っています。

さらにヤハウェ資料について、多くの人が次のようなことを特徴として指摘しています。私も同感です。

（15）『旧約聖書創世記』関根正雄訳、二一七頁。なお、『旧約聖書１　創世記』月本昭男訳の解説（一八六―一八七頁）によれば、一九七〇年代中頃から、ヤハウェ資料の成立時期を、ダビデ・ソロモンの時代から捕囚期（前六世紀）へと大幅に下げるべきだ、と主張している説もあるそうです。

（16）『旧約聖書創世記』関根正雄訳、二二〇頁。

小説家（文学）的で、秩序だった世界の全体像を描くよりは、人間に関心を持ち、人間の理解に深く鋭いものをもっています。神（ヤハウェ）が擬人法で語られ、直接人間に語りかけます。また人名や地名などの由来を民間語源的に説明することが多くあります。このような人名や地名の名前の由来は、「原因譚」といわれます。さらに当時の多くの文書と同じく、男性中心的です。

コラム 1-2

神の名前（固有名詞）ヤハウェ

神の名前は、ヘブライ語聖書では、子音でYHWHとあらわされます。モーセの十戒の第三戒（出エジプト記二〇・七）で「あなたの神、主の名をみだりに唱えてはならない」とあるので、古代イスラエルの学者は、発音を表す母音符号を付けるにあたって、「主人」を表すアドナイと発音するよう母音符号をこの子音につけました。その結果、母音付きのヘブライ語では、Y（e）HW（a）Hとなりました。ここで（ ）内が母音符号です。イスラエル人は、これをアドナイと発音してきました。

このような事情から、神の固有名詞YHWHの正確な発音は忘れられました。このアドナイと読む母音符号にしたがって、子音YHWHを発音するとYehwahとなります。そこで神の名はヘブライ語以外の言語では、長い間、エホバ（ヱホバ）、Yehwah（英語）、Jehvah（ドイツ語）などと呼ばれました。しかし、近年の研究によりYHWHの本来の発音は、ヤハウェであることがわかり、今では子音YHWHは、ヤハウェ、Yahweh（英語）、Jahweh（ドイツ語）と読むようになりました。

英訳聖書では、ヘブライ語でアドナイ（主人）と呼んでいたことから、the LORDと表記されます。

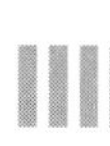

この場合、LORDは、すべて大文字ですが、最初の文字Lに比べ、次に続くORDは大文字ながら、多くの場合一段小さなフォントで書かれます。

次にエロヒム資料について述べます。この資料はイスラエル王国が、前九二二年に南北に分裂した後に、北イスラエル王国で前八世紀に成立したといわれています。

エロヒム資料の特徴をあげると次のようになります。[17]

北方イスラエルの諸聖所を多く叙述し、北イスラエルの諸部族（エフライム族など）に関する話が中心になっています。神の名としてヘブライ語の「神」の普通名詞「エル」の尊称の複数形の「エロヒム」を用いています。ヤハウェ資料が神からみた人間を記述しているのに対して、エロヒム資料は人間の側から見た神への態度、すなわち信仰を問題にしています。[18]

さらにエロヒム資料について、多くの人が次のようなことを特徴として指摘しています。私も同感です。神（エロヒム）が擬人法により直接人間に語りかけるのは、ヤハウェ資料と同じです。人間が「信じる」ことができるように、幻、天の星、夢、み使いなどに言及することも多くあります。

なお、北イスラエルの十部族からなる北イスラエル王国は、紀元前七二二年にアッシリアに滅ぼされ、これらの十部族はアッシリアに連れて行かれました。これらのイスラエルの一〇部族の人たちが、その後どうなったかは不明で、よく「イスラエルの失われた十部族（Ten Lost Tribes of Israel）」と言われます。これらの「イスラエル

---

(17)『旧約聖書創世記』関根正雄訳、二二〇頁。
(18) 同右二二九頁。

の失われた十部族」のその後の足跡の研究が、ユダヤ人を中心に今でも行われています。一部はシルクロードを経て中国まで来たとされています。そのまた一部が日本まで到達したという説もあります[19]。

南イスラエルのユダ王国もバビロニアに前五九七年に滅ぼされ、ユダ族の大半の人々および祭司を出していたレビ族の人々がバビロニアの首都バビロンに連れて行かれました。これをユダヤ人のバビロン捕囚といいます。この捕囚は、バビロニアがペルシャに滅ぼされる前五三九年まで続きました。この後、ユダヤ人たちはユダヤの地に戻ることが許され、捕囚は終わりました。

この約六〇年間に及ぶバビロン捕囚の間、バビロンの地にいた祭司たちは、神殿もなく、祭儀を行うことができませんでした。そこで彼らは、異郷の地にあって自分たちの民族の歴史を編纂することで、自分たちの信仰とアイデンティティを確立し維持しようと考えたのだと思います。彼らは、モーセ五書といわれる創世記、出エジプト記、レビ記、民数記、申命記を編纂しました。ユダヤ教では、これらの「モーセ五書」を、「律法（トーラー）」と呼びます。

祭司たちは、ヤハウェ資料、エロヒム資料および祭司階級の間に長年伝えられていた祭司資料をもとに、一つの書物にまとめるための補足ないし枠組みを提供する記述を加えてモーセ五書を編纂しました[20]。

祭司資料ついて、多くの人が次のようなことを特徴として指摘しています。私も同感です。

祭司資料は、天地万物を創造し統べ治める神という神概念を打ち出しました。これはバビロンという異郷の地にあったため、世界を広く客観的に見ることができたところから生まれたのではないかと考えられます。この神概念の中には、最終的には神がすべてをよくしてくださるという楽観主義があります。またすべての人は、「神に似せて神にかたどられて造られた」という基本的な人間観を提示しました。ここから基本的人権という考え方も後に出て来たと言われます。記述の仕方は、客観的であり、学者的です。これもバビロンという異郷の地にあって自分たちを客観的に見る状況に置かれたことと関係があると思います。そのため自分たちは何者であるかというアイデンティティを求めて、自分たちはどこから来たのかという歴史に興味を持ち、大切にしました。[21] そのため、登場人物の年令や、あることが起こった年月をきちんと書きます。さらに祭司資料の特徴として、見方が普遍的で、ユダヤ人だけでなく、周辺の民族への言及があり、さらに人間だけでなく、太陽・月・星・空などの宇宙や動物・植物への記述もあります。この普遍的な見方は男女の関係にも及び、男女がきわめて平等に書かれています。

また宗教としてのユダヤ教を確立するために、割礼を規定し、出エジプトの歴史に基づいて過越の祭、除酵祭の祭儀を規定をしました。

（19） Rabbi Matin Tokayer. Japan and the Ten Lost Tribes of Israel に詳述されています。日本語訳はラビ・マーティン・トケイヤー『聖書に隠された日本・ユダヤ封印の古代史――失われた部族の謎』久保有政訳、徳間書店、一九九九年。
（20）『旧約聖書創世記』関根正雄訳、二二〇頁、二三〇頁。
（21） 一般に人は自国にいるときよりも、外国にいるときの方が、自分たちは何者であり、どこから来たのかという歴史に興味を持つ傾向があると思います。

表1-1　創世記成立の歴史的背景

紀元前（BC）	
1700-1500頃	アブラハム、イサク、ヤコブ、ヨセフが生きた時代
1280頃	モーセに率いられたユダヤ人たちが出エジプト モーセの死後、ヨシュアに率いられてカナンの地に入る
1021－922	イスラエル王国の誕生（1021-922） サウル王、ダビデ王、ソロモン王（在位：前971年～前931年頃）
前10世紀（ソロモン王の時代）ヤハウェ（J）資料誕生（注）	
	モーセに率いられて出エジプトをした南イスラエルのユダ族を中心に伝承された物語。出エジプトを導いた神の名前が「ヤハウェ」 （注）1970年代中頃以降の研究で、ヤハウェ資料の成立時期をダビデ・ソロモン時代から捕囚期へと大幅に下げるべきだ、という主張もある ［出典：『旧約聖書 1　創世記』月本昭男訳 p.187］
922	イスラエル王国分裂：北のイスラエル王国と南のユダ王国に分裂
前 8 世紀	**エロヒム（E）資料誕生** 出エジプトの経験のない北イスラエルの諸族の間に伝承された物語 神の名前は、神の普通名詞エルの尊称の複数形エロヒーム 北イスラエルの聖所の名前が出てくるのが特徴
722	北イスラエル王国、アッシリアにより滅亡される 北イスラエルの10部族がアッシリアにより連れ去られる （イスラエルの失われた十部族）
641～609	南ユダ王国　ヨシヤ王 申命記改革　（申命記の「発見」）
597	南ユダ王国、バビロニア王ネブカドネザル 2 世により滅ぼされ、その民の大半が、バビロンに連れて行かれる（バビロン捕囚） **バビロン捕囚中　祭司（P）資料の誕生と「創世記を含むモーセ五書」の編纂** この間、祭司たちがヤハウェ資料やエロヒム資料をもとに、適宜祭司（P）資料を加えてモーセ五書を編纂
537	ペルシャ王キュロス 2 世により、ユダヤの民がバビロン捕囚から解放され、順次故郷パレスチナに戻る
前 5 世紀	**「モーセ五書」（創世記、出エジプト記、レビ記、民数記、申命記）成立** バビロン捕囚中からモーセ五書成立までに申命記的史家も手を入れた
AD90	他の書を加えて旧約聖書（ヘブライ語聖書）がユダヤ教の聖典とされる

出典：『旧約聖書Ⅰ　創世記』月本昭男訳、岩波書店、1997年
関根正雄『イスラエル宗教文化史』岩波全書セレクション、2005年
『旧約聖書創世記』関根正雄訳、岩波書店、1991年
山我哲雄『一神教の起源－旧約聖書の「神」はどこから来たのか』筑摩書房、2013年
日本基督教団出版局『新共同訳旧約聖書略解』2001年

１・３・３ 創世記の内容の多様性

以上のように、創世記は起源の異なるヤハウェ（J）資料、エロヒム（E）資料のような複数の伝承を、祭司たちの間に伝えられて来た伝承と自分たちの考えを加えた祭司資料（P）も加えて、ひとつに編纂したものです。時代的には、ほぼ千年の長きにわたる複数の伝承や資料がまとめられています。しかも、その編纂をした祭司は矛盾を承知で原資料を尊重したために、結果的にその内容は変化に富み、思想的にもかなり違うものが、創世記には混在しています。

その具体的な例としては、以下が挙げられます。

宇宙に対する見方、人と自然の関係についての見方、男女平等に関する考え方（以上、コラム２‐１、コラム２‐２を参照）、神の選びに関する考え方（４・３節を参照）、イスラエルの民の父祖であるアブラハムと異邦の民であるペリシテ人の王アビメレクの関係についての記述方法（９・３節を参照）などです。

このように矛盾を承知で原資料を尊重して、その矛盾をそのまま残した編纂者の意図を、私は次のように解釈します。つまり、文字にすると、その文字が独り歩きして、その文字に書いてあることに人間が縛られる危険性があります。この危険性を排除するために、あえてその書かれた文字と矛盾する内容の文字も残しておいたのではないか、という解釈です。書いてある文字に縛られる危険性は、その文字で表された内容を「唯一の真理」と考えてしまう、いわゆる教条主義に陥り、過去の一時点で書かれた文字を金科玉条としてしまい、「生ける神」に祈り、その導きを謙虚に受ける姿勢も必要もなくなります。その時々に「生ける神」に祈れば、別の文字で書かれた内容、あるいは全く書かれていないことが示されるかも知れません。それを使徒パウロは次のように言っています。

「文字は殺し、霊は生かします」（コリントの信徒への手紙二　三・六）

ここで霊とは、「生ける神」から時にかなって与えられる示しや導きなどのことだと考えます。

このことから、聖書の一部の文字だけを絶対として信じて、聖書やその後の歴史で神が表した他の考え方を排斥するいわゆる原理主義が、創世記の編集者の意図とは異なり、神の意図とも異なることは明らかです。創世記には多様な考え方がいわば共生しており、人は神に祈りつつ、また考え方の異なる人とも対話しつつ、その時点における神の意図を考え祈りつつ求めていかなければいけないことを示しています。

1・4　聖書文献学の発展の背景

聖書文献学が一八世紀に入って始まったことには、どのような背景があるのでしょうか。私は、次のように考えます。

古来、聖書は羊皮紙、パピルス紙などの上に書かれておりました。サイズも大きく、重さも重く、取り扱いにくいので、ユダヤ教の会堂（シナゴーグ）やキリスト教の教会、あるいは修道院の図書館などに巻物の形で置かれていました。そのため、多くの人が手軽に聖書を読むことができませんでした。その結果、ある人が聖書について自分の発見や考え方を発表しても、他の人が言及された聖書にあたって、互いに議論しながら確認してゆくことができる状況にはありませんでした。

一五世紀に印刷術が発明されると、最初に印刷されたのは聖書でした。そして旧約聖書については、ラテン語聖書のほか、原語であるヘブライ語の聖書も出版され、多くの人が手元に聖書を置いて読むことができるようになりました。その結果、1・2節で述べたジャン・アストリュクの説（神の名がヤハウェとエロヒムの二つあること）

を、他の多くの学者がヘブライ語聖書の原典を直接読んで確認することができるようになりました。その結果、この説が広く受け入れられた、と考えられます。アストリュクの前にも同じようにヘブライ語の原文で神が二つの方法で表されたことを発見していた人はいたかも知れません。しかし、印刷術の発展の支えがあって初めて、その説が広く伝えられて他の人によっても確認され、多くの人々に受け入れられるようになったのだ、と私は考えます。

聖書の文献学的な発見を最初にしたのが科学者（医学者）であり、教会の聖職者でなかったのは大変興味深いことです。というのは、それまでの教会関係者は、聖書は神が述べた言葉をそのまま書いたものであると教えられていたので、それを文献学的に研究することは、長い間推奨されていなかったからです。しかし、一七世紀から一八世紀のヨーロッパでは啓蒙思想の普及により、教会や神学といった従来の権威から離れ、人間の理性への信頼にもとづいて世界を把握しようという動きが出てきました。こうして自然科学も発展し、あわせて聖書を文献学的に読む読み方も広まっていったと考えられます。

この読み方は、前述のように今ではプロテスタントの世界だけでなく、カトリックの世界でも広く認められています。

こうして印刷術の発明により、今では各国語訳の聖書が広く普及し、聖職者でない素人が先人の研究や聖書註解書を参考にしながら、自国語に翻訳された聖書を読むようになりました。さらに多くの人が、ヘブライ語を学びヘブライ語で書かれた旧約聖書を、ギリシャ語を学びギリシャ語で書かれた新約聖書を読んで原典にあたり、自分で考え、真理の探究をすることができるようになりました。私もそのような者の一人です。

1・5 伝承史的な研究方法

創世記研究の方法として、これまで述べてきた文献学的な研究方法の他に、創世記を構成する個々の物語ないし逸話に焦点をあて、それらが文書化される以前の口伝として語り伝えられた段階を明らかにしようとする、伝承史的な研究方法があります[22]。

口伝によって伝えられた伝承の例としては以下があります。

・聖所の起源に関する伝承
・父祖たちに関する伝承
・周辺部族の起源に関する伝承

1・5・1 聖所の起源に関する伝承

たとえば創世記二八章一〇節以降に、ヤコブが旅の途中で寝ているときに、天に届く階段を神の御使いたちが上り下りしている夢を見た、という記事があります。その時、ヤコブは、枕にしていた石を記念碑として立て、その場所をベテル（神の家）と呼びました。ヤコブは後にその場所に祭壇を築きました（三五・一―七）。この場所は、後に北イスラエル王国の聖所となりました。このベテルに関する聖所伝説が、父祖ヤコブの物語とともに口伝で伝えられ、後にヤハウェ資料やエロヒム資料のもとになったと考えられます。

このような聖所伝説は、日本でも見られるもので、たとえば神社や寺の由緒や縁起物語として伝えられています。

1・5・2 父祖たちに関する伝承

アダムとエバ、ノアと息子たち、さらにアブラハム、イサク、ヤコブ、ヨセフらに関する物語は、口伝の伝承がまずあって、それが文書化されて、今伝えられているヤハウェ資料、エロヒム資料、祭司資料にまとめられたのであろうと考えられています。それらの口伝がどのような人々によって、いつ頃から伝承され始めたのかなどを研究するのが伝承史的な研究です。

総じて、アブラハムおよびイサクに関する物語は、南のユダ王国における伝承であり、ヤコブに関する物語は、北のイスラエル王国における伝承であるとされます。

1・5・3 周辺部族の起源に関する伝承

以下のような周辺部族の起源に関する伝承が、創世記の中で語られます。

・ノアの息子セム、ハム、ヤフェトから産まれた地上の諸民族のカタログ(一覧表)(一〇章)

・アブラハムの妻サライの仕え女ハガルから産まれたイシュマエルを父祖とするイシュマエル人に関する伝承(一六・一五、二一・九、三七・二五など)

・アブラハムの甥ロトの二人の娘が父親と通じて産んだ二人の子供は、それぞれモアブ人およびアンモン人の父祖となったとする伝承(一九・三〇―三八)

---

(22) 『旧約聖書1 創世記』月本昭男訳、一八八頁。

・イサクの子で、ヤコブの兄エサウが、エドム人の父祖となったとされる伝承（二五・二五、三六・一）

これらの伝承が事実なのか否かはわかりませんが、少なくともイスラエルの民の間では、このような伝承が伝えられていたことがわかります。

1・6　まとめ

以上をまとめると現在の創世記は、まず主として民間の口伝による伝承があり（第一段階）、それらがヤハウェ資料、エロヒム資料などの書物になってまとめられ（第二段階）、さらに捕囚期に祭司資料を加えて、創世記として編纂された（第三段階）という、ほぼ千年にわたる三段階を経てまとめられた、ということができます。この後、さらに後に述べる申命記的史家の加筆などが加えられて、モーセ五書がまとまりました。この過程を表1－1「創世記成立の歴史的背景」にまとめました。

ですから、創世記では、一貫してヤハウェの神への信仰が貫かれていますが、千年に亘るさまざまな視点や思想が入り込んでいます。それを最終的に編纂した祭司たちは、自分たちの考えで、それらの記述の内容を統一することはしないで、なるべく忠実に原資料を保存して一つの書物にしました。このために、結果としてできあがった創世記の記事を流れる見方や考え方は、多様性に富んでおり、各時代でそれぞれの人が自分の視点で、特定の見方を述べたものがそのまま残っていて、さまざまな思想や信仰の形、さらにそれらに基づく生き方を生み出すことになりました。したがって、同じ神を信じ、同じ聖書をもとにしていると言っても、ユダヤ教、キリスト教、イスラム教という異なる宗教ができあがり、さらにそれぞれの宗教の中に多くの宗派が出てきたことも理解できます。

1・3・3項で述べたように、文字に縛られないようにあえて矛盾する内容を残した、創世記の編纂者の意図を汲むなら、自分の解釈だけが正しいとして、それ以外の解釈をする異なる宗教や宗派の人たちを正しくないと人間のレベルで判断して（つまり、自分が神となって）、他の宗教や宗派を批判したり、あるいは同じ宗派の中でも異端として切り捨てるというやり方は、創世記の編纂者の意図に反するものである、と私は思います。

創世記の神は、いつの時代にも生きており、歴史を司る神であり、創世記が書かれた以降も、人々に霊感を与えて、歴史を導く神です。

たとえば、その後の歴史を通して明らかになった神のみ心の例として以下を挙げることができます。

・人間の平等（民族、肌の色、宗教、男女別、障害の有無などによらない）
・基本的人権の尊重
・思想・信仰の自由

つまり、聖書やこれまでの歴史を通して明らかにされたことをもとに、現代において神のみ心がどの辺にあるかを求めつつ、聖書を読む必要があると考えます。創世記は、今ある書物の形が最終ではないと私は考えます。

第二章　天地の創造と人間の創造（創世記一章―二章）

創世記は、「初めに神は天と地を創造した」（一章一節）に始まる天地創造の物語から始まります。その中で、人間の創造の物語も合わせて語られます。

近年の旧約聖書のテキストに関する研究により、創造物語は、それぞれ異なる資料に基づく二つの物語から成ることがわかっています。一つは、祭司資料による創造物語（一章一節—二章四節前半）です。いま一つはヤハウェ資料による創造物語（二章四節後半—二五節）です。

創世記を編纂した紀元前六世紀のバビロン捕囚中の祭司たちは、旧約聖書の冒頭にふさわしい記述として、「初めに神は天と地を創造した」（一章一節）に始まり六日間で神が天地の創造を行い七日目に休まれた、という祭司資料による壮大なスケールの創造物語を置きました。

次いで、二章四節後半の「主なる神が地と天を造られたとき、地上にはまだ野の木も、野の草も生えていなかった。」で始まるヤハウェ資料による人間の創造に焦点をあてた創造物語が続きます。

2・1 祭司資料による創造物語（一章一節—二章四節前半）

2・1・1 光と天体、地球に住む動物、植物の創造（一章一節—二五節）

この部分の原資料は、すべて祭司資料とされています。

創世記の初めの一章一節の言葉「初めに神は天と地を創造された」に、ユダヤ教、キリスト教、イスラム教を貫く一つの世界観が示されています。つまり、天地およびその中にある万物は一人の神が創造された、という考え方です。

現在の天文学では、宇宙は空間的に果てしない広がりを持ち、時間的にもおよそ一三八億年前のビッグバンに始まり現在に至っており、今でも広がり続けている、といわれています[1]。このような最新の科学的な知見と創世記一章一節のこの記述はどのように関係するのでしょうか。私は次のように考えます。

たとえば蝶は、卵→幼虫→さなぎ→成虫（蝶）と変態をしてゆきます。幼虫は、自分が将来空を飛ぶ蝶になると考えているでしょうか。幼虫の能力には限界があり、そのような認識はしていないのではないかと想像します。さなぎにしても同じです。同じように、人間の能力にも限界があり、人間の能力を越えた認識はできないと思います。科学とは、人間の能力の範囲内で観察された事実から物事の理を推論することです。しかし、たとえば「第六感」というように、人間の能力を越えた感覚があることを私たちはうすうす気づいていますが、それは科学の対象とはなっていません。

ということは、科学的に「初めに神は天と地を創造された」ということを人間の能力に基づく科学では証明できないでしょう。しかし同時にそうでないということも証明できないと思います。そうである限り、「初めに、神は天と地を創造された」と信じることは許されると考えます。そう信じることによって、信じた人間が、それをもとにする世界観や人生観を持って、不可解で不条理なことの多い人生を、自ら納得していきいきと生きることができるのなら、そう信じてよいと私は考えて、信じています。

このように天地万物は神が創造したということから出発して、その神は人間にとってどのような神であるのか、そしてその神は人間に何を期待しているのかを知る素材を与えてくれるのが創世記です。創世記は、その神を信じたアブラハムなどの人間が具体的な人生を生きながら、失敗や成功を通して次第に人間的に成長しながら神を

(1)　NASA Wilkinson Microwave Anisotropy Probe (WMAP) Science Team, circa 2006. https://map. gsfc. nasa. gov/

よりよく知るようになる姿を書いたもの、と私は捉えています。

二節は、「地は混沌として、闇が深淵の面にあり、神の霊が水の面を動いていた」とあります。これは、天地創造直後の原始の混沌状態を描いたものです。ここで「深淵」と訳されたヘブライ語「テホーム」は、バビロニア神話に登場する「ティアマト」と言語的に共通する、とヘブライ語と古代バビロニアの楔形文字の両方に通じた旧約聖書学者の月本昭男氏は述べます。[2] バビロニア神話に登場する「ティアマト」とは「海」を意味する女神です。バビロニア神話においては、主神マルドゥクが、「ティアマト」に代表される原初の混沌の勢力である神々や怪物を撃ち破って、世界を創造し、秩序をもたらした、とされています。このバビロニア神話は古代イスラエルの人々にも知られていました。それは、旧約聖書の他のいくつかの箇所に、バビロニア神話の怪物などが出てくることからわかります。たとえば、バビロニア神話の怪物「タンニーン」は創世記一章二一節で「大きな海の怪獣（ヘブライ語は、タンニーンの複数形）」として出てきます。

また、バビロニア神話の怪物「レビヤタン」は、ヘブライ語でもそのまま「レビヤタン」として、ヨブ記三章八節、四一章一節、詩編七四編一四節、イザヤ書二七章一節などに出てきます。英語でも怪物の名前として、そのまま「Leviathan」として出てきます。ですから、祭司資料を書いた前六世紀のユダヤ教の祭司たちは、バビロニア神話の世界の創造物語を知りながら、自分たちの考えに基づいて天地創造の物語を唯一の神による宇宙万物の創造という物語に仕立てあげた、ということができます。[3]

二節に出てくる「混沌」は、水をたたえた深淵とその上を覆う闇から成ります。この闇の中で、「神の霊が水の面を動いてい」ました。「霊」と訳されたヘブライ語は「ルーアハ」で、これはまた「風」とも訳される言葉です。そこから目に見えない仕方で人間や事物を動かす力を「ルーアハ」と言いました。それは、神から与えられる特別な能力（知識、知恵、技能など）の源泉と考えられました。[4] 一方、「ルーアハ」の日本語訳として用いられた「霊」の日本語としての意味は、広辞苑によれば「肉体に宿り、または肉体を離れて存在すると考えられる精神的実体。たましい。たま」ですから、ヘブライ語の「ルーアハ」とは異なる意味を持つことに注意する必要があります。つまりヘブライ語では、人は肉体と魂（あるいは霊）の両方を合わせもった存在で、肉体を離れた魂（あるいは霊）という考え方はありません。[5] さらに詳しくは、二章七節の「生きる者」という言葉に関連して述べます。

原始の混沌状態は、物理的には水をたたえた深淵の表面を、風として深淵を動かす力である「神の霊」が動いていた、ということになります。ここで、「動いていた」と訳されたヘブライ語の「メラケフェト」は、他の用例として申命記三二章一一節に「鷲が巣を揺り動かし、雛の上を飛びかけり羽を広げて捕らえ翼に乗せて運ぶように」における「飛びかけり」があります。これは親鷲が雛たちの上を舞って、雛たちに飛び上がるように働きかけを行っている様子の描写です。ですから、この二節の「神の霊が水の面を動いていた」とは、神の霊が風となって深淵の水の表面を飛びかけり、この深淵に働きかけを行っている様子を示している、ということになります。

つまり、これから行われる神の創造の働きは、後のキリスト教神学で「無からの創造（*Creatio ex nihilo*）」といわれるような無からの創造ではなく、創世記では原初にあった混沌状態（深淵）に神の霊が働きかけて「秩序」を造り出していくものであった、と言うことができます。[6]

（2）月本昭男『物語としての旧約聖書　上』一六頁。
（3）同右一六頁。
（4）同右四三頁。
（5）同右。

三節以降では、この混沌状態に対して、神が一日ごとに言葉を発することによって、順次被造物が創られて、世界に秩序がもたらされてゆく様子が書かれます。

三節に「神は言われた。『光あれ。』すると光があった」とあります。神の創造は、神の「思い」が「言葉」になって発せられると、それによって、言葉が表現した「思い」が「混沌」の中から、名前を与えられた「もの」として創造される、という形をとります。人間は、逆に「もの」を見て、これに対して「言葉」を作り、さらにその奥にある「思い（＝意味）」を考えて、目の前の混沌を理解しようとします。

第一日に光が創造されました。これは科学が発達していなかった古代において驚嘆すべき見方です。というのは、古代の他の神話では、光や熱のもととなる太陽が神となる場合が多いのです。しかし、創世記では、まず太陽とは独立に、光が創造された、とします。現代物理学の一つの金字塔である「相対性理論」は、絶対的に不変なものは、光の速度であるという原理の上に成り立ちます。これを「光速度不変の原理」と言います[7]。私はこの原理を提唱した人（ユダヤ人のアインシュタイン）は、宇宙の混沌の中から最初に創造されたのが光であったことを知っていて、このような原理にたどりついたのではないか、と勝手に楽しく想像しています。

四節に「神は光を見て良しとされた」とあります。神は、ご自分がなされた創造の結果を評価して、よしとされたわけです。次にその結果を受けて、「神は光と闇を分け、光を昼と呼び、闇を夜と呼ばれ」（四節後半―五節）ました。

以上のプロセスは、私たちが仕事をする場合と全く同じで、Plan（計画）―Do（実行）―Check（評価）―Action（評価結果に基づく行動）という四段階からなります。この四段階は、ＰＤＣＡと言われ、仕事をするとは、ＰＤＣＡのサイクルを回すことだと言われます。神の創造においても、神はまず「光あれ」と言って「言葉（思い）」で自分の Plan を述べ、「こうして光があった」と、その Plan を「もの」として具体化する Do があります。次に、

「神は光を見て良しとされた」と仕事の結果の成果を評価（Check）してよしとした上で、「光と闇を分け、光を昼と呼び、闇を夜と呼ばれた」という仕上げとしてのActionが入っています。このように、神はＰＤＣＡのサイクルを回したわけです。

こうして「夕べがあり、朝があった。第一の日である」（五節）とまとめて、第一の日の創造の仕事が終わりました。この「夕べがあり、朝があった」という表現から、ユダヤ教では、一日は日没の夕方から始まり、次の日の日没に終わるということになっています。例えばユダヤ教の安息日は土曜日ですが、実際には金曜日の日没から始まり土曜日の日没に終わります。

次に第二の日の「言葉」（すなわち、Plan）として、六節の「水の中に大空あれ。水と水を分けよ」があります。そして神は「具体化の作業」（すなわち、Do）として「大空」を造ります。この「大空」のヘブライ語「ラキア」のもとの意味は、「打ち延ばされた堅い金属の板」です。このことから英語では天を「firmament」と呼ぶことがあります。つまり、「固く（firmに）されたもの」ということです。古代セム人は、大空を「上に水を蓄えた堅い天井」と考え、その穴から雨が降ると考えていました[8]「大空の下の水」（七節）とは海のことです。

八節に「神は大空を天と呼ばれた」とあります。ここで初めて、「天」が創造されたという記述です。これは、一節の「初めに神は天地を創造された」と一見矛盾します。この矛盾は、一章一節の「初めに神は天と地を創造された」を天地創造の全体を簡潔にまとめた表現で、以下の節でその内容が順次説明される、と理解することで解決されます。

---

(6)　同右一八頁。
(7)　砂川重信『電磁気学』岩波書店、一九七七年。
(8)　『フランシスコ会訳聖書』(旧)、五頁。

こうして、第二の日が終わります。第二日の創造について、「神はこれを見て良しとされた」という記述がありません。第一日、および第三日以降のすべての日については、この記述があります。さらに、六日にわたる創造の仕事を終えた後、「神は造ったすべてのものを御覧になった。それは極めて良かった」(一章三一節)とありますから、第二日の創造についても、神はよしとされた、と考えてよいと思います。

次に九節から第三日の創造の記述が始まります。九節で「天の下の水」が一つ所に集められて、海の中に地が現れたことが述べられます。ここでも、「地」が創造されたことが再び出てきます。一章一節の「初めに、神は天と地を創造された」と一見矛盾します。この矛盾は、前に天について述べたと同じように、一章一節は、天地創造の物語の全体を簡潔にまとめた表現であるとして解決されます。

この第三日に、神は「地は草木を生えさせよ。種をつける草と、種のある実を結ぶ果樹を、それぞれの種類に従って地上に生えさせよ」(一一節)と言って、地に草と木を生えさせました。いろいろな種類の草と木が、秩序をもって創造されたことがわかります。また「地は草木を生じさせ」(一二節)という表現から地の生産力が示唆されます。

一四節から第四日の創造が述べられます。神は二つの大きな光る物と星を造ります。二つの大きな光る物の一つは昼を照らす太陽であり、もう一つは夜を照らす月です。こうして、昼と夜が分けられ、また星を加えて季節のしるし、日や年のしるしが設けられました。この結果、時間にも秩序がもたらされて、暦が造られることとなりました。

二〇節からは第五日目の記述です。水の中の生き物、および空を飛ぶ鳥が創造されました。二一節に「海の怪獣」とあるのは、さきに述べたようにヘブライ語では「タンニーン」の複数形である「タンニニーム」です。おそらく鯨やシャチのような大きな海中の生き物を想定していると私は考えます。神はこれらを見てよしとされた後、創造した水中の生物および鳥に対して、「産めよ、増えよ、海の水に満ちよ。鳥は地の上に増えよ」（二二節）と祝福しました。これは後に人間に対して言われるのと同じ祝福の言葉です。

第六日には、まず地上の動物（家畜、這うもの、地の獣）が創造されました。神は、それらを見てよしとされました。以上で、人間を取り巻く天地万物が造られ、いよいよ二六節から人間の創造の物語が始まります。

2・1・2　人間の創造と安息日（一章二六節―二章四節前半）

この部分も、祭司資料です。

二六節で、神は、「我々のかたちに、我々の姿に人を造ろう」といって人を創造しました。この一文は、創世記が人間について初めて言及する文章であり、創世記の人間観がよくあらわれているところです。神が「我々」と複数形を使って自分のことを述べている点については諸説あります。代表的なものは、天には神だけでなく神に仕える天使などを含めた神的な存在がいるので、それらを代表して「我々」と言っているのだという説です。もう一つは、「我々」と複数形を使っているのは、いわゆる「尊称の複数形」（尊敬する対象を複数形で表す）であると理解すべきであるとする説です。

ここで表されている人間観は、「神のかたちに、神の姿に人は造られた」、という驚くべき見方です。なぜ驚くべきかというと、まず「人」という一般名詞が使われていて、すべての人類が「神のかたちに、神の姿に」造られた、と言っていることです。特定の人ないし家系、ないし民族（たとえばイスラエル人）を指していないことです。古代バビロニアやエジプトの神話では、王の家系が神の子であるとして、一般の人と区別されることが多いのですが、ここではすべての人が平等に、「神のかたちに、神の姿に」造られた、としています。このことから、すべての人は神と同じように尊重されるべきであるということになり、すべての人の平等と基本的人権の考え方が生まれた、と私は考えます。

次に驚くのは、人は「神のかたちに、神の姿に造られた」という文章です。これはどのように解釈したらよいのでしょうか。私はこれを、神が自由で、ご自分の言葉で宇宙の万物を創造し、評価し、その評価結果に基づき行動したように、人も自由に自分の言葉で計画を立て、その計画を実行し、その結果を評価し、その評価結果に基づき行動することができる存在である、と解釈したいと思います。つまり、すべての人は自由であるということです。同時に、人は自由に行動できるけれども、大切なことは自分の行動の結果を評価することで、その評価に基づき次の行動を決めることが期待されているということです。その場合の評価基準とはどのようなものでしょうか。

その評価基準というのは、やはり人は、「神のかたちに、神の姿に」造られた、ということから、神の評価基準ということになります。つまり、神がどのような方で、人に何を期待しているのかが、評価基準ということになります。その一つの方法が、聖書や信仰の先人たちの記録、さらにこれまでの歴史などから学んで、その評価基準を知る努力を続けることだと思います。そこに聖書や信仰の先人たちの記録および歴史を読む大切さと楽しみ、喜びがあります。

二六節では後半に、造られた人に「海の魚、空の鳥、家畜、地のあらゆるもの、地を這うあらゆるものを治めさせよう」という文が続きます。ここで注意したいのは、聖書協会共同訳で「治めさせよう」と訳されているヘブライ語の動詞「ラーダー」の意味です。この「ラーダー」は、新共同訳では「支配させよう」と訳されています。

この動詞「ラーダー」には、二つの用例があるとされます。一つは上の者（あるいは大国）が下の者（あるいは小国）を「支配する」という意味で使う場合です。もう一つは羊飼いが羊を「世話をする」という意味で使う場合です。[9]

英語世界でよく使われている註解書であるThe New Interpreter's Bibleは、二六節および二八節で「have dominion over（支配する）」と訳されているヘブライ語の動詞「ラーダー」について以下のように述べています[10]（原文英語、日本語訳筆者）。

「『支配する（have dominion over）』と訳されたヘブライ語の動詞『ラーダー』の研究は、その意味を『世話をすること（care-giving）、さらに言えば、養い育てること（even nurturing）』との関連で理解すべきで、『搾取（exploitation）』との関連で理解すべきでないことを明らかにしました。」

（原文の英文は以下となります。A study of the verb *have dominion over* (Hebrew *rada*) reveals that it must be understood in terms of care-giving, even nurturing, not exploitation.）

つまり、この二六節および二八節におけるヘブライ語の動詞「ラーダー」の訳は、「支配する」ではなく、「世話をする」とすべきだとこの註解書は言っています。

「支配する」と「世話をする」とでは、意味するニュアンスがだいぶ違います。「世話をする」という訳を採用すると、すべての被造物の「世話をする」ために、神が人を神の代理人として、ご自分のかたちに、ご自分の姿に、創造したことの意味がはっきりするように思います。同じように、人間社会のリーダーも「支配する」のでなく、人々を含めた被造物全体を「世話をする」、さらには「養い育てる」のが役目である、と理解した方がよ

(9)　月本昭男「旧約聖書原典講読　創世記」講義（二〇一八年一〇月二五日）における説明。

(10)　The New Interpreter's　Bible Vol.1, p.346.　なおヘブライ語動詞「ラーダー」をＫＪＹおよびＲＳＶはhave domion overと訳しますが、ＮＩＶはrule overと訳します。

いことを示唆しています。

聖書協会共同訳の訳語「治める」は、「支配する」よりも中立的な言葉ですが、いずれにせよ「治める」の内容は、権力をもって支配するというより、「世話をする」さらには「養い育てる」と理解した方がよいという意見も旧約聖書学者の中にあることは注目すべきだと思います。

なお、ヤハウェ資料による創造物語では、二章五節で、人は「大地に仕える人」と位置付けられます。[11] この訳についての説明は二章五節のところに譲るとして、ここで私が指摘したい点は、人と自然の関係について、祭司資料では人が自然を「治める」とされる一方、ヤハウェ資料では人は自然に「仕える」存在とされていることです。つまり、祭司資料とヤハウェ資料で、人と自然の関係は、全く逆になっています。このことについての私の考えを次のコラム2-1で述べます。

人と自然の関係に関する二つの異なる考え方

人と自然の関係について、祭司資料では人が自然を「治める」とされる一方、ヤハウェ資料では人は自然に「仕える」存在とされています。

この一見矛盾する記述の関係はどのように理解すればよいのでしょうか。私は、それを解く鍵は、新約聖書のイエスの言葉にあると考えます。新約聖書で、イエスは、「あなたがたの中で偉くなりたい者は、皆に仕える者となり、あなたがたの中で頭になりたい者は、皆の僕になりなさい」と言いました。[12] つまり、上に立つ人は、下で働く人々に仕えて、彼らの世話をして喜び苦しみを共にする指導者になりなさい、ということになります。このイエスの言葉に従って、人と自然の関係を説明すれば、人は自然を治める（世話をする）ことを任されている部分もありますが、一方で自然に仕えて自然と喜び苦しみをともにする存在でもある、ということになります。前半の、自然を治めることを任されている部分の例としては、治山治水のように自然を一部改造して人間にとって住みやすい環境を作ることがあります。また自然科学で自然現象を解明した上で、それを利用して人間にとって便利な道具や住みやすい環境、さらに病気の原因を解明して治療法を確立するということも、自然を治めていることにあたります。

後半の、自然に仕えて自然と喜び苦しみをともにする存在の例としては、人間が美しい自然の中に入れば、人間も自然もともに調和して喜びます。しかし、人間が自分の都合だけで周囲の自然環境を破壊すれば、自然は苦しみ、破壊された環境によってて人間も苦しむということになります。さらに台風や地震のような自然現象に人間が苦しめられることもあります[13]。

このように、人は自然を治め、世話をしますが、また人は自然に仕える者でもある、ということが、人と自然の実際の関係である、と私は思います。したがって、祭司資料の捉え方とヤハウェ資料の捉え方の両方とも正しいわけで、一方だけでは不十分です。

このような人と自然の関係に関する見方によく似た見方は、現代の指導者の在り方にも同じような

(11)『旧約聖書1　創世記』月本昭男訳、七頁。
(12) 新約聖書マタイ二〇・二六―二七、マルコ九・三五、ルカ二二・二六。
(13) 新約聖書ローマの信徒への手紙八。二二「被造物がすべて今日まで、共にうめき、共に産みの苦しみを味わっていることを、私たちは知っています」とあるように自然も苦しんでいるのです。

考え方が表れています。たとえば、アジアの農村指導者を養成する栃木県那須町にあるアジア学院の教育の一つの目標は、アジアの農村の人々に「奉仕する指導者、つまりサーバント・リーダー（servant leader）」を養成することである、としています。指導者は指導すると同時に仕える者であるとしているところに同じ精神が見られます[14]。このサーバント・リーダー（servant leader）の考え方は、現在の経営学におけるリーダー論でも重要な位置を占めています[15]。

二七節に、「神は人を自分のかたちに創造された。神のかたちにこれを創造し、男と女に創造された」とあります。この節のヘブライ語原文では、「人」は「アダム」、「男」は「ザハル」、「女」は「ネケバー」と別の言葉が用いられています。聖書協会共同訳では、このヘブライ語の「アダム」、「ザハル」、「ネケバー」の違いを忠実に、「人」、「男」、「女」と訳しています。なお、聖書協会共同訳で「アダム」を最初に造られた男の固有名詞として訳すのは、四章二五節からです[16]。

長い間、英語圏で読まれていたKing James Version（一六一一年刊行）やRevised Standard Version（一九四六年刊行）では、「人」をmanと訳し、「男」をmale、「女」をfemaleと訳しています。すなわち、男が「人」を代表する形になっています。さらに、二章四節後半以降のヤハウェ資料による創造物語では、最初に男が造られ、その後、「彼にふさわしい助けて手」（二・一八）として女が造られます。この両者が相まって、創世記を受け入れてきたユダヤ教、キリスト教、イスラム教の社会では、長い間、男尊女卑の考えが続いてきました。

もっとも英語訳でも、最近のNew International Version（二〇一一年刊行）では、二七節のヘブライ語「アダム」をmankindと訳し、二章二〇節から、最初に造られた男の固有名詞として「Adam」と訳しています。

この男女間の平等に関しては、男女は同時に創られたとする祭司資料の考え方と女は男のあばら骨から創られたというヤハウェ資料の考え方（二・二二）の違いについて、次のコラム２‐２で、私の考えを述べます。

コラム 2-2

男女の関係についての二つの異なる考え方

祭司資料では、男と女は同時に造られました（一・二七）。つまり男と女は同時に平等のものとして造られた、と考えてよいと思います。一方、ヤハウェ資料では、男が最初に造られて（二・七）、男に「ふさわしい助け手」（二・一八）として女が男のあばら骨から造られました（二・二二）。すなわち、女はあくまでも男の助け手（つまり助手）として男に対して従属的な一段低い位置に置かれています。

この両資料の男女の関係に関する異なる考え方を、私は以下のように捉えたいと思います。すなわち、男女は同時に造られた平等な存在ではあるが、お互いにとってなくてはならない「助け手」として、互いに相手を補完する異なった役割を与えられているとする考え方です。それぞれの役割にふさわしい特性を肉体的にも精神的にも持つのであって、一方が他方の上に立つとか、一方が常に他方の助手であるという関係ではない、と捉えるのがよいと思います。

（14）servant leader という言葉は、アジア学院のウェブサイトに明記されています。http://www. ari-edu. org/2017/03/25/hbw/

（15）例えば、次の本があります。Robert K. Greenleaf, *Servant Leadership: A Journey into the Nature of Legitimate Power and Greatness*. Paulist Press. 2002.

（16）新共同訳では三章八節から、関根正雄訳および月本昭男訳では四章二五節からです。

この男女平等の関係は、日本国憲法の第二四条の「婚姻は、両性の合意のみに基づいて成立し、夫婦が同等の権利を有することを基本として、相互の協力により、維持されなければならない」にも明記されているところです。

人を男と女に創造した後、神は彼らを祝福して、「産めよ、増えよ、地に満ちて、これを従わせよ」（二八節）と言いました。まず「地に満ちて」という言葉については、聖書のこの部分が書かれた当時[17]の時代状況から出た言葉であると、私は考えます。その後、約二六〇〇年が経って地球の人口が七六億人（二〇一七年[18]）を越えた現在の状況では見直す必要がある言葉だと考えます。同じことを The New Interpreter's Bible も言っています。[19]

次に二八節で、「地を従わせよ」と訳されたヘブライ語の動詞「コーベシュ」には、確かに「従わせる、征服する」という意味はあるのですが、人間の目的のために地を従わせるということは「地を耕せ」という意味だと、The New Interpreter's Bible は言います。[20] 後半の「海の魚、空の鳥、地を這うあらゆる生き物を治めよ」については、すでに二六節で出てきた表現と同じです。二六節が神の独白のセリフで、いわば神の plan を示すものです。これに対して、二八節後半は、その結果、創造された人間に対して、その plan を説明し伝えている言葉となっています。

二九節で、神は人に、種を持つ草と、種を持つ実をつける木を食べ物として与えると言います。つまり、人は原初は草とその種、また木の実を食べる草食（ベジタリアン）であったということになります。三〇節でさらに、動物についても青草を食物として与えた、とあります。つまり動物も原初は、みな草食動物であったというのです。しかし、神は、後にノアの洪水後に、人に動物の肉を食べることを許しました（九・三）。同じように、動物にも肉食を許したので、肉食の動物が出てきました。しかし、終わりの日には、「獅子も牛のようにわらを食べる」（イザヤ一一・七）という表現があるように、肉食の動物である獅子も再び草食になるのが理想だとする思想が旧約聖書にはあります。

最後に三一節で、「神は、造ったすべてのものを御覧になった。それは極めて良かった」とあります。この言葉を、創世記を編纂したバビロニアに捕囚中の祭司が言うのですから、驚きます。彼らは、これを書いた時点では捕囚の身であるという悲惨な状況にありました。しかし、この世はもともと神が「それは極めて良かった」と言って創造されたのだから、いずれそのような時代が来るに違いない、という信仰を、これを書いた祭司が持っていたことがわかります。こうして、次第に「終わりの日」には、神が介入して、すべてが極めてよくなるという楽観主義にもとづく信仰が生まれてきたのではないかと、私は思います。

三一節の最後の「夕べがあり、朝があった。第六の日である」の言葉で、六日間にわたった神の創造の業が終わります。

二章一節で、天地万物の創造が六日間で完成されたことが述べられます。次の二―三節には、六日間創造の仕事をされた神が、七日目に休まれたこと、およびその第七の日を神が祝福し聖別されたことが次のように述べられます。

「第七の日に、神はその業を完成され、第七の日に、神はその業を終えて休まれた。神は第七の日を祝福し、

---

(17)　この部分のもととなった祭司資料は、、紀元前六世紀に書かれました。その後、今の形にまとめられたのは紀元前五世紀頃といわれています。表１-１を参照。
(18)　United Nations, World Population Prospects, 2017.
(19)　The New Interpreter's Bible Vol. 1, p. 346.
(20)　同右。

これを聖別された。その日、神はすべての創造の業を終えて休まれたからである。」（二・二―三）神が安息されたのだから、神のかたちに神の姿に造られた人間も安息する日とされました。これが安息日の由来です。

人も週に六日働いてすべての仕事をして、安息日には休むように定められました。このリズムは、人の精神と身体の健全さを保つためには必要なリズムであると思います。

古代西アジアにおいて、イスラエル以外に、七日ごとに休日を定めた七日を一週間の単位とする七曜制を採用した国も民族もありません。[21] 古代イスラエルで確立したこのような七曜制は、後にキリスト教に引き継がれ、さらにイスラム教にも引き継がれて現在、世界的に広がっている暦に反映されています。

第二次世界大戦中の日本では、「月月火水木金金」と言って、人々は休みなく働かせられました。その結果、兵士をはじめ、人々はみな疲れ果てました。

この安息日が設けられたことで、世界的に、働く人々に六日に一日は安息をする日であるとする慣行が拡がりました。これは、働く人々だけでなく、すべての人にとって、精神と身体の健全さを保つためのよい知らせ（福音）であると思います。

二章四節前半の「これが天と地が創造された次第である」という言葉は、祭司資料による天地創造のまとめの言葉になっています。ここで「次第」と日本語に訳されたヘブライ語の「トーレドート」は、祭司資料では、一つの物語が一段落ついたところで、区切りとして使われる語となっています。「トーレドート」は「次第」のほかに、「系図」、「由来」などと訳されます。

このように二章四節前半で祭司資料による天地創造物語は終わり、二章四節後半から、ヤハウェ資料による創造物語が始まります。

二章四節前半と後半で、もとになる資料が、それぞれ祭司資料とヤハウェ資料と、異なっていることが判明したのは、１・２節で述べた一八世紀後半以降の聖書文献学の発展の結果です。ですから、それ以前には、二章四節を前半と後半に分ける書き方はありませんでした。

たとえば、日本語訳では、一八八七年に刊行された『舊新約聖書』（一般に「文語訳聖書」と言われる）では、二章四節は、一文で書かれています。しかし、一九五五年に刊行された「口語訳聖書」では、二章四節は前半の祭司資料による文章と、後半のヤハウェ資料による文章は行替えされて、別な文章となっています。これは英語訳の聖書でも同様で、一六一一年に出されたＫＪＶでは、二章四節は一つの文章で書かれました。しかし、一九四六年に初版が出たＲＳＶでは、二章四節前半と後半を別な文章としています。しかも、ＲＳＶは、いくつかの文章の意味の切れ目毎に、以下の箇所の意味を表すタイトルをつけるので、二章四節後半が始まる前に、「Another Account of the Creation（創造物語の別な記述）」というタイトルをつけています。

以上のような近年の聖書文献学の研究成果に基づいて、私も二章四節後半からの天地創造物語を次の２・２節で述べることにします。

---

(21)　月本昭男『物語としての旧約聖書　上』一三頁。

2・2　ヤハウェ資料による創造物語（二章四節後半―二五節）

2・2・1　エデンの園と人の創造（二章四節後半―一四節）

この部分は、ヤハウェ資料で、ヤハウェ資料による創造物語がここから始まります。ここからがヤハウェ資料であることが、どうしてわかるかというと、それは次の二つの理由からです。

（一）前述のように二章四節前半で「これが天と地が創造された次第である」と、祭司資料が一段落をしたことを示す「次第」という言葉があること。

（二）二章四節後半では、「主なる神（ヘブライ語は「ヤハウェ　エロヒム」）」と神を呼んでいること。ここで初めて、「ヤハウェ」という神の固有名詞が出てきます。神を、「ヤハウェ」あるいは、「ヤハウェ　エロヒム」と呼ぶことが、ヤハウェ資料の特徴です。それまでの祭司資料では、神は、単に「神（エロヒム）」となっていました。

「ヤハウェ　エロヒム」というのは、「ヤハウェ」という固有名詞をもつ神（エロヒム）という意味です。なお「エロヒム」は、普通名詞である神（エル）の尊称の複数形（エロヒム）です。このようにヤハウェ資料では、神は「ヤハウェ」という固有名詞だけで表される場合もあり、また「ヤハウェ　エロヒム」と表されることもあります。

なお、イスラエルの人々は、「モーセの十戒」のうちの第三戒である「あなたの神、主の名をみだりに唱えてはならない」（出エジプト記二〇・七）に厳格に従って、「ヤハウェ」という神の固有名詞を直接口に出すことを昔から現在に至るまで避けてきました。ヘブライ語の聖書は、元来子音だけで書かれていましたが、後に学者が母音の符号をつけて読み方を示しました。この時に、ヤハウェの名を表す子音は、アルファベット表記ではＹＨＷＨとなりますが、これに、Ｙ（ə）HWaH（小文字は母音符号）と母音符号を付けて「アドナイ（私の主）」と発音させました。この母音符号にしたがい、神の名をドイツ語表記でJehwah（英語表記ではYehvah）、日本語で「エボバ」と読ませる時期が長く続きました。その後の研究の結果、ＹＨＷＨは、ヤハウェと読まれていたという説が有力となり、今では広く受け入れられています。なお、このような研究はドイツの学者たちが中心になって進めました。ヤハウェは、ドイツ語ではJahwehと表記されるので、ヤハウェ資料を一般にＪ資料と呼びます。

　この「ヤハウェ」という固有名詞を、日本語訳聖書では「主」と訳し、英語訳聖書では「the LORD」[22]と訳しています。

　それでは、内容に入ります。

　四節後半は、ヤハウェ資料による創造物語の初めです。ここでは「神である主が地と天を造られたとき」とあるように、地が天より先にあげられています。すでに学んだ祭司資料の創造物語の初めは、「初めに神は天と地を創造された」（一章一節）とあるように、天が先に来ています。この地と天の順からも、ヤハウェ資料は天よりも地に関心があることがわかります。さらに次の五節で、「野の木」、「野の草」、「雨」と人間に直接関係のある環境の記述が続いた後、「土を耕す人間もいなかった」とヤハウェ資料では最も関心のある「人」が五節に早くも出てきます。一方、すでに説明した祭司資料では、神が六日をかけて「光」、「大空」、「海と陸」、「太陽・月・星」、「水の中の生き物・空を飛ぶ鳥」、「地の上の動物」を創造した後に、六日目にようやく「人を」創造したと

(22)「ヤハウェ」の英語訳「the LORD」のLORDは、すべて大文字で、最初のL（エル）よりも続くORDは、一段小さいフォントで表します。

している書きぶりとはだいぶ違います。祭司資料は、大きく天地創造をとらえて、次第に「人」にズーム・インしていきます。これに対して、ヤハウェ資料はなるべく早く、「人」に焦点を合わせようとしています。このように、ヤハウェ資料の関心の焦点は、地にいる人間にあります。

五節の「土を耕す人もいなかったからである」という聖書協会共同訳の言葉を、『旧約聖書1 創世記』月本昭男訳は、「大地に仕える人が存在していなかったからである」と訳しています。この訳について、同書には以下のような注がついています。[23]

「伝統的に「耕す」と訳されてきた（ヘブライ語の）動詞アーバドは『仕える』『働く』が原意。大地の支配者は同時に大地に仕える存在でもある。」

さらに月本昭男『物語としての旧約聖書　上』には、以下のような説明があります。[24]

「現行聖書が『耕す』と訳す原語アーバドは、旧約聖書に三〇〇回以上も用いられる動詞ですが、その大半が『仕える』もしくは『仕事をする』という意味なのです。『耕作する』ことを表すヘブライ語には別に『ハーラシュ』という動詞があります。しかし、物語はそのハーラシュではなく、『仕える』という意味のアーバドという動詞をここに用いました。したがって、『土を耕す人間がいなかった』という一文はそのまま『大地に仕える人間がいなかった』と訳せるのです。人間はもともと『大地に仕える』存在である、という理解がその背後に横たわっています。」

なお、古代ヘブライ語には、「自然」を表す言葉はなく、「地」ないし「大地」（ヘブライ語アダマー）は、自然全体をも表すと考えられています。そうなると土（アダマー）から取られた人間（アダム）は、自然から取られた存在であり、自然に仕える存在であるということになります。

祭司資料では、神は人間を創造して、「海の魚、空の鳥、家畜、地のあらゆるもの、地を這うあらゆるものを治めさせよう」（一・二六）と言われました。この場合、「おさめさせよう」と訳されたヘブライ語の動詞「ラーダー」は、「世話をさせよう」とも訳せることはすでに述べました（2・1・2項）。一方、ヤハウェ資料では、人は、「大地（＝自然）に仕える人」として捉えられています。この一見すると矛盾する記述についての私の考えは、すでに2・1・2項の「コラム2-1　人と自然の関係に関する二つの異なる考え方」で述べました。それを、一文で要約すれば、「人は自然を治める（あるいは世話をする）ことを任されていると同時に、自然に仕える存在でもある」ということになります。

二章七節は次のとおりです。

「神である主は、土の塵で人を形づくり、その鼻に命の息を吹き込まれた。人はこうして生きる者となった。」（二・七）

この節は、ヤハウェ資料による人間の創造の記事です。すでに述べたように、「土」はヘブライ語で「アダマー」であり、人は「アダム」です。つまり、ヘブライ語では、人は土と深い関係にあることがわかります。ヘブライ語には自然を表す語がなく、「土」は自然をも表しますから、人と自然は深い関係にあることになります。「形づくり」と訳されたヘブライ語「ヤーツァル」は、陶工が粘土を土器に成型するときに用いる動詞です（イザヤ書二九・一六に用例があります）。つまり、人間は神なるヤハウェが土の塵から、いわば陶工が土人形を成型するように形づくられたというわけです。

その土人形の鼻に神が「命の息」を吹き込まれた結果、人は「生きる者」となったとあります。ここで「生き

(23)　『旧約聖書１　創世記』月本昭男訳、七頁。
(24)　月本昭男『物語としての旧約聖書　上』二六頁。

る者」のヘブライ語は、「ネフェシュ（存在・魂）・ハッイヤー（生きる）」です。「ネフェシュ」は、肉体と魂を含む人間存在の総体を意味します。つまり、肉体とは別なものとして魂があるとは捉えられていません。

このヘブライ語「ネフェシュ（存在・魂）」は、ギリシャ語では「プシュケー」と訳されました。ギリシャ語で「プシュケー」は魂を表します。ギリシャでは、人間は「肉体と魂」からなるとする哲学者プラトン（前四二七―三四七年）の二元論的人間観が受け入れられていました。その結果、もともと「肉体と魂」の総体から成るとされるヘブライ語「ネフェシュ」が、ギリシャ語では、肉体とは切り離された「プシュケー（魂）」と理解されました。ギリシャ語で書かれた新約聖書をもとにするキリスト教においては、人間は「肉体」と「魂」から成るとする二元論的な人間観に基づいています。それは新約聖書のたとえば以下のような箇所の言葉からわかります。

「体は殺しても、魂（注：ギリシャ語プシュケー）を殺すことのできない者どもを恐れるな。」（マタイ一〇・二八）

なお、日本語の「魂」の意味は、広辞苑によれば「動物の肉体に宿って心のはたらきをつかさどると考えられるもの。古来多く肉体を離れても存在するとした」とありますから、ほぼギリシャ語の「プシュケー」と同じ意味になります。ヘブライ語の「ネフェシュ」は、肉体と魂の総体を意味するので、日本語の「魂」あるいはギリシャ語の「プシュケー」とは異なります。

すでに一章二節の「神の霊」の説明で述べたように「霊」と訳されたヘブライ語「ルーアハ」は、「風」をも意味しますが、それは、神から与えられる特別な能力（知識、知恵、技能など）の源泉と考えられていました。一方、日本語の「霊」は、広辞苑では「肉体に宿り、または肉体を離れて存在すると考えられる精神的実体。たましい。たま」とありますから、日本語の「魂」も「霊」も、ギリシャ語の「プシュケー」とほぼ同じ意味と考えてよいと思います。

八節に出てくる「エデン」は、ヘブライ語で「喜び」という意味です。したがって、「エデンの園」とは「喜びの園」です。前三世紀頃に作られた旧約聖書のギリシャ語訳である「七十人訳聖書」では、「エデンの園」は、ペルシア語由来の「パラディソス」というギリシャ語に翻訳されました。この語は、後のヨーロッパ語に引き継がれ、英語のパラダイス（paradise）がそうであるように、「楽園」という意味になりました。[25]

続く九節は次のとおりです。

「神である主は、見るからに好ましく、食べるのに良さそうなあらゆる木を地から生えさせ、園の中央には、命の木と善悪の知識の木を生えさせた。」（二・九）

「見るからに好ましく、食べるのに良さそうなあらゆる木を地から生えさせ」たとあるのは、果樹のことです。さらに、「園の中央には、命の木と善悪の知識の木を生えさせた」とあります。

「命の木」とは、古代オリエント世界において、なつめ椰子の木のことを言ったそうです。[26] 私もイスラエルに行き、なつめ椰子の実を食べましたが、驚くほど甘かったのを覚えています。ですからエネルギー源としてのなつめ椰子の実を生じるなつめ椰子の木が、「命の木」といわれることは、わかる気がします。

問題は、「善悪の知識の木」です。この木は、後に二章一七節および三章一―七節で重要な役割を果たすことになります。その説明は、その箇所ですることにします。

一〇節からエデンの園の話は少し中断されて、エデンの園から流れ出る四つの川の説明が続きます。祭司資料は、人間を取り巻く環境として、天の星や地の動植物、海の中の生き物について述べました。これに対して、ヤハウェ資料は同じ人間を取り巻く環境として、人間の生存に欠かせない真水を供給する川について述べます。こ

(25)　同右三六頁。
(26)　同右六〇頁。

こからもヤハウェ資料の関心の中心が人間にあることがわかります。
四つの川のうち、「第一のものの名はピジョンと言い、金を産出するハビラの全域を巡る川であった」（一一節）とあります。ハビラ地方とはアラビア半島の一地域ですが、ピジョンという名の川がどこにあったかは不明です。[27] ハビラ地方から産出される「金は良質であり、そこではまた、ブドラク香やカーネリアンも産出された」（一二節）と人々の関心がある金の質や宝飾品への言及が続きます。ここで「ブドラク香」のヘブライ語は、「ブドラク」です。これは、日本聖書協会のウェブサイトでは次のように説明されています。[28]

「創世記二章一二節にあるヘブライ語のブドラクは、新共同訳では『琥珀』と訳されてきました。聖書協会共同訳では『ブドラク香』となります。これは、香りがよく、透明で黄色がかった、南アラビア産のブドラクという木の樹脂とされています。」

一二節の「カーネリアン」のヘブライ語は「ソハム」で、新共同訳では「ラピス・ラズリ」と訳されています。英語訳のＮＩＶ（二〇一一年刊）では、onyx stone と訳されています。「カーネリアン」の説明は、日本聖書協会のウェブサイトにはありませんでしたが、ウィキペディアには、次のようにありました。

「鉱物の一種で、玉髄（カルセドニー）の中で赤色や橙色をしており、網目模様がないもの。紅玉髄（べにぎょくずい）ともいう。網目模様があるものを瑪瑙（めのう）と呼ぶ。」

一三節に、「第二の川の名はギホンと言い、クシュの全域を巡る川であった」とあります。クシュは、エジプトの南のヌビア地方を指すので、第二の川ギホンは、ナイル川が念頭に置かれているようです。第三の川であるチグリスと第四の川であるユーフラテスは、今日もメソポタミア地方を流れている大きな川です。

エデンの園の地理上の場所は不明です。七節に「東の方のエデンの園」とあるので古代イスラエル人が住んでいたカナン地方から見て東にあること、およびチグリス、ユーフラテスという川の名から、ペルシャ湾の一番奥の地域であろうと想像されてきました。しかし、第一の川ピジョンがアラビア半島のどこかに流れ、第二の川ギホンがエジプト南部を流れるナイル川であるとすれば、実際に特定の場所を決めることは困難です。おそらくヤハウィストが、彼が知っている四つの大河を含むようにして書いた想像上の園でしょうから、その位置を特定することにはこだわらなくてよいと思います。

２・２・２　善悪の木に関する神の命令、女の創造と結婚（二章一五節―二五節）

この部分もヤハウェ資料の創造物語の続きです。

一五節に、「神である主は、エデンの園に人を連れてきて、そこに住まわせた。そこを耕し、守るためであった」とあります。ここで、「耕し」と訳されているヘブライ語の動詞「アーバド」は、五節にも出てきました。五節の説明でも述べたように、伝統的に「耕す」と訳されてきたヘブライ語「アーバド」のもともとの意味は「仕える」「働く」です。したがって、『旧約聖書１　創世記』月本昭男訳では、ここを「これ（大地）に仕え、これを守るためである」と訳しています。その理由を月本訳聖書では、注で次のように述べます。[29]

「『そこ』は原語ヘブライ語では女性代名詞なので、『園』（男性名詞）ではなく、『大地』（女性名詞）を指す。」

つまり、ヤハウェ資料では、人はあくまでも大地（自然）に仕える存在であるという考え方が根底にあって、祭司資料が、人は自然を治める存在である（一・二六）とするのとは、異なる考え方をしています。このことは、

(27)『旧約聖書１　創世記』月本昭男訳、八頁。なお、ここに出てくる四つの川の説明も、同書が出典です。
(28) https://www.bible.or.jp/know/hitokuchi/20180301.html
(29)『旧約聖書１　創世記』月本昭男訳、八頁。

すでに五節の説明で述べたとおりです。

続く一六―一七節は次のとおりです。

「一六神である主は、人に命じられた。『園のどの木からでも取って食べなさい。一七ただ、善悪の知識の木からは、取って食べてはいけない。取って食べると必ず死ぬことになる。』」（二・一六―一七）

この「善悪の知識の木」は、また三章に出てきます。ここは三章への伏線という位置づけなので、説明は三章の方ですることにします。

一八節で神である主は、「人が独りでいるのは良くない。彼にふさわしい助け手を造ろう」と言いました。神である主はまず野の獣、空の鳥を土で形づくり、人のところへ連れてきました。人は、それらに名前を付けたので、それがその生き物の名前となりました。しかし、人は自分にふさわしい助け手を見つけることができませんでした。

二一―二三節は、次のとおりです。

「二一そこで、神である主は、人を深い眠りに落とされた。人が眠り込むと、そのあばら骨の一つを取り、そこを肉で閉ざされた。二二神である主は、人から取ったあばら骨で女を造り上げ、人のところに連れてこられた。二三人は言った。『これこそ、私の骨の骨、肉の肉。これを女と名付けよう。これは男から取られたからである』。」（二・二一―二三）

これは、ヤハウェ資料による女の創造の物語です。女が男のあばら骨の一つから取って造られたというのは、科学的には説明ができないので、ヤハウィストによる想像にもとづいています。あえて説明するとすれば、主が行った奇蹟と考えるのがよいと思います。旧約聖書と新約聖書に記されている奇蹟を詳しく見てみると、病んでいる人、苦しんでいる人、孤独な人を助けるために全能の神である主が人間に対する愛の発露として行っていることに気がつきます。決して、奇蹟を行うことによって、人の上に力を振るったり、人から賞賛されることを目的とはしていません。ここでは、ひとりでいる孤独な人（アダム）に同情して、ふさわしい仲間、あるいはパートナーとしての「女」を与えて、彼を寂しさから解放しようとしたというように、孤独な人（アダム）に対する神の愛の発露の結果としての奇蹟として考えるのがよいと思います。

しかし、今振り返るとあまりに男性中心的な見方でもあります。この話が物語としても面白くできているので、古来からユダヤ教・キリスト教・イスラム教の世界でよく知られており、その結果、男性中心の考え方が広がる一因ともなりました。

一方、すでに述べたように、祭司資料による人間の創造の話（一・二七）では、男と女は同時に創造されています。つまり、創造の初めから、男女はお互いのためのふさわしい助け手となるように平等に創造されています。このように聖書を読むときに、特に人と人の関係について、一部分だけを取り出して自分の都合のよいように読む読み方では不十分です。たとえばこの場合、祭司資料の男女は平等に造られた（一・二七）とヤハウェ資料の女は「男にふさわしい助け手」として造られた、という二つの考え方があることに注意してほしいと思います。この二つの考え方の違いについては、どのように理解したらよいのでしょうか。この点についての私の考えは、すでに2・1・2項の「コラム2-2　男女の関係についての二つの異なる考え方」で述べました。

連れて来られた女を見て、男は言いました。「これこそ、私の骨の骨、肉の肉。これを女と名付けよう。これは男から取られたからである。」（二・二三節）

これは自分と同質のふさわしい助け手を与えられた人の喜びの声です。ここで、ヘブライ語で、男は「イーシュ」、女は「イッシャー」で、イーシュの女性形となっています。それが「これは男から取られたからである」で説明されます。なお、祭司資料の創造物語の一章二七節に出てきた「男と女に創造された」における男と女のヘブライ語は、それぞれ「ザハル」、「ネケバー」です。ヤハウェ資料の「イーシュ」、「イッシャー」は大人の男女を表し、祭司資料の「ザハル」、「ネケバー」は性（ジェンダー）としての男女を表すので、子どもの男女も意味するという違いがあります。[30]

二つ補足をします。一つ目は、神は人を深く眠らせて人にとって必要なパートナーを用意したことについてです。つまり、自分から一生懸命に働きかけてパートナーを求めなくても、神が人にとって最適な時に、最適なパートナーを私たちが深く眠っているような状態の時に用意してくださる、ということです。これは私自身の青春時代の経験からも言えることです。

二つ目は、女は男（のあばら骨）から造られた、だから女は男に隷属する、と昔からよく言われてきたことについてです。この説が正しくないのは、たとえば人は土から取られた（二・七）から、土に隷属するかというと、そのようなことはないからです。

二四―二五節は、聖書の結婚に関する基本的な考え方を、次のとおり示しています。

「二四こういうわけで、男は父母を離れて妻と結ばれ、二人は一体となる。二五人とその妻は二人とも裸であったが、互いに恥ずかしいとは思わなかった。」（二・二四―二五）

ここに示される結婚の考え方は、「嫁」という字に代表される昔の日本の結婚観、すなわち女が男の「家」に入る、という考え方とは全く違うものです。夫も妻も父母を離れて新しい一体となり、新しい家族・家庭を作るのです。

なお、主が創られた最初の男女であるアダムとエバの結婚の話に、「父母」が出てくるのは論理的に矛盾していています。この話の原資料であるヤハウェ資料は、前十世紀に、主としてユダ族の間で語り伝えられてきた民間伝承をまとめたものです。したがって、ヤハウェ信仰に基づく結婚に関する民間の知恵を後世に伝えるのが主眼であったために、前六世紀に創世記を編纂した祭司は論理的に矛盾があってもあえて修正しなかった、と私は考えます。

「一体となる」には、二つの意味があると考えます。一つは性的に一体となるという意味です。夫婦間の性的な関係は神に認められ祝福されている、と考えてよいと思います。二つ目は、同じ志を持って同志となるという意味だと考えます。夫婦は同じ志を持って、同じ方向を向いて前進するように力を合わせる存在である、と言えます。

二五節に、「人とその妻は二人とも裸であったが、互いに恥ずかしいとは思わなかった」とあります。私はこれにも二つの意味があると思います。一つ目は、文字どおりの体の裸です。二つ目は、ありのままの自分をさらけ出しても安心していられる関係になるということです。

ここで示された結婚観は、ヤハウェ資料なので、男性中心的な考え方が基本になっているということは否定できません。たとえば二三節で、男が女に対して言った言葉である「これこそ、私の骨の骨、私の肉の肉」は、祭司資料に従い男女平等・男女同権の考え方をとれば、女が男に言ってもよい言葉です。また二四節の「こういうわけで、男は父母を離れ」は、男だけでなく、女にもあてはまる言葉です。

（30）　月本昭男氏の「旧約聖書原典講読『創世記』」（無教会研修所主催）の二〇一九年六月二七日の講義における説明。

コラム 2-3

創造物語に関する祭司資料とヤハウェ資料の比較——多様性の共存

先にⅠ・3・2項で説明したように、前六世紀に創世記を編纂した編集者（祭司たちであるとされます）は、前一〇世紀以来伝承されてきたヤハウェ資料、および前八世紀以来伝承されてきたエロヒム資料[31]に、祭司たちの間で伝承されてきた祭司資料を加えて創世記を編纂しました。その場合、それらの資料相互の内容が矛盾していても、そのままにして変更を加えませんでした。私は若いころには、聖書に矛盾した見方があることに非常に違和感を覚えました。しかし今は、この編集態度は、自分の価値観を押し付けないで、多様性を認める編纂者の態度を示すものであり、好ましいと思っています。

すでにⅠ・3・3項でも述べましたが、矛盾を承知で原資料を尊重して、その矛盾をそのままにした編纂者の意図を、私は次のように解釈します。つまり、文字にすると、その文字が独り歩きして、その文字に書いてあることに人間が縛られる危険性があります。つまり、読む人が自分がたまたま読んだ箇所に書いてある文字に縛られ、それを「唯一の真理」と考えてしまう危険性があります。つまり、ある箇所の言葉だけが、いつの間にか神の言葉になってしまい、生ける神に祈る必要がなくなります。その時々に生ける神に祈れば、別の文字で書かれた内容が示されるかも知れません。それを使徒パウロは次のように言っています。

「文字は殺し、霊は生かします」（コリントの信徒への手紙二 三・六）

ここで霊とは、生ける神から時にかなって与えられる示し、導きなどのことだと思います。創世記の編纂者は、読者が書かれた文字を絶対として唯一の真理と考えないように、あえてその書かれた文字と矛盾する文字も残しておいたのではないか、と思います。

その違う見方は、創世記一―二章の創造物語では、以下に述べるように、記述の対象、記述の方法、人と自然の関係、および男女の関係の記述などにおいて顕著に現れています。

（一）　記述の対象

祭司資料は、人間だけでなく、太陽・月・星・空などの宇宙や動物、植物にまで記述が及んでいます。一方、ヤハウェ資料は、人間に主たる関心があり、宇宙や動物、植物の創造の記事はなく、人間の生存にとって必要な食べ物となる野の木と草、および飲み物となる雨、そして川についてだけ述べています。つまり、ヤハウェ資料の関心はあくまで人間にあるので、その分、人間に関する記述に深いものがあります。

（二）　記述の方法

祭司資料は、事物を客観的に記述しており、学者的です。一方、ヤハウェ資料は、小説的で、人間に深い理解を示し、記述も読者が読んで面白く印象に残るように書かれています。このことは祭司資料を編纂した祭司たちが、前六世紀に、バビロンという異郷の地にあって自分たちを客観的に見る状況に置かれたこと、神殿がなく祭儀を行う必要がないので一つの書物をまとめる十分な時間があったことなどによると思います。英語で学者を scholar といいますが、その語源は、ギリシャ語のスコラ（余暇）です。十分な時間（余暇）がないと学問はできないものです。

一方のヤハウェ資料は、主として南のユダ族の間で伝承されてきた物語をまとめて前一〇世紀ごろ

(31)　エロヒム資料は、創世記の一五章以降で使われます。

（最近の説では前六世紀ころ）[32]にまとめられた資料なので、民間伝承にふさわしく人間に関する知恵に溢れており、小説的になったものだと思います。

（三）　人と自然の関係について

これについてはすでに、2・1・2項の「コラム2−1　人と自然の関係に関する二つの異なる考え方」で述べました。

（四）　男女の関係について

これについては、2・1・2項の「コラム2−2　男女の関係についての二つの異なる考え方」で述べました。

このように、創世記は複数の資料に基づく物語から成っているので、多様な考え方が混在しています。その場合、単純にどちらか一方の資料だけに基づいて自分の都合のよいように考えてはいけないと思います。創世記を編纂した人たちは、多様な考え方を提示して、どのようにそれらを総合し止揚するのがよいのかを、一人ひとりに考えさせるようにした、と言うことができると思います。

別の言い方をすれば、一人の編集者が自分の考えで、あえて論理的に一貫させると、かえってその人の考え方だけが文字に残されて、後世の人はその考えに縛られることになります。それでは、後世の人が生ける神に祈り、時々に与えられる時宜にかなった神の導きを締め出すことになってしまいます。ですから文字に書かれた聖書に多様性があることが、聖書全体を人々が読み続ける必要性を示唆していています。私たちが何かをしようとする時に、この場合は聖書の中におけるどの考え方を参考にすればよいかを、自分の頭でまず考え、神に祈り、答えを自分で見つけるようにさせてくれます。

このように多様性を尊重しているのが、創世記の編集者の基本的な態度です。しばしば、宗教は、特に一神教は、ただ一つの考え方や見方を人に押し付けるものだと考えられがちです。しかし、創世記の編集者の態度は、基本的に多様性を認めて、それぞれの個人がどのように考えるかの自由を与えています。この創世記の多様性を認める考え方こそは、二一世紀における多様な人々の共生に大きな示唆を与えるものであると思います。

新約聖書のイエスについて書いた物語である福音書にも四つの福音書があります。マタイによる福音書、マルコによる福音書、ルカによる福音書、ヨハネによる福音書です。これらの四つの福音書を論理的に一本化しようと編集する試みは受け入れられていません。それぞれの特色を生かして四つが共存しています。

このような聖書自体に含まれる多様性は、二一世紀の交通・通信手段の発達によって、ますます狭くなった宇宙船「地球号」の上で、多様な民族が共生していくために必要となる多様性の平和的共存（つまり共生）を先取りしている、と言えるのではないでしょうか。

コラム 2-4

創世記における死生観について

創世記では、死後に人の魂が生きるのか、あるいは永遠の生命があるのか、などについて明確な記

(32)　一章の注3を参照してください。

述はありません。一番多い表現は、「(人が) 死んで、先祖の列に加えられた」というものです (二五・八、三五・二九、四九・二九など)。一方、新約聖書の一つの大きなメッセージは、すでに二章七節の説明で述べたように、体は死んでも、魂は永遠の生命を持つ、ということです。

私は、これまで祖父、父、母の死に立ち会いましたが、いずれもそれまで息をしていた彼らが息をしなくなり死ぬ、という様子を実際に体験しました。彼らの体は、葬式の後に、火葬場で焼かれて灰、すなわち土の塵になりました。ですから、死んで、「あなたは塵だから、塵に帰る」(三・一九) という言葉を実感しました。しかし、そこで彼らの存在そのものが全く無くなった、とはどうしても考えられないのです。今でも魂 (あるいは霊) となって、どこからか私を見守ってくれているように感じます。

コラム 2-5

創世記の天地創造物語と他の世界の同様な神話との比較

(一) 古代バビロニア神話の創造物語との比較

古代バビロニア神話の典型である「エヌマ・エリシュ」と呼ばれる創造物語では、バビロニアの主神マルドゥクは、「海」を意味する女神ティアマトとその軍勢と戦い、これを打ち破ります。そして撃破したティアマトの肢体をもって世界を創造し、さらにティアマト軍を指揮して殺害された男神キングーの血をもって人間を造った、とします[33]。

創世記における創造物語では、唯一神であるヤハウェという名前の神が、原始の混沌の中から言葉で人間を含む宇宙万物を創造した、とします。この創世記の創造物語の中で、バビロニア神話に出てくる主神マルドゥクが戦った「海」を意味する女神ティアマトは、原初の深淵（テホーム）（一・二）として形を変えて出てきます。また古代バビロニアの神話が、古代イスラエルに広まっていたことは、古代バビロニア神話に出てくる怪物であるラハブ、レビヤタン、タンニーンなどが、以下のように旧約聖書に出てくることからわかります。[34]

・創世記一・二一「神は大きな海の怪獣（ヘブライ語タンニーンの複数形タンニニーム）を創造された。

・詩編八九・一一「あなたはラハブを打ち砕いて。」

・イザヤ書二七・一「その日、主は鋭く大きく、強い剣によって、逃げようとする蛇レビヤタンと、曲がりくねる蛇レビヤタンを罰し、また海にいる竜（ヘブライ語タンニーン）を殺される」

創世記の天地創造の物語を書いた人は、このような古代バビロニアの神話を知りながら、その考えは残さず、天地の万物は、すべて唯一の神ヤハウェが被造物として創造された、としているのが特徴です。

（二）　インド・ヨーロッパ語族の古代神話の構造と創世記の創造物語の比較

インド・ヨーロッパ語族の古代神話に関する研究成果の一つとして、フランスの比較神話学者デュメジル（Dumézil）が、一九三八年に提唱した、神々が三つの機能により分類されるという神話の構造に関する説があります。[35]ここで、三つの機能に分類される神々とは、第一の機能である「聖性」を持

(33)　月本昭男『物語としての旧約聖書　上』一四―一五頁。
(34)　同右一五頁。
(35)　平藤喜久子『神話学と日本の神々』八三頁。

つ神々と、第二の機能である「戦闘性」を持つ神々、そして第三の機能である「豊饒性」を持つ神々のことです。

これに対して、創世記においては、「聖性」、「戦闘性」、「豊饒性」のすべてをつかさどっているのは、唯一神であるヤハウェと呼ばれる神です。それぞれの機能を受け持つ神々という発想はありません。

（三）　日本の神話と創世記の創造物語の比較

日本の神話学者平藤喜久子氏は、日本の神話に出てくる神々が、前項で述べたフランスの神話学者デュメジルの三機能体系に分類できるか否かを詳細に検証しています[36]。その結果、平藤氏は、日本神話の特徴である高天原に住むアマテラスを中心とする神々である天津神と葦原中国に住むオホクニヌシを中心とする神々である国津神に分けて考える必要があることをまず指摘します。その上で、結局は日本の神話に出てくる神々もこの三機能に分類できることを検証しています。

たとえば、天津神の中で、第一機能の「聖性」を持つのは、アマテラスのほか、タカミムスヒとカムムスヒ、第二機能の「戦闘性」を持つのは、スサノヲとタケミカズチ、第三機能の「豊饒性」を持つのは、ツクヨミ、アメワカヒコ、となります。

一方の国津神の神々の中で、主たる神であるオホクニヌシは、第三機能の「豊饒性」を持つ神です。第一機能の「聖性」を持つのは、コトシロヌシ、第二機能の「戦闘性」を持つのは、タケミナカタ、であるとします。

その後、国津神が天津神に葦原中国を譲る「国譲り」があり、「国譲り」が行われた後の世界では、天津神の第一機能の神々（アマテラスなど）および第二機能の神々（スサノヲなど）が、それぞれ第一機能、第二機能をつかさどり、第三機能は国津神で第三機能をつかさどっていたオホクニヌシがつかさどった、とします。

ここでも、すでにインド・ヨーロッパ世界の神話との比較で述べたと同じように、創世記において、「聖性」、「戦闘性」、「豊饒性」のすべてをつかさどっているのは、唯一神であるヤハウェと呼ばれる神です。それぞれを受け持つ神々という発想はありません。

さらに日本の神話との比較において、日本の「国生み」の神話は、日本の国土の成り立ちを物語りますが、創世記の天地創造の物語は、宇宙万物の創造を物語ります。

また、日本の神話では、天津神の神々の中心にいるアマテラスは日本の皇室の祖先とされます。というのも、日本の神話は、大和朝廷の宮廷祭儀や政治目的に応じて構成され、成長してきたものであるからだ、とします[37]。つまり、日本の最上層部の人々の祖先について語ります。一方、創世記では、神は「人」を創りますが、その「人」には、いかなる限定詞もつかないので、イスラエル人でもユダヤ人でもなく、一般的な「人」、すなわち世界の人類全体を指します。

以上のように、日本の神話は、構造的にはインド・ヨーロッパ語族の神話に類似しますが、その対象とする空間環境も人々も、日本に限定されます。一方、創世記の天地創造物語の対象は宇宙全体であり、書かれている「人」も特定の「人」、「家系」、「人種」でなく、すべての「人」を想定している、という点で普遍性（ユニバーサリズム）があると言える、と私は考えます。

(36) 同右第三章「日本神話における神々の分類と三機能体系」一〇三―一七五頁。
(37) 同右四三頁に、日本の神話学者三品彰英の説として紹介されています。

第三章　楽園喪失と最初の殺人（創世記三章―五章）

3・1　楽園喪失の物語（三章一―二四節）

三章は、二章四節後半からのヤハウェ資料による創造物語に続く、同じヤハウェ資料による「楽園喪失」の物語です。この物語は、どうして人間が現在の悲惨な状態に陥ったのか、その原因を説明する原因譚となっています。創世記の特徴は、人間が悲惨な状態に陥ったことを哲学的な言葉で説明するのでなく、誰にでもわかりやすい物語で説明しようとすることです。これにより読む人に、自分で考える材料を与えることになります。

3・1・1　神により禁じられた善悪の木の実を食べる（三章一―一三節）

この部分は、ヤハウェ資料からです。

一節に「神である主が造られたあらゆる野の獣の中で、最も賢いのは蛇であった」とあります。ここに出てくる「最も賢いのは蛇であった」にある「賢い」は、ヘブライ語の原文では、「アルーム」です。この「アルーム（賢い）」という言葉は、「思慮深い」というよい意味にも、「ずる賢い」という悪い意味にも使われます[1]。前者のよい意味の例としては、以下が挙げられます（傍線を引いた部分に「アルーム」という言葉が使われています）。

・賢い人の知恵は道を見極める。（箴言一四・八）

一方、後者のずる賢いという悪い意味の例としては、以下が挙げられます。

・悪賢い人々の企てを打ち砕き（ヨブ記五・一二）

このように人間の「賢さ」という才能は、それをどのように用いるかで、よい目的にも悪い目的にも使えるものなのです。日本語や英語は、それぞれの意味で別な言葉を使い分けますが、ヘブライ語では同じ表現が使われるのが面白いと思います。

聖書協会共同訳では、上記のように「最も賢いのは蛇であった」と訳されています。新共同訳および月本昭男訳でも同じです。しかし、関根正雄訳、口語訳、フランシスコ会聖書研究所訳などの他の日本語訳では、いずれも「狡猾であった」と訳されています。英語でも、二つの意味は訳し分けられていて、たとえばＫＪＶ（1611）では「subtil」（subtle の古い形）、ＲＳＶ（1946）では「subtle」[2]、ＮＩＶ（2011）では「crafty」となっています。ふつう「賢い」と訳される「wise」は使われていません。

新約聖書では、イエスが弟子たちを伝道に送り出すときに、「あなたがたは蛇のように賢く、鳩のように無垢でありなさい」という箇所があります（マタイ一〇・一六）。ここでは明らかに「狡猾に」というよりは、「賢く」というポジティブな意味の訳のほうが適当です。このように「蛇」が象徴するものは、「賢い」というポジティブな意味と、「ずる賢い、狡猾な」というネガティブな意味の両方を持っています。

一方、古代ギリシャ・ローマでは、蛇はポジティブな「賢さ」を象徴するシンボルでした。たとえば商業や学術の神であるメルクリウス Mercurius（英語ではマーキュリー Mercury、ギリシャ神話ではヘルメス Hermes）の杖には、二匹の蛇が巻き付いています。つまり蛇は商業や学術の神の象徴でした。これは現在では、一橋大学の校章（図3-1）や多くの商業高校の校章に二匹の蛇が巻き付いたものが採用される形で日本にも影響が残っています。また、ギリシャ神話に登場する名医アスクレピオス Asclepius が持つ杖には一匹の蛇が巻き付いており、そこから蛇は医学、薬学をも象徴するものとなりました。たとえば、世界保健機関（World Health Organization）のロゴにも

（１）大野惠正『創世記』二九頁。
（２）英語の subtle は、「繊細な、微妙な」という意味ですが、Oxford English Dictionary には、古語（archaic）として、crafty, cunning（ずる賢い）という意味もあるとの説明があります。

図3-2　世界保健機関（WHO）のロゴ中の蛇

図3-1　一橋大学のロゴ中の蛇

蛇が出てきます（図3－2）。

創世記三章に戻ります。蛇の誘惑の仕方としてずる賢いところは、直接、善悪を知る木の実を食べるように誘うのではなくて、まず女に、「園のどの木からも食べてはいけない、などと神は言われたのか」（一節）と質問することから始めたことです。そもそも神がアダム（人）に言った言葉は、「園のどの木からでも取って食べなさい。ただ、善悪の知識の木からは、取って食べてはいけない。取って食べると必ず死ぬことになる」でした（二・一六―一七）。

この言葉は、アダムがまだ一人でいた時に、神がアダムに語った言葉で、女はまだ造られていませんでした。ですから、女は、その言葉をアダムから間接的に聞いただけだったと思います。もし蛇がアダムに同じ質問をしたら、神からその言葉を直接聞いていたアダムは、すぐに自信をもって正しく答えられたでしょうから、誘惑はされなかったでしょう。だから、蛇の悪賢さは、まず神の言葉をアダムから間接的にしか聞いたことがない女に話しかけて質問したことでした。

蛇のずる賢さは、さらに神がアダムに言った言葉（二・一六―一七）のうちの前半の「園のすべての木から取って食べなさい」

という部分を、全否定した質問をしていることです。そうすれば女は否（ＮＯ）と答えざるを得ません。女は正しく、全否定を全肯定に変えて、「私たちは園の木の実を食べることはできます。ただ、園の中央にある木の実は、取って食べてはいけない、触れてもいけない、死んではいけないからと、神は言われたのです」（三節）と答えます。女の答えの後半の言葉は、神がアダムに言った言葉（二・一七）とは微妙に異なっています。どこが異なるかというと、まず「善悪の知識の木」（二・一七）が、「園の中央に生えている木」（三・三）に変わります。「善悪の知識の木」は、園の他の木とは、質的に異なるものです。その質的な違いを女は認識しないで、木の生えている位置だけの違いとしてとらえています。つまり、大した違いではないのだ、と女は考えていたのでしょう。次に「取って食べてはいけない。取って食べると必ず死ぬことになる」（二・一七）という神の簡潔な命令を、女は「食べてはいけない、触れてもいけない、死んではいけないから」（三・三）と、触れてはいけない、を付け足し、「必ず死んでしまう」を「死んではいけないから」と表現を変えて弱めています。この女の答えは、強さの違いはあれ、意味は同じです。しかし、彼女は意味を弱めて、確信のないあやふやな答えをします。これは女が、アダムから間接的に聞いただけだったからなのでしょう。

　蛇はそこに付け込んで、四―五節で次のように言います。

「[四]蛇は女に言った。『いや、決して死ぬことはない。[五]それを食べると目が開け、神のように善悪を知る者となることを、神は知っているのだ』」（三・四―五）

　この蛇の言い方は、神が言った言葉（二・一七）に対する、まるで現代の新聞記者やニュース解説者のような発言です。というのは、神が言っていないことを推測で、いかにもありそうなこととして、「それを食べると目が開け、神のように善悪を知る者となることを、神は知っているのだ」と言ったからです。これは神の意図を憶測し、女が神のように善悪を知るものとなることを神は妨げようとしているのだ、という解釈を女に示したわけです。人間にとって、善悪を知るようになることは一つの理想ですから、それは女にとって極めて強い誘惑でした。

ここで「善悪を知る」とは、どういうことでしょうか。古来いろいろな解釈があったことが注釈書に書いてありました[3]。その中で、私が最も納得させられたのは、「善と悪」とを知って神のようになること、という解釈でした。すなわち善悪の究極的な判断は人間にはできないはずなのに、神無しで自ら判断して、人を裁いて神のようにふるまい高ぶるようになることです。後の三章二二節で、神は、「人は我々の一人のように善悪を知る者となった」と言って、人をエデンの園から追い出しました。ですから、少なくとも三章を書いたヤハウィストは、「善悪を知る」とは、人が善悪を知って神のようになること、と考えたようです。

続く六―七節は次のとおりです。

「六女が見ると、その木は食べるに良く、目には美しく、また賢くなるというその木は好ましく思われた。彼女は実を取って食べ、一緒にいた夫にも与えた。そこで彼も食べた。七すると二人の目が開かれ、自分たちが裸であることを知った。彼らはいちじくの葉をつづり合わせ、腰に巻くものを作った。」（三・六―七）

女をそそのかしたのは、「食べるによく」ですからおいしさ（美味）であり、「目には美しく」ですから美しさ（芸術）であり、「賢くなる」ですから、知恵や学問でありました。これらは、人間の高次の要求を満たす誘惑であることに注意したいと思います。低次の性的な誘惑や物質的な誘惑ではありませんでした。人は、このような高次の要求にもとずく誘惑によっても神の言葉に背くことがあるのです。

その誘惑に、まず女が負けて実を取って食べ、男にも渡して彼も食べたということが、六節後半の「彼女は実を取って食べ、一緒にいた夫にも与えた。そこで彼も食べた」からわかります。この話から古来、女は誘惑に弱く、かつ男を誘惑するので、より罪深い存在であるといわれてきました。しかし、もともと神が、「善悪の知識の木からは、決して食べてはならない」（二・一七）と言ったのは、アダムに対してであり、女が創造される前でした。（二・二二）神から直接「取って食べてはいけない」という命令を聞いたのはアダムで、女はおそらくアダムから間接的に聞いただけだったのでしょう。ですから男は女に対して、否（ＮＯ）というべき立場にあったわけです。それを否と言わずに男も食べたのですから、男にも同じ責任があったといえるのではないでしょうか。蛇が、神から直接この命令を聞いていなかった女に話しかけたのは、ずる賢い方法でした。この話から女の方が罪が重いという結論を出すのは正しくないと思います。

「取って食べてはならない」と言われた木の実を食べた結果、「二人の目が開かれ」とあることから、蛇が言った「食べると目が開け」（五節）というのは正しかったことになります。さらに彼らは食べても死なず、ただ「二人の目が開け」ただけでしたから、「決して死ぬことはない」（四節）といった蛇の言葉も正しかったことになります。このことをどのように解釈したらよいのでしょうか。蛇が正しく、神は禁止の命令を強くするために、それを食べれば死ぬと、おどかすために嘘をいったのでしょうか。この疑問についても、私の知る限り次のような二つの解釈があります。

一つ目の解釈は、キリスト教の伝統的な解釈で、「エデンの園にいたアダムと女は永遠に生き続けるはずであった。しかし彼らが神の禁止の命令にも拘わらず善悪の知識の木の実を取って食べたために、彼らは死ぬ運命に定められた。すぐには死ななかったかも知れないが、死が彼らの命に入り込み、結局は死んだ」というものです。そして、彼らが神の禁止の命令に従わなかったことを「原罪」といって、この「原罪」の性質は、その後の人類全体に継承された、としました。したがって、人間には原罪があり、死ぬ運命に定められた、とする解釈で

（３）　Wenham. Word Biblical Commentary Genesis 1–15, pp. 63–64.

す。この解釈は、たとえば新約聖書の以下の使徒パウロの言葉で表されています。

「このようなわけで、一人の人によって罪が世に入り、罪によって死が入り込んだように、すべての人に死が及んだのです」（ローマの信徒への手紙五・一二）

「アダムにあってすべての人が死ぬことになったように、キリストにあってすべての人が生かされることになるのです」（コリントの信徒への手紙一　一五・二二）

もう一つの解釈は、人間が「善悪」の判断を自分で、神抜きでできるようになった結果、神との関係が絶たれてしまうので、それを旧約聖書では死というのだ、という説です。たとえば以下のような旧約聖書の言葉にそのような考え方が見られます。

「死ねば、誰もあなたを思い起こすことはありません。陰府にあって、誰が感謝を献げるでしょう」（詩編六・六）

「陰府はあなたに感謝せず、死はあなたを賛美せず」（イザヤ書三八・一八）

その他にもいろいろな解釈があります[4]。大切なことは、創世記がすべてを解き明かさず、人々に自由に想像させ、自分なりの解釈をすることを許していることです。それゆえに、上記の二つの解釈に、私自身の解釈を付け加えることが許されると思いますので、次のコラム3－1に私の解釈を付け加えます。

コラム3-1 「善悪の知識の木から食べると死ぬ」（二章一七節）についての著者なりの解釈

人間は善悪、すなわち「生と死、健康と病気、多産と不妊、すなわち将来の善と悪の問題」を知りたがります。(5) また時には知る必要もあります。しかし、私たちが善悪を知るようになるのは、自分の過去の経験や現実社会の理解、さらに先人の歴史を学び、自ら深く祈り考えた上で知ることができるようになる、と私は考えます。善悪の知識の木の実を食べただけで、自分で考えることもなく、ただちに善悪を知ることができるようなものではありません。そのように安易に善悪の知識を得ようとすること、善悪の判断をすることを神は禁じられた、とも読むことができるのではないでしょうか。言い変えれば、私たちの人生は、本当の善悪を知るための旅であるとも言えます。老年になってこの世における何が善で何が悪かをかなり知ることができるようになりましたが、なお知らないことが沢山あるというのが、七七歳になった私の実感です。逆にいえば、本当の善悪を知ると、もう人生は生きる必要がなく、死んでもよいということになるのではないでしょうか。論語にも、「朝(あした)に道を聞かば、夕(ゆうべ)に死すとも可なり」（論語・里仁）とあるとおりです。

創世記三章七節に戻ります。ここ三章七節には、「すると二人の目が開かれ、自分たちが裸であることを知った。彼らはいちじくの葉をつづり合わせ、腰に巻くものを作った」とあります。アダムと女は善悪の知識の木の実を取って食べた結果、二人は善悪を知ったのではなく、自分たちの目が開かれ、自分たちが裸であることを知りました。裸は、旧約聖書では、弱さ、寄る辺なさのほか、この上ない恥を意味します。(6) つまり、そのままでは自分たちは恥ずかしい、弱い存在であることを知ったのです。なので、とりあ

（4）　月本昭男『物語としての旧約聖書　上』五三―五六頁。
（5）「善悪」をこのように解釈するのは、『フランシスコ会訳聖書』（旧）九頁によります。
（6）　大野惠正「創世記」三〇頁。

えず、園にあったいちじくの葉をつづり合わせて腰に巻くものを作りました。なお、ヘブライ語で裸は「アローム」で、賢い「アルーム」と語呂合わせになっています。

この話は文字どおりに理解すればよいのですが、私はさらに次のコラム3-2のような、私なりの解釈もできるのではないかと考えています。

コラム 3-2

創世記三章七節の著者なりの解釈

この節を、私は次のように読むこともできるのではないかと思います。すなわち、幼い男女が「エデンの園」のような楽園で無邪気に育っていた時には、たがいに裸であることを気にしません。しかし、成長して青年期に入る頃に、身体も成長し、自我も出て、男女が自分たちの違いをはっきり認識するようになります。そうすると、逆に自分たちが裸で、何も持っていない恥ずかしい存在であることに気づきます。そこで、自分をよく見せたいと思い始めます。そこで、自分たちを美しく見せたいと思い、身だしなみに気をつけたり、化粧をしたりします。あるいは賢く見せたいと思い、「(賢く見せたいだけの)知識」で自分たちの裸(真の姿)を覆おうとします。その化粧や自分を賢く見せたいだけの知識をここではいちじくの葉をつづり合わせたものと表現していると考えることもできると思います。箴言一章七節に、「主を畏れることは知識のはじめ」とありますが、「(賢く見せたいだけの)知識」とは、主を畏れることに基づかない知識だと言えます。また人に真善美を求める心を起こさせないで、単に自分を飾るためだけの知識とも言えます。

三章八節に「その日、風の吹く頃、彼らは、神である主が園の中を歩き回る音を聞いた。そこで人とその妻は、神である主の顔を避け、園の木の間に身を隠した」とあります。「風の吹く頃」というのは、パレスチナでは、夕方に涼しい夕風が吹くそうなので、時は夕方であることがわかります。人間が、神のことを考えるのは、真昼の喧騒のさなかではなく、夕方になって涼しい風の吹く、落ち着いた時であるということが示唆されます。その風の中で、アダムと女は、主なる神が園の中を歩く音を聞きました。この記述はヤハウェ資料なので、神を擬人化しています。神がしてはいけないと禁止したことをしてしまったアダムと女に良心の呵責があって、すべてのことに敏感になっており、少しの物音にも敏感に反応して、神の足音だと感じた様子が描かれています。

その音を聞いて、神の命令を破った二人は恐ろしくなり、神、すなわち、責任を問う者、から隠れます。しかし、人間は人の目や社会の目から隠れたり、ごまかしたりすることはできても、神から隠れたり、神をごまかすことはできません。神はまず、人（アダム）に、「取って食べてはいけないと命じておいた木から食べたのか」（一一節）と聞きます。やはり直接命令を受けた人（アダム）がまず責任を問われました。このことを取っても、誘惑された一番の責任は、男アダムにあるのです。

この問いに対して、男は責任を自分で取らずに、「あなたが私と共にいるようにと与えてくださった妻、その妻が木から取ってくれたので私は食べたのです」（一二節）と妻に責任転嫁をします。それも、「あなたが私と共にいるようにと与えてくださった妻」と強調して、あたかも神にも責任があるような答え方をしました。神はそれに対しては何も言わず、次に神は女に聞きます。これで男は責任転嫁がうまく行ったと思ったことでしょう。女も同じように蛇に責任転嫁をしました。この男と女が次々と責任転嫁をする様子も、人間社会でよく見られる構図です。

このように二人は、以前は裸のままエデンの園で自由に過ごしていましたが、神がしてはいけないということをしてからは、自分が裸であることを知り、裸を覆いました。また神との親密な関係が壊れて神に責任を問われる者となり、神から身を隠し、言いわけをしなければならない不自由な状態になってしまいました。

3・1・2　罰を宣告され楽園から追放される（三章一四―二四節）

原資料はこの部分もヤハウェ資料です。

一四節で、神は蛇に対しては責任を問うことをせずに、いきなり罰の宣告をします。これに対して、神の似姿に創られた人間（男と女）には、自分で判断して行動する自由意志が与えられているので、すでに見たように、アダムと女はそれぞれに責任を問われました。

蛇に対しては、「このようなことをしたお前は、あらゆる家畜、あらゆる野の獣の中で、最も呪われる。お前は這いずり回り、生涯にわたって塵を食べることになる」（一四節）と罰を宣告します。伝説的には、創造された初めは、蛇は足で立って動いていたといわれます。前述のように、古代において蛇にはいろいろなイメージがありました。この部分は、蛇が今のように地を這うようになったことの原因譚になっています。なお、「呪われる」は、ヘブライ語で「アルール」で、賢い（三・一）の「アルーム」、および裸（三・七）の「アローム」と語呂合わせになっています。

さらに蛇に対して「お前と女、お前の子孫と女の子孫との間に、私は敵意を置く。彼はお前の頭を砕き、お前は彼のかかとを砕く」（一五節）と宣告が続きます。この文は、全体として女性が蛇を嫌う原因譚になっていると言われます。しかし、「彼はお前の頭を砕き、お前は彼のかかとを砕く」の意味は不明で、いろいろな解釈がされています。たとえば、人間は蛇の頭を砕いて殺すが、蛇は人間のかかとを噛んで（毒により）殺す、という殺し方の説明になっているという解釈もあります。

キリスト教では、女の子孫であるキリストが、十字架上に死んで人間を罪から解放したことにより、蛇が象徴する悪魔（サタン）の頭を砕いた、すなわち完全に打ち克ったことを意味する、と解釈します。

一六節は、女に対する罰の宣告です。それは、「私はあなたの身ごもりの苦しみを大いに増す。あなたは苦しんで子を産むことになる。あなたは夫を求め、夫はあなたを治める」というものです。この宣告は、古来、女性が子を産むときの痛みと、その痛みを経験した後でも女が夫を求めて次の妊娠をすることを説明する原因譚になっていると言われてきました。

しかし、最近の聖書学の成果を反映した『旧約聖書1　創世記』月本昭男訳は、三章一六節を次のように訳しています。この節の読み方は、これまでの読み方と大いに異なっています。[7]

妻に言った、
「私はあなたの労苦と身ごもり[注]とを増し加える。
苦労の中であなたは子を生む。
あなたの想いはあなたの夫に向かい、
彼があなたを治めるであろう。」

注）生活上の労苦と子を生む喜び。出産の痛みのことではない。

訳者の月本昭男氏によれば、一九八八年に発表されたアメリカ人の女性聖書学者のキャロル・メイヤーズ（Carol Meyers）の著書に従い、このように訳したとの説明がありました。[8] キャロル・メイヤーズの著書とは、次

（7）『旧約聖書1　創世記』月本昭男訳、一〇―一一頁。

の二つです。

（1）*Discovering Eve : Ancient Israelite Women in Context.* Oxford University Press. 1988, pp. 95–109

（2）*Rediscovering Eve : Ancient Israelite Women in Context.* Oxford University Press. 2013, pp. 81–93

月本昭男氏の説明によれば、聖書協会共同訳で、「身ごもりの苦しみ」と訳されたヘブライ語の原文は、「あなたの『イッツァボーン』およびあなたの『ヘーローン』」となっているとのことです。ここで「イッツァボーン」（名詞複数形）は一般に「労働による苦しみ（＝労苦）」という意味で、女性の出産時の痛みという意味はなく、当時の女性の生活上の労苦を指している、とのことです。また「ヘーローン」（名詞複数形）は、動詞「身ごもる（ハーラー）」の派生名詞とみられるとのことです。女性が「身ごもる」ことは、旧約聖書では神からの祝福と考えられていました。[9] ですから『旧約聖書1　創世記』月本昭男訳では、この部分を「あなたの労苦と身ごもり」と訳し、注で「生活上の労苦と子を生む喜び」と説明しています。

つまり、女性にとっては、生活上の労苦はつきものですが、その労苦の中にあっても、身ごもって子供を与えられることは祝福であり喜びである、ということを言っていることになります。この解釈は創世記三章一六節の従来の日本語訳聖書や英語訳聖書の文章からからはとても導き出せないものです。しかし私はこの説明に大いに納得させられました。二〇世紀後半になって、女性の聖書学者が出始めて、聖書の読み方にまた新たな光が当てられていることを素晴らしいと思います。

一六節後半の「夫はあなたを治める」は、この文章が書かれ編纂された当時[10]の族長支配・男性優位の思想を反映しています。この男性優位の思想は、二章二四節の「（夫婦）二人は一体となる」に始まる神の意図に反している、と The New Interpreter's Bible は述べます。[11] この意見に私も賛成します。

最後に、一七―一九節で、人に罰が次のように宣告されます。

「[一七]神は人に言われた。『あなたは妻の声に聞き従い、取って食べてはいけないと命じておいた木から食べ
た。あなたのゆえに、土は呪われてしまった。あなたは生涯にわたり苦しんで食べ物を得ることになる。[一
八]土があなたのために生えさせるのは、茨とあざみである。あなたはその野の草を食べる。[一九]土から取られ
たあなたは土に帰るまで、額に汗して糧を得る。あなたは塵だから、塵に帰る』」（三・一七―一九）

神の命令に背いて、取って食べるなと命じられた善悪の知識の木から食べたから、土は呪われるものとなり、茨とあざみという食べられない植物が生えるところとなる、と言います。人の罪により土、すなわち自然が呪われたのです。このことは今でも人の経済活動が公害を生み出すのと同じです。

こうして人と女はこれまでは、エデンの園で労せずして木になっていた実をとって食べていましたが、今後は、「生涯にわたり苦しんで食べ物を得ることに」（一九節）なりました。つまり「土から取られたあなたは土に帰るまで、額に汗して糧を得る」（一九節）ということになりました。

最後に、神は、もともと人は土の塵から取られたのだから（二・七）、ついには「あなたは塵だから、塵に帰る」（一九節）と人と女に死を宣告しました。善悪の木の実を食べてすぐには死にませんでしたが、人はついには死んで土に帰る運命にある、と死が宣告されたのです。

土から取られた体は土に返りますが、神により人に吹き入れられた「命の息」（二・七）がどうなるかは、ここ

（８）月本昭男氏の無教会研修所主催聖書学習講座「原初史の思想と信仰―創世記を読む」（二〇一八年七月七日）の講義資料による。

（９）旧約聖書で女性が「身ごもる」ことを神からの祝福ととらえた箇所としては、たとえば、創世記一・二八、二九・三一、三〇・二二、サムエル記上一・一九、などを参照してください。

（10）原資料のヤハウェ資料の成立は前一〇世紀頃、創世記が現在の形に編纂されたのは前六世紀頃とされています。

（11）The New Interpreter's Bible. Vol. 1, p. 363.

では述べられません。すでに二章七節のところで述べたように、ヘブライ語では、人の肉体と霊魂は一体のものと考えられており、霊魂だけが独立に存在しうるとは考えられていませんでした。ですから、人が死ぬと肉体と霊魂ともに死ぬと考えられていたようです。つまり、人の霊または魂（ギリシャ語のプシュケー、日本語の霊または魂）が天の神のもとに帰るという思想はまだありませんでした。

神により人に吹き入れられた「命の息」が天の神のもとに帰り、土から取られた体は土に還るという思想を、私が聖書を学んだ杉山好先生[12]は、「帰天還土」と言い表しました。この考え方は、キリスト教やイスラム教では中心的な考え方の一つとなります。

西洋のキリスト教世界では、最初の男と女が、取って食べるなと神から命じられた木から食べた、という罪を犯した結果、人類は額に汗して労働をしなくてはならなくなった、つまり労働は罪の結果の罰であって苦しく、できれば避けたいものである、という考えが基調になっているような気がします。しかし、一方では、後に中世修道院で、「労働とは祈り（Laborare est orare.）」と言われたように、労働は、祈りのように、人の魂を健全なものに育てる栄養のようなものである、と考えられるようになりました。「仕事は高貴なる心の栄養なり」と古代ローマの哲学者セネカも言っています。

二〇節に「人は妻をエバと名付けた。彼女がすべての生ける者の母となったからである」とあります。死ぬべき運命に定められた人と女ですが、後に女は命あるものの母となるので、エバ（命）と名付けられました。エバは、ヘブライ語の音では、「ハッバー」で、この語の原形は、「生きる」です。「ハッバー」は、日本語では「エバ」、英語では、Eve と訳されました。

これにより、いずれは死ぬ運命に定められた人とエバは、子孫によって生き続けることができるようになることが示唆されます。ここに旧約時代の希望があります。すなわち、子孫によって生き続けることです。また子孫が多いことが旧約時代の祝福であり希望のもとでした。[13] これに対して、キリスト教やイスラム教では、死んだ本人自身の魂が天国で生き続けるという希望に変わります。

子孫が生き続けるというのは、確かに希望です。それは私たちの命が遺伝子として生き続けるというだけでなく、私たちの理想や私たちの信仰が子孫により生き続けるという希望を与えてくるからです。私がこうして本を書いて、自分の考えや信仰を書き残すのも、子孫たちがそれを受け継いでくれるのではないか、という希望があるからです。

なお、もともと一般名詞として「人」を表していたヘブライ語「アダム」を、どの時点から固有名詞の「アダム」として訳出するか、という問題が創世記の翻訳の問題としてあります。この本が引用している聖書協会共同訳では、四章二五節で初めて「アダム」を最初の人の固有名詞として訳しており、それまでは「人」と訳しています。共同訳では、神が人の責任を追及する三章九節から人を「アダム」という固有名詞で呼んでいます。一方、英語訳では、King James Version は二章一九節から、また New International Version では、二章二〇節から、「Adam」という固有名詞を使っています。

最初に造られた人が、これまで普通名詞で「女（ヘブライ語で「イッシャー」）」と呼んでいた存在に対して、「エバ」という固有名詞を与えたことについて、ユダヤ人ラビのサックス氏は、その著書で、「アダムは自分が死ぬべきことを悟った時に、自分の希望はこの女によって命を次につなぐことができることだと知り、女を心から大

---

(12) 東京大学教授（当時）。東京都国立市の自宅で毎日曜に聖書研究会を開き、私は学生時代にその家庭集会に参加していました。

(13) 後に主はアブラムに言われます。「あなたの子孫を大地の砂粒のようにする。大地の砂粒がかぞえきれないように、あなたの子孫も数えきれないであろう。」（創世記一三・一六）

切な人だと思い、固有名詞エバをこの時に初めて与えた」（原文英語、日本語訳筆者）と言います[14]。心から大切に思う、すなわち愛を感じるときに、人は普通名詞（女）でなく、固有名詞（エバ）を与えます。こうして今までは単なる「助け手」、すなわち「助手」に過ぎなかった普通名詞の「女」が、自分にとってかけがえのない大切な愛する妻、固有名詞の「エバ」になりました。

二一節に、「神である主は、人とその妻に皮の衣を造って着せられた」とあります。アダムとエバは、前にはいちじくの葉を綴り合せて腰を覆いましたが、神は彼らに皮の衣という立派な服を用意しました。アダムとエバは罪を犯しましたが、その罪人を見捨てず見守る神の愛をここに見ることができます。

二二節に「神である主は言われた。『人は我々の一人のように、善悪を知る者となった』」とあります。この節から、ヤハウィストは「善悪」を知るのは、神だけだと考えていたことがわかります。

これについて、月本昭男氏は次のように言っています[15]。

「古代イスラエルの人々にとって、『善と悪を知る』とはなじみのある表現で、ダビデやソロモンが『善と悪』をわきまえる人物とみなされていたからです。（中略）『善と悪を知る木』の実を食べて『神のようになった』という最初の人類の物語は、暗黙裡に、善悪の判断をはじめとする知恵を独占して、民を治めるエルサレムのダビデ王朝を批判的に照らし出しているのかもしれません。」

すなわち、当時の人々がダビデ王やソロモン王は「神のように善と悪を判断できる」と考えていたことに対して、「善と悪」を判断できるのは、神さまだけだということをヤハウィストは言いたかったのかもしれない、という説明です。私はこういう読み方もあるのかとはじめは驚きました。ヤハウィストは権力を直接批判するのでなく、物語を通して上手に権力の在り方を批判している、ということで納得しました。このようなヤハウィストの間接的なダビデ王朝に対する批判は、後に出て来るネフィリム伝説（六・一―四）にも見られます。

二二節後半の「さあ、彼が手を伸ばし、また命の木から取って食べ、永遠に生きることがないようにしよう」という表現から、人が永遠の命を得るのは、命の木の実を食べた場合であると、ヤハウィストが考えていたことがわかります。そうなるといけないからというので、アダムとエバは、エデンの園から追放された、というのがヤハウィストによる楽園追放の物語です。もし人が善悪を知る木の実から取って食べなければ、命の木からも食べないであろうから、アダムとエバは永遠にエデンの園で生きる者となっていた、と、ヤハウィストは、考えていたようです。

三章の最後の二三―二四節は次のとおりです。

「二三神である主は、エデンの園から彼を追い出された。人がそこから取られた土を耕すためである。二四神は人を追放し、命の木に至る道を守るため、エデンの園の東にケルビムときらめく剣の炎を置かれた。」（三・二三―二四）

ここで、「人がそこから取られた土を耕すためである」に出てくる「耕す」のヘブライ語動詞の「アーバド」の本来の意味は、すでに二章五節の説明で述べたように、「仕える」、「働く」で、月本昭男訳聖書では、ここを「人がそこから取られた大地に仕えさせた」と訳しています。[16] このように、今までアダムとエバは、楽園で木の実をとって食べていればよかったのですが、楽園を追放された後は、大地に仕えて、自分で額に汗して食物を得るようになりました。

そして、神はアダムとエバが、再びエデンの園に入ることがないように、「エデンの園の東にケルビムときら

（14）Rabbi Jonathan Sacks. Covenant and Conversation, p. 40.
（15）月本昭男『物語としての旧約聖書　上』五六―五七頁。
（16）『旧約聖書１　創世記』月本昭男訳、一三頁。

めく剣の炎を」置きました。ケルビムとは、人の顔、馬の体、鳥の羽をもつとされる神殿を守る想像上の存在です。エジプトのピラミッドの前に置かれたスフィンクスや、日本の神社におかれる狛犬と同じように聖所を守る存在です。剣の炎とは、稲妻のことのようです。いずれも聖所を守るものと考えられます。

コラム 3-3

「神である主は、エデンの園から彼を追い出された。人がそこから取られた土を耕すためである」(三章二三節)の著者なりの解釈

この楽園追放の話を、次のように解釈することもできるのではないかと考えます。

楽園とは、子供時代に親の保護の下に食べ物を自分で得る必要がない状態と考えます。そして思春期になり、性に目覚め、自分の裸(真の姿)を恥ずかしいと思い始め、化粧や教養で自分の裸を覆います。その間、誘惑に負けて、神にしてはいけないと言われたことをしてしまいます。その結果、罪の意識が芽生えます。そして独立した大人になり、自分で働いて食べ物を得なければならないようになります。「エデンの園」を子供時代とみなし、その園からの追放を、人が子供から大人へ成長して独立する姿を表していると解釈する読み方もできるのではないでしょうか。

さらに別の読み方として次のような解釈もあると思います。

人類の歴史において、エデンの園の時代を、木の実を取って食べ、家族単位で土を耕して自給自足の生活をしていた採集の時代と捉えます。その時代から、人口が増えて額に汗して大規模に土を耕さなければいけない農耕時代への転換をこの物語は示唆しているとも考えられます。これにより、食物の生産力はあがりましたが、農耕のための集団生活の中で、支配する人と支配される人の身分制や強

い者が弱い者を搾取する社会が生まれました。また農耕の豊穣を願い、感謝する宗教が生まれました。さらに、生産力が増えたので、自ら生産に携わる必要のない人々（支配者、官吏、学者など）が生まれました。これにより、官吏が管理のための文書を書き残すため文字が生まれ、また学者は文字を使って歴史や文学を書き残すようになりました。以上のように、採集時代から農耕時代に移って、大きな社会の変化が起ったことを表している、という読み方も面白いと思います。

3・2　カインとアベル　最初の殺人（四章一―一六節）

創世記四章は三章に続き、ヤハウェ資料が原資料となっています。

三章で楽園を追われ、死ぬべき運命に定められたアダムとエバでしたが、四章では、命を次の世代に継承するために、子供が与えられます。こうしてアダムとエバに最初に与えられた子供たちであるカインとアベルのことが四章で語られます。しかも、最初の子である兄カインが弟アベルを殺すという人類最初の殺人、しかも兄弟間の殺人という悲惨な物語が語られます。

この部分の原文のヘブライ語には謎が多いので、日本語訳聖書でも、文語訳、口語訳、新共同訳、聖書協会共同訳のそれぞれで異なる表現が使われています。以下では、聖書協会共同訳にしたがって話を進めます。

四章は、次の一―二節で始まります。

「[一]さて、人は妻エバを知った。彼女は身ごもってカインを産み、『私は主によって男の子を得た』と言った。[二]彼女はさらに弟アベルを産んだ。アベルは羊を飼う者となり、カインは土を耕す者となった。」（四・一―二）

一節に出てくる「知る（ヘブライ語ヤーダー）」という言葉は、性的な関係を持つという旧約聖書の隠語です。私が学生時代に聖書を学んだ杉山好先生は、若い男女の学生たちに向けて、次のように語られました。「旧約聖書で、性的な関係を持つことを『知る』という言葉で表すということは、それが相手の人を全人格的に『知る』という深い意味があるからです。ですから、相手に対する愛と責任をもって、相手にコミットすることなく、行うべきではありません。」この言葉は、若かった私にとても強い印象を与えたことを覚えています。

一節後半に、「彼女は身ごもってカインを産み、『私は主によって男の子を得た』と言った」とあります。この長男の名前「カイン」をヤハウェ資料は、民間伝承的な説明として、ヘブライ語動詞「カーナー（得る）」から派生した言葉だと説明します。このように、民間伝承的な説明を加えることが、ヤハウェ資料の特徴です。しかし、本来は、「槍」または「鍛冶屋」を意味するらしいとされており、成人後にカインが農夫になるので、鍬や鋤に関係することからつけられたようです。[17]

「私は主によって男の子を得た」について、女性が妊娠するのは、「主によって」です。子供は主からの大切な贈りものです。

二節に、「彼女はさらに弟アベルを産んだ。アベルは羊を飼う者となり、カインは土を耕す者となった」とあります。「アベル」の語源「ヘベル」は、ヘブライ語では「息」を意味し、アベルのはかない命を暗示しています。他方、アベルに対応するシリア語「ハッバラー」は羊飼いを表すことから、アベルの仕事（羊を飼う者）を表すシリア語を語源とするという説もあります。[18]

この二人の兄弟が成人して、土を耕す者（農業者）となった兄カインは、主への供え物として土地の実りを持って来ました（三節）。一方、羊を飼う者（牧羊者）となった弟アベルは、羊の群れの中から肥えた羊の初子を供え物として持ってきました（四節前半）。

続く四節後半―七節は、次のとおりです。

「[四]主はアベルとその供え物に目を留められたが、[五]カインとその供え物には目を留められなかった。カインは激しく怒って顔を伏せた。[六]主はカインに向かって言われた。『どうして怒るのか。どうして顔を伏せるのか。[七]もしあなたが正しいことをしているのなら、顔を上げられるはずではないか、正しいことをしていないのなら、罪が戸口で待ち伏せしている。罪はあなたを求めるが、あなたはそれを治めなければならない。』」

主はなぜアベルの供え物だけに目を留めて、カインの供え物に目を留めなかったのでしょうか。さらに、どのようにしてカインは自分の供え物に主が目を留められなかったことを知ったのでしょうか。これらについて、ここでは全く説明されていません。

ここにヘブライ文学の特徴が如実にあらわれています。すなわち事実だけを淡々と記述するのみで、登場人物の心理などに分け入って深く説明しません。[19]この手法は、行間を読む楽しみを読者に与えるものです。したがって、古来、次のようないろいろな解釈がなされてきました。

たとえば、カインとアベルが供え物をした年に、カインの農作物は不作で、アベルの羊はまるまると肥えていた、という解釈があります。[20]このように人生には順境の日もあれば逆境の日もあり、逆境の日の経験にも意味があるから、ここで人を羨ましく思ったり、怒ってはいけない、という教訓が含まれているという解釈です。

---

(17)　『旧約聖書創世記』関根正雄訳、一六二頁。
(18)　同右。
(19)　このヘブライ文学の特徴を、ユダヤ人の比較文学者アウエルバッハが『ミメーシス』という彼の著書で明らかにしています。詳しくは九章のコラム9-13を参照してください。
(20)　大野惠正「創世記」三二頁。

その他の解釈としては、アベルは初子を供え物としたけれども、カインは初穂（初物）を献げたとは書いていないことに起因するという説があります。[21]「あなたの初子を私にささげねばならない」（出エジプト二二・二八）と書いてありますから、神は供え物として初子や初穂を要求している。という解釈です。

さらに別な解釈として、神は牧羊者を農耕者よりも好んだ、というものがあります。[22]イスラエル民族の始祖であるアブラハムが牧羊者であったこと、イスラエル民族は元来牧羊の民族で、カナンに入って定住するにつれ次第に農耕者になりました。農耕者は豊饒を願う観点から、豊饒をもたらす偶像神を信仰する傾向があったとされ、主はそれを喜ばず、牧羊者であるアベルの供え物に主は目を留められた、という説明です。

一方、ユダヤ教のラビであるジョナサン・サックス氏は、その著書で、その理由について、全く独自な以下のような説明をします[23]（原文英語、日本語抄訳筆者）。

「神がカインの供え物に目を留めなかった理由は、次に続く、『カインは激しく怒って顔を伏せた』で明らかです。人が他の人に贈り物をするのは、次のいずれかの場合です。一つは相手を心の底から喜ばせようとしている場合で、もう一つは、相手に貸しを作って、相手から自由になるか相手を自分の意のままに動かそうとしている場合です。外見からは、この違いはわかりません。カインの場合は、自分の供え物の方が自分の目でみて勝っているから、神をより自分の意のままに動かそうとしたのではないでしょうか。そして神の名を借りて、アベルを支配しようとしたのではないでしょうか。」

これらの解釈を読むと人それぞれで、創世記はそれぞれの人に行間を読む余地を与えてくれていることがわかります。

コラム 3-4

「主はアベルとその供え物に目を留められたが、カインとその供え物には目を留められなかった」（四章四—五節）について

この文章には、なぜ主がアベルとその供え物に目を留め、カインとその供え物に目を留められなかったかが、書かれておらず、ただ淡々と事実だけを述べています。これが創世記の物語の一つの大きな特徴であることはすでに本文で述べました。読む人に、自分で考え解釈する余地を残しています。すでにいくつかの注釈書に書かれていた異なる解釈をあげました。私にはその中で、本文で紹介したユダヤ教のラビであるサックス氏の解釈が最も納得のゆくものでした。すなわち、神がカインの供え物に目を留めなかったのではなく、「カインの場合は、自分の供え物の方が自分の目でみて勝っているから、神をより自分の意のままに動かそうとしたのではないでしょうか。そして神の名を借りて、アベルを支配しようとしたのではないでしょうか。」しかし、実際には、彼の目から見ても、アベルの供え物の方がまさっていました。だから、「カインは激しく怒って顔を伏せた」のではないでしょうか、という解釈です。

従って、供え物でアベルに負けたと思ったカインは、アベルに力で支配されるのがいやで、アベルを殺したのではないでしょうか。実際には、アベルは心からの感謝の供え物をしたのであって、そのような力に関する意識は毛頭なかったと思います。

（21）Wenham, Word Biblical Commentary Genesis 1-15, p.103.
（22）月本昭男『物語としての旧約聖書　上』七四頁。
（23）Rabbi Jonathan Sacks, Covenant and Conversation, pp. 31-32.

サックス氏は続けてその著書で次のように言います[24]（原文英語、日本語抄訳筆者）。

「創世記における最初の礼拝の記録が、最初の殺人に至るという結果になりました。宗教は、最良の場合には、人を天使に近いものに引き上げますが、最悪の場合は、人の命を破壊する最も危険な心情に人を駆り立てます。宗教とこのような暴力の関係について、いろいろな説明がなされました。しかし、私（ラビ・サックス氏）の知る限り、カインとアベルの話が、宗教と暴力に関する最も深い解釈になっていると思います。暴力とは自分の意志を相手に力で押し付ける方策です。その場合、罪の意識が生じますが、それ克服する方法は二つあります。一つは神の存在を否定し、罪の意識を持たないことです。二つ目は、自分は神の意志を実行しているのだと自分に言い聞かせることです。しかし、トーラー（律法）が教えるのは、神のかたちに、神の姿に造られた人の命を聖なるものとして尊重することです。それだけが人類のただ一つの、そして最後の望みです。」

私も、そもそも主がカインの供え物をかえりみず、アベルの供え物だけに目を留めたということはしなかった、と考えます。聖書の他の箇所を読むと主は人を偏り見ることをしない方と書いてあるからです。

たとえば、旧約聖書では、申命記に、「あなたがたの神、主は偏り見ることも、賄賂を取ることもなく、孤児と寡婦の権利を守り、寄留者を愛してパンと衣服を与えられる方である」（申命記一〇・一七―一八）とあります。新約聖書でも、使徒言行録に、「神は人を分け隔てならないことがよく分かりました」（使徒言行録一〇・三四）とあります。まして、どちらの供え物がよりよいかにより人を差別することなどはしない方です。ですから、主はカインの供え物もアベルの供え物もどちらも受け入れたのだと思います。

「主がカインの供え物に目を留めなかった」というのは、実はカイン自身がそう考えた、ということではないでしょうか。カイン自身が、自分の供え物と弟アベルの供え物を比較して、自分の供え物の方が劣っていると考えたのではないでしょうか。それはカインが、自分の心からの感謝の気持ちのあらわれとして供え物をささげていたのではなく、他の人と比較して、この場合はアベルの供え物と比較して、自分の供え物が見劣りしていると考えたことに起因するのではないでしょうか。本当に神に心からの感謝の供え物をしていれば、他人の供え物との比較などしないはずです。

新約聖書に、「一人の生活の苦しいやもめがレプトン銅貨二枚を」献金箱に入れる話があります（ルカによる福音書二一・一―四）。レプトン銅貨二枚というのは、金持ちたちが献金箱に入れる金額に比べれば本当にわずかなお金です。しかし、この生活に苦しいやもめは、他の人の献金額と比べることをしないで、心からの感謝の祈りをしていたのだと思います。それをイエスは、「この貧しいやもめは、誰よりもたくさん入れた。あの金持ちたちは皆、有り余る中から献金したが、この人は、乏しい中から持っている生活費を全部いれたからである」と言いました。額が問題ではないのです。

五節に「カインは激しく怒って顔を伏せた」とあります。どうして心からの感謝の供え物をする人が、激しく怒って顔を伏せたりするでしょうか。供え物をする時のカインの心の中には感謝の気持ちではなく、人が偶像に供え物をする時のように、その供え物が他人の供え物より立派なので、より大きなご利益にありつけるはずだ、という競争の気持ちがあったのではないでしょうか。カインは自分

（24）　Rabbi Jonathan Sacks. Covenant and Conversation, pp. 31–32.

で、自分の供え物の方が劣っていると思って、自分に対して「激しく怒って顔を伏せた」のではないでしょうか。

六節で、主はカインに「どうして怒るのか。どうして顔を伏せるのか。もしあなたが正しいことをしているのなら、顔を上げられるはずではないか」と問いかけました。主のこの問いかけによっても、主がカインの供え物に目を留められなかったということではなく、カインが自分で顔を伏せたことがわかります。それは、主がカインに、「あなたが正しいことをしているのなら、顔を上げられるはずではないか」と言っているからです。カイン自身が、アベルの供え物と自分の供え物を比較して、自分の供え物が劣っているので、すなわち、正しいことをしたと考えなかったので、顔を伏せたのです。主に心からの感謝をもって供え物をして礼拝しているのなら、他人の供え物とは比べないはずです。自分が主の前で、「霊と真実をもって」（ヨハネによる福音書四・二三）、感謝の心で礼拝をしているならば、「顔を上げて」いられるはずです。

しかし、多くの場合、人は、私を含めて、ついつい他人と比べて、自分が劣っているように思えて、顔を伏せて、すねたり、あきらめたりしがちです。そのような時こそ、「罪は戸口で待ち伏せており、お前を求め」（七節）ています。ですから、そのような罪に誘惑されないように、私たちは、「霊と真実をもって」礼拝し、「顔を上げて」み前に歩み、罪に支配されないように、むしろ罪を支配するようにしなければならないことを、この話は教えてくれているように思います。それは実際には、自分の罪を主の前で認め、赦しを乞い、再び同じ罪を犯すことのないように、主に祈ることを含みます。その上で、顔を上げて前に進むことができるのだと思います。

以上のように、ここには礼拝するときの人の心の中について、深い洞察があると思います。すなわち、礼拝をする人の心の中に、与えられた恵みに感謝し、神の名を讃えて神に栄光を帰し、霊と真実を持って祈るのならよいが、逆に礼拝のときに、他人と比較して、優越感を感じたり、あるいは劣等感を感じたりすることがおかしいことをこの物語は言おうとしている、と読むこともできると私は思います。

さらにラビ・サックス氏が言うように、宗教の危険性をも示唆しています。

創世記四章の本文に戻ります。

八—一二節は次のとおりです。

「八カインが弟アベルに声をかけ、二人が野にいたとき、カインは弟アベルを襲って、殺した。九主はカインに言われた。『あなたの弟アベルは、どこにいるのか。』彼は言った。『知りません。私は弟の番人でしょうか。』一〇主は言われた。『何ということをしたのか。あなたの弟の血が土の中から私に向かって叫んでいる。一一今やあなたは呪われている。あなたの手から弟の血を受け取るため、その口を開けた土よりもなお呪われている。一二あなたが土を耕しても、その土地にはもはや実を結ぶ力がない。あなたは地上をさまよい、さすらう者となる。』」（四・八—一二）

七節の最後にある「罪はあなたを求めるが、あなたはそれをおさめなければならない」という主からの警告にも関わらず、自分の供え物より弟アベルの供え物が主に受け入れられたと考えて嫉妬した兄カインは、野原に弟アベルを誘い出し、殺します。「野原で」というのは、他の人が誰も見ていないところでという意味です。しかし、人は誰も見ていなくても、主は見ておられるのです。さらに、「お前の弟の血が土の中から私に向かって叫んでいる」とあるように、殺した弟の血も、その殺人の証人となって神に叫んでいるのです。二〇世紀の戦争では、何百万、何千万という人の血が地に流れました。彼らの血も、同じように主に向かって叫んでいると思います。

主は、「あなたの弟アベルは、どこにいるのか」と聞きました。主は、カインが弟アベルを殺したのを知っていながら、なお、カインの責任を問い、主に対して隠し通すことができないことを知らしめるために、カインに聞きました。これに対して、カインは、主が知らないと考え、「知りません。私は弟の番人でしょうか」と、しらばっくれて嘘をつきました。ここで「番人」とは、「守り手」のことです。カインは、「私が羊の守り手である弟の守り手なのですか」との皮肉をもって神に答えているのです。

そこで主はカインに、罰を宣告します。具体的には、カインは呪われる者となり、土はもはや農耕者カインのために作物を生み出すことはなく、カイン自身は地上をさすらう者となる、と言います。当時の社会では（今の社会でも、ある程度同じですが）、一族から切り離されて根無し草となり地上をさまよい、さすらう者となるということは、生命の危険を意味しました。

もし、カインが自分でアベルを殺したと正直に告白し、後に一三節で、「私の過ちは大きく、背負いきれません」と言ったように、ここで最初から罪を告白し主に罪の赦しを乞うたら、主はどのように答えたでしょうか。主はお赦しになったのではないでしょうか。

カインとアベルが共に主を礼拝した後に、カインがアベルを野に誘い出し、アベルを殺したことは、全く理解できない不条理なことです。新約聖書は、罪がないのに十字架にかけられて殺されたイエスの死の先駆としてアベルを見ています[25]。アベルは死んだけれども、その名は新約聖書でのイエスの言葉、「へりくだった人々は、幸いである。その人たちは地を受け継ぐ」（マタイ五・五）の実例として後代の人に覚えられているのです。

カインは、主からの指摘を受けて、主から逃げられないことを知り、主に向かって正直に次のように言いました（一三—一四節）。

「一三カインは主に言った。『私の過ちは大きく、背負いきれません。一四あなたは今日、私をこの土地から追放されたので、私はあなたの前から身を隠します。私は地上をさまよい、さすらう者となり、私を見つける者は誰であれ、私を殺すでしょう。』」（四・一三—一四）

これに対して、主はカインに次のように言いました。

「一五主は彼に言われた。『いや、カインを殺す者は誰であれ、七倍の復讐を受けるであろう。』主は、カインを見つける者が誰であれ、彼を打ち殺すことのないように、カインにしるしを付けられた。一六カインは主の前を去り、エデンの東、ノドの地に住んだ。」（四・一五—一六）

この正直な罪の告白を受けて、主は、さすらう者になるというカインへの宣告は変えませんが、彼にしるしを付けて、だれも彼を撃つことのないように彼を守ることにしました。このしるしとは、カインを祖とするケニ族が、額につけていた十字の入れ墨のしるしのことを指すのであろう、とのことです(26)。このように主は、罪を告白したカインを受け入れて、守ったのです。罪を告白し、悔い改める者を主は受け入れて守ってくださるのです。

一六節の「カインは主の前を去り、エデンの東、ノドの地に住んだ」の表現には皮肉がこめられています。というのは、ヘブライ語で「ノド」とは「さすらい」と言う意味があり、カインはノドの地に、空間的な意味での居場所は得ましたが、主の前を去ったので、内心では心が落ち着かず、自分はさすらいの人間で、ここは自分の居場所ではない、という気持ちを持っていた、と読むこともできる文章だからです。

---

(25) マタイ二三・三五、ルカ一一・五一、ヘブライ人への手紙一一・四、同一二・二四などに出ています。
(26) 『旧約聖書創世記』関根正雄訳、一六三頁。

主はカインに、「カインを殺す者は誰であれ、七倍の復讐を受けるであろう」（一五節）と言いました。主は復讐を認めているのでしょうか。旧約聖書では、確かに主は復讐を認めていると思います。例えば、「目には目を、歯には歯を」（出エジプト記二一・二四）という言葉があります。それは法律、および人々がその遵守を担保するための警察や検察、さらに弁護士や裁判所などの刑法の制度がなかった旧約聖書の時代には、復讐を正当化することによって、人が復讐を恐れて、殺人を犯さないようにするためだった、と理解することができます。

しかし新約聖書では、イエスは次のように言っています。

「あなたがたも聞いているとおり、『目には目を、歯には歯を』と命じられている。しかし、私は言っておく。悪人に手向かってはならない。だれかがあなたの右の頬を打つなら、左の頬をも向けなさい。」（マタイ五・三八）

「敵を愛し、迫害する者のために祈りなさい。」（マタイ五・四四）

また、使徒パウロも次のように言います。

「愛する人たち、自分で復讐せず、神の怒りに任せなさい。『復讐は私のすること、私が報復する』と主は言われる」と書いてあります。あなたの敵が飢えていたら食べさせ、渇いていたら飲ませよ。そうすれば、燃える炭火を彼の頭に積むことになる。悪に負けることなく、善をもって悪に勝ちなさい。」（ローマの信徒への手紙　一二・一九―二一）

これはまさに旧約聖書における「目には目を」という古い約束に代わる、新約聖書の「善をもって悪に勝ちなさい」という全く新しい約束です。こういうことを新約聖書が言えるのは、「体は殺しても、魂を殺すことのできない者どもを恐れるな」（マタイ一〇・二八）とあるように、新約聖書では魂は永遠に生きると信じられているからです。

3・3　カインの系図と文明・文化の起源（四章一七—二四節）

ここもヤハウェ資料で、カインから始まり、六代目の子孫であるレメクまでの系図が出てきます。この系図との関連で、竪琴や笛などを奏でる者が出てきたり、青銅や鉄でさまざまな道具を作る者が出てくるという文化や文明の起源が語られます。

一七節に「カインは妻を知った。彼女は身ごもってエノクを産んだ。カインは町を築き、息子の名前にちなんで、その町をエノクと名付けた」とあります。この節で不思議なのは、カインの妻となった女性とはだれなのか、です。もしカインの他に妻となった女性がいたのなら、アダムとエバが人類の始祖であるとした設定に無理があるのではないか、とさえ思わせます。このような疑問に、聖書学は、以下のように、異なる伝承説によって答えようとしています。すなわち、同じヤハウェ資料でも、これを編纂した人（ヤハウィスト）は、三章までの物語を一つの伝承Aをもとにして書き、四章を別の伝承Bをもとにして書いたという説明です。[27] 伝承Aでは、アダムとエバは、人類の始祖と考えられていますが、伝承Bでは、アダムとエバがカインとアベルを産んだ時には、もうすでに人類が広くその地域に広がって住んでいたことが前提となっています。

このように創世記を論理的・分析的に読むと一貫していないところがあります。これを説明するのに、まず異なる資料説がとられました（ヤハウェ資料、エロヒム資料、祭司資料）。ここではさらに同じヤハウェ資料の中でも一貫していないことがあることを説明するのに、異なる伝承説がとられています。

私は初めて聖書を読み始めたとき、このような論理的矛盾を大変気にしたものでした。しかし、今では聖書学

(27)　The New Interpreter's Bible. Volume1, p. 372.

のこのようなアプローチは理解できます。アダムとエバの話にはもともと複数の伝承があって、編纂した人が、複数の伝承をもとに一つの物語にしたのでしょう。この時、編纂者はそれぞれの伝承をなるべく保存したまま論理的な矛盾を承知で、論理的な整合性よりも、もっと大切なことを伝えたかったのだ、と私は理解しました。ここで伝えたかったもっと大切なこととは、人間の文化や文明の始まりだったのではないでしょうか。

論理的な矛盾は、「カインは町を築き」という言葉にもあります。カインは、さすらいの地であるノドの地に町を建てました。カインが町を建てたということは、人口が増加し住むところが集中し始めたことを示しています。これもカインが人類の始祖であるアダムとエバの長子であるという伝承とは矛盾します。したがって、この矛盾も異なる伝承に基づくと考えざるを得ません。

カインはノド（さすらい）の地に住んだという記述から、町（現在でいう都市）は、多くのさすらいの人々から成る、ということが暗示されます。それは昔も今も同じだと思いました。

カインは、産まれてきた息子にエノクという名を付けました。彼は自分が建てた町にも「エノク」という名前を付けました（一七節）。ヘブライ語で「エノク」とは、「献げる」です。カインは弟アベルを殺し、主に追及された時、最初は知らんふりをしましたが、主に罰を宣告されると、「私の過ちは大きく、背負いきれません」と罪を告白しました。主は、「砕かれ悔いる心を侮りません」（詩編五一・一九）から、カインの罪の告白を受け入れ、彼を守ることにしました。これに感謝する意味を込めて、カインは自分の息子および自分が建てた町を主に「献げた」のではないでしょうか。

一九節には、レメクが二人の妻をめとったことが書いてあります。ここまで、アダムからカインを経てレメクに至るまでの六代の夫婦は、一夫一婦制だったのですが、レメクに至って二人の妻をめとり、性的な関係が乱れ始めたことがわかります。アダムから数えて、レメクは七代目です。[28] 一方、六章に出てくるノアは、アダムから数えて一〇代目になります[29]。このように、カインの末裔において、性的な乱れが生じ始めたことが推測できます。この話は、六章のノアの洪水につながってゆく下敷きを提供する一つであると思います。

レメクの二人の妻の一人アダが生んだヤバルは、天幕に住む牧畜氏族の祖であり、ユバルは竪琴（弦楽器）と笛（吹奏楽器）をとって音楽に従事する氏族の祖となりました。もう一人の妻ツィラが生んだトバル・カインは青銅と鉄でさまざまな道具を作る氏族の祖となりました。ここでトバル・カインという名前は、「鍛冶屋トバル」とも読めます。というのは、すでに四章一―二節の説明において述べたように、「カイン」は本来「槍」または「鍛冶屋」を意味するからです。こうしてレメクの子供たちは、ヤバル、ユバル、トバルという名で同じ父親レメクから出た三つの異なる職業（牧畜、音楽、鍛冶屋）につく似た名前を持つ兄弟氏族となりました。

もともとカインは「土を耕す者」でしたが、追放されてその子孫の一部は、砂漠に住むベドウィンであるケニ族になり、また一部は牧畜者になりました（ヤバル）。また一部は、直接の言及はありませんが、農耕者になった人々もいたと思います。というのは、もともとカインは「土を耕す者」でしたし、農耕者がいたから、都市（エノク）が生まれ、竪琴（弦楽器）と笛（吹奏楽器）をとって音楽に従事する氏族（ユバル）や、青銅と鉄でさまざまな道具を作る氏族（トバル・カイン）が生まれたことになった、と考えられるからです。こうして都市が生まれ、文化（音楽）や文明（銅と鉄の産物）に携わる人々が出てきたことが述べられます。

次に、二三―二四節は次のとおりです。

「二三レメクは妻たちに言った。

(28)　アダム―カイン―エノク―イラド―メフヤエル―メトシャエル―レメクと、レメクは七代目です。

(29)　アダム―セト―エノシュ―ケナン―マハラルエル―イエレド―エノク―メトシェラ―レメク―ノアと、ノアは一〇代目になります（五・一―三〇）。

『アダとツィラよ、私の声を聞きなさい。
レメクの妻たちよ、私の言葉に耳を傾けなさい。
私は受ける傷のために人を殺し、
打ち傷のために若者を殺す。
二四 カインのための復讐が七倍なら、
レメクのためには七十七倍。』」

これは、ヤハウェ資料に収められていますが、もとは砂漠のベドウィンの間で伝えられた「レメクの歌」と呼ばれる韻文で、旧約聖書の中で最も古い歌の一つといわれています[30]。

この「レメクの歌」について、注目されるのは、「カインのための復讐が七倍なら、レメクのためには七十七倍」とあるところです。ここから復讐も七倍から七七倍に増大して、暴力、暴虐が増えてきたことがわかります。先に述べたように、レメクは二人の妻を持って、性的な乱れも象徴しています。性的な乱れが生じると、暴力・暴虐も増えたようです。このようにアダムから数えて七代目のレメクの時代になって、次第に人類の罪が顕在化し始めたようです。一方、五章に出てくる系図からノアはアダムの一〇代目の子孫なので、レメクからは三代後の人になります。ですから、レメクの代から始まって、ノアの時代までに人類の罪が増大し、「主は、地上に人の悪がはびこり、その心に計ることが常に悪に傾くのを見て」（六・五）という状況になっていたことが推測できます。

その後の人類の歴史を見ても、次々と新しい兵器が作られて、ついに一発の核兵器で数十万人の人が殺され、さらに多数の人が放射能被害で命を落としたり、後遺症に苦しむことになりました。復讐が増大する傾向は変わりません。前述の「善をもって悪に勝ちなさい」（ローマの信徒への手紙一二・二一）という新約聖書の精神によらなければ、この復讐の連鎖は断ち切れないでしょう。

3・4　アダムとエバのもう一人の子セトの誕生（四章二五―二六節）

この部分もヤハウェ資料からで、次のとおりです。

「二五アダムは、さらに妻を知った。彼女は男の子を産み、セトと名付けて言った。『カインがアベルを殺したので、神がその代わりに一人の子を私に授けれらた。』二六セトにも男の子が生まれた。彼はその子をエノシュと名付けた。その頃、人々は主の名を呼び始めた。」（四・二五―二六）

ここで、カインの子孫の話から離れて、人類の始祖であるアダムとエバの話に戻ります。彼らに再びセトという男の子が授けられます。ヤハウェ資料らしく、セトの名前の由来を、民間語源的に「授ける」というヘブライ語の「シャト」で説明します。セトは、その子にエノシュという名を付けます。ヘブライ語でエノシュとは、集合名詞的に「人類」、あるいは単に「人」という意味です。

五章に出て来る祭司資料によるアダムの系図では、アダムとエバの子供としてセトだけが書かれていて、カインとアベルの名は出てきません。つまり、セトの子孫だけが、後にアブラハムにつながる、いわば正当な系図となります。

二六節後半で「その頃、人々は主の名を呼び始めた」とあります。つまりエノシュの時代に、神の名が主（ヘブライ語で「ヤハウェ」）であることを人々が知り、ヤハウェを礼拝し始めたことが述べられます。一方、エロヒム

（30）『旧約聖書創世記』関根正雄訳、一六四頁。

資料や祭司資料では、イスラエルの人々が神の名を「ヤハウェ」であると知るのは、ずっと後代のモーセの時代であるとします[31]。

以上のように、四章では、農耕が始まり人口および富が増加しはじめ、都市が建設され、氏族による職業の分業が始まったこと、そこから銅や鉄を使った製品を作る文明や、音楽を奏でるという文化が始まったことが書かれます。これに平行して人類の罪が増大してゆく様子も描かれます。さらにヤハウェ資料として、神の固有名詞がヤハウェであり、ヤハウェを礼拝し始めたことが簡潔に書かれます。

以上で、創世記四章は終わります。

コラム 3-5

「いわゆる宗教」の危険性

カインとアベルが主に供え物をもってくるという旧約聖書で記される最初の礼拝が、結果として最初の殺人につながったことについての感想です。私はこれを「いわゆる宗教」の危険性を暗示しているものと考えます。

礼拝をする人々の心の中には、すでに見たように次の二つがあります。一つは、日頃の自分の罪にかかわらず神が恵みをくださったことを感謝し、その名を讃え、栄光を神に帰すとともに、罪の赦しを祈るという神中心の霊と真実に基づく礼拝があります。しかし、もう一方では、自分の心の平安を願ったり、自分の願いを叶えてもらいたいという自分中心の礼拝があります。

カインは後者の気持ちで礼拝に来たと思います。ですから、自分が負けたと思った時に、相手を殺してでも勝とうと思ったのではないかと思います。事実、カインはアベルを殺してしまいました。この話はカインとアベルという個人間の話ですが、「いわゆる宗教」を奉じる集団の間でも、このようなことは言えると思います。

ここで、「いわゆる宗教」とは、他の宗教や宗教集団と競って相手に勝つために神という名を利用する宗教です。確かに、宗教は、人のアイデンティティを確保し、同じ宗教を持つ者同士で一緒にいるという安心感を与えてくれる作用があります。その結果、どうしてもそういう自分たちを「われら」と考え、そうでない人たちを「かれら」と呼んで、競争心を起こし、「かれら」に勝とうとするように思います。さらには「かれら」を滅ぼそうという気持ちさえを起こさせることが歴史的に見て多かったように思います。そのような「いわゆる宗教」の危険性に、カインとアベルの話は警鐘を鳴らしているように思います。このことは、すでに紹介したように、ユダヤ教のラビ・サックス氏も言っています[32]。

コラム 3-6

自分を他人と比較することについて

もう一つ、私がこの話について持った感想は、カインは自分の供え物とアベルの供え物を比較して、

(31) エロヒム資料（出エジプト記三・一四）、祭司資料（出エジプト記六・三）に、神の固有名詞がモーセに伝えられた記事が出てきます。

(32) コラム3-4を参照してください。

自分の供え物が劣っていると考えた点についてです。すなわち、自分と他人を比べることの危険性についてです。自分と比べて他の人が優れて見えるとき、すなわち自分に自信が持てないとき、すねて自分に自信を失わないように注意しましょう。逆に自分が他人に比べて優れていると考えて、妙な優越感を持つことも神さまの御心ではありません。

すでに述べたように、主は人を偏り見てえこひいきすることはないことを思い出すことが、このカインとアベルの話で大切だと思います。九十九匹の羊を残しておいて、迷い出た一匹の羊を探すように（マタイによる福音書一八・一二）、主は私たちひとりひとりを心から大切に思っています。自分は主に大切に思われているのだと自信をもって、自分に与えられた道を、顔を上げて進むように心がけましょう。他人と比較して劣等感にさいなまれていると、罪が「戸口で待ち伏せており」（七節）、私たちを支配してしまうでしょう。

3・5　アダムの系図（五章一―三二節）

創世記五章のアダムの系図は、祭司資料から取られたもので、系図を大切にする祭司資料の特徴がよく出ています。なお、祭司資料の系図には、アダムとエバの子供としてセトだけが出てきます。ヤハウェ資料の四章に出てきたカインとアベルの名はありません。アベルはカインに殺されてしまうし、カインとその子孫は、アブラハムに至る正当な系図の始祖ではないと祭司資料の著者は考えたからでしょう。

祭司資料は、ユダヤ人のバビロン捕囚中（前六世紀）に書かれたとされています。ですから、祭司資料の特徴は、異国の地にあって自分たちは今どうしてこういう目にあっているのだろうか、そして自分たちは何者であろうか、という歴史的な考察にあります。この意味から、祭司資料はできるだけ正確に系図を書こうとします。

創世記は、このように系図およびそれに代表される歴史を大切にしています。創世記には、アダムの系図として、以下の三つが出てきます。

①　ヤハウェ資料による系図（四・一七―二二）　アダム―カイン―エノク―イラド―メフヤエル―メトシャエル―レメク―ヤバル、ユバル、トバル・カイン

②　ヤハウェ資料による系図（四章二五―二六）　アダム―セト―エノシュ

③　祭司資料による系図（五章）　アダム―セト―エノシュ―ケナン―マハラルエル―イエレド―エノク―メトシェラ―レメク―ノア―セム、ハム、ヤフェト

創世記五章は、次の一―二節で始まります。

「[一]アダムの系図は次のとおりである。神は人を創造された日、神の姿にこれを造られ、[二]男と女に創造された。彼らが創造された日に、神は彼らを祝福して人と名付けられた。」（五・一―二）

一節の「アダムの系図は次のとおりである」に出てくる「系図」はヘブライ語で「トーレドート」です。この語は、日本語で「系図」と訳される他、「由来」、「起源」。「次第」などと訳され、旧約聖書のギリシャ語訳である七十人訳では、「genesis」と訳されたことはすでに１・１節で述べました。

また、この「トーレドート」というヘブライ語は、創世記を編纂した祭司がここから祭司資料による新たなセクションが始まることを示すためにも使いました。

続く一節後半―二節の「神は人を創造された日、神の姿にこれを造られ、男と女に創造された。彼らが創造された日に、神は彼らを祝福して、人と名付けられた」は、同じ祭司資料の一章二六―二七節を簡潔に述べた形になっています。

続く三―五節は次のとおりです。

「[三]アダムは百三十歳になったとき、自分の姿やかたちに似た男の子をもうけ、その子をセトと名付けた。[四]セトを設けた後、アダムは八百年生きて、息子、娘をもうけた。[五]アダムが生きた生涯は、合わせて九百三十年であった。そして彼は死んだ。」（五・三―五）

最初の人アダムは、神のかたちに、神の姿に造られましたから（一・二七）、アダムの子セトもまた神のかたちに、神の姿に造られました。以降では、この表現はありませんが、当然以降の人間もすべて神のかたちに、神の姿に造られたことになります。つまり、すべての人は男女にかかわらず、また人種や肌の色にかかわらず、神のかたち、神の姿に造られたことになります。すべての人は、神と同じ本質をもって生まれているのですから、神と同じ尊厳を持つことになります。このことは、人間の基本的な人権、すなわち尊厳と平等を意味する大切な表現です。

ここではすでに述べたように、ヤハウェ資料において、アダムとエバに最初に生まれたカインとアベルへの言及がありません。四章のヤハウェ資料の最後の二六節にあるように、セトの子エノシュの代になって、「主の名を呼び始めた」ので、すなわち神ヤハウェの礼拝を始めたので、こちらの系図を、ノアやアブラハムに至る正当な系図としたのだと考えます。

それにしても、正当なアブラハムに至る系図に属さない、ヤハウェ資料によるカインとアベルの物語やカインの子孫の系図やレメクの話なども、取り入れた創世記全体の編纂者の度量の大きさに感銘を受けます。このように、複数の資料や伝承を取り入れたから、聖書は多様性に富んだ書物になりました。その結果、聖書文献学も発展し、聖書理解の方法が進んだことも人類にとって大きな恩恵です。このことは、神が一人の人間の理解を超えた方であって、複数の異なる見方、考え方をする人々の見方を総合して人間の側から神の姿を理解しようとした表れと捉えることができると思います。

言い換えれば、私たちは多様性をもった聖書を複眼的に、時には止揚して考えつつ、それぞれの時点での神の導きを求めて祈りつつ読まなければならないことを示していると思います。またある時点で理解が不可能なところは、そのまま心に留めておいて、反復して考える必要があることも示していると思います。そうすれば、いずれはわかるときが来るでしょう。場合によっては、信仰で理解するしかない場合もあると思います。

なお、最初の男女であるアダムとエバに生まれた男の子をセトと名付けるのは、ヤハウェ資料ではエバですが（四・二五）、祭司資料ではアダムです（五・三）。

六節に進みます。六―八節のセトに関する以下の記述形式は、以降の系図の書き方の基本になります。

「[六]セトは百五歳になったとき、エノシュをもうけた。[七]エノシュをもうけた後、セトは八百七年生き、息子、娘をもうけた。[八]セトの生涯は、合わせて九百十二年であった。そして彼は死んだ。」（五・六―八）

この表現形式で、五章九―二七節までを使って、エノシュ→ケナン→マハラルエル→イエレド→エノク→メトシェラ→レメクまでの世代が記述されます。この部分の本文の説明は省略して、主な点だけを以下に述べます。

（一）　この系図に出てくる人たちが長命であること

アダムからノアまでちょうど一〇代の人たちが書かれています。彼らはみな長命です。最も長命なのはメトシェラの九六九歳、最も短命なのはレメクの七七七歳です。たとえば、その後の、アブラハム―イサク―ヤコブ―ヨセフの年令は、最も長命なイサクが一八〇歳、最も短命なヨセフが一一〇歳です。さらに詩編九〇編十節には、「私たちのよわいは七十年。健やかであっても八十年」とあります。このように、人の寿命は、アダムからノアまで九六九―七七七歳、アブラハムからヨセフまで一八〇―一一〇歳、詩編では八〇―七〇歳と、次第に短くなっていることがわかります。

この理由として以下のような説明が註解書によってなされます。[33]

一つ目は、「神が人を創造した直後の人たちは、神に祝福された人たちで長命であった。しかし、人の罪の増大とともに人は短命になった」というものです。[34] この説明は、次の創世記六章三節、「主は言われた。「私の霊が人の内に永遠にとどまることはない。人もまた肉にすぎない。その生涯は百二十年であろう」」にも表れています。

二つ目の説明は、「これらの数字については文献的資料がなく、口伝で伝承された未知の時代を橋渡しするために後代になって案出されたもの」であるというものです。[35]

三つ目の説明は、「寿命に長短があるが、その理由は不明。どのような計算に基づいて年代を数えているかが問題となるが、『シュメールの王名表』では、ひとりの王の統治期間が最長で七万二千年、最短でも一万八千六百年に及んでいる。(中略) こうした叙述の背後には、創造の当初、神に近くいた人間は全人類を生み出すほど生命力と生殖力に溢れていたとの観念があるとみられる」、です。[36]

以上の説明を総合すると、第一に、アダムからノアまでの時代の年令が記録に残っていないため、後世の人が彼らの年令を想像して書いたこと、第二に、書かれた当時の暦で一年をどのように定義していたか不明であること、第三に、人の創造以来、人の罪が増し加わり寿命が次第に短くなっていったと考えられていたこと、第四に、詩編九〇編の年令である八〇—七〇歳がおそらく今の暦とほぼ同じ暦で一年を定義し、現代の人生の年令とほぼ同じレベルに達したのであろう、とまとめられます。

(二) 人の一生の記述

それぞれの代の人たちは、以下の形式で記述されます。

「誰々(親)は何歳になったとき、誰々(子)をもうけた。

誰々(親)は誰々(子)が生まれた後何年生きて、息子や娘をもうけた。

誰々（親）は何年生き、そして死んだ。」

この人の一生の記述方法から、結局、長い目で見ると私たち一人ひとりの人生の意味は、次の世代へ橋渡しをする「つなぎ」のような役割を果たす、ということのようです。次の世代に何を渡すのかが問題になります。内村鑑三は、その講演（後に著書）「後世への最大遺物」で、それは「勇ましく高尚な生涯である」としました。

(三)　エノク

五章二四節に「エノクは神と共に歩み、神が取られたのでいなくなった」とあります。まず、「神と共に歩み」という表現から、エデンの園を追放された後も、人が「神と共に歩む」可能性が残されていたことが、強調されます。次に「取られた」というヘブライ語「ラーカハ」ですが、この動詞は詩編七三編二四節にも使われていて、地上の生を終えることを意味します。次に「いなくなった」というヘブライ語「エンヌー」は、しばしば「死ぬ」の婉曲表現として用いられます（たとえば、詩編三九・一四、一〇三・一六、ヨブ七・八）[37]。日本語にも「亡くなった」という婉曲表現で死んだことを表すことがあるのと同じです。ですから、エノクは若死にしたと考えられます。

しかし、エノクは死なないで天に移された、と旧約聖書でも新約聖書でも理解されてきました。旧約聖書では、列王記下二章一一節に、預言者エリヤが「天に上って行った」とあります。新約聖書では、ヘブライ人への手紙

(33)　Wenham, Word Biblical Commentary Genesis 1-15, pp. 130-134.
(34)　『旧約聖書創世記』関根正雄訳、一六四頁、および The New Interpreter's Bible Vol. 1, p. 381.
(35)　『フランシスコ会訳聖書』（旧）一五頁。
(36)　大野惠正「創世記」三四頁。
(37)　「エノク」に関する記述は、月本昭男「原初史の思想と信仰—創世記を読む」講義（二〇一八年一〇月一六日）をもとにしています。

一一章五節に、「信仰によって、エノクは死を経験することなく天に移されました。神が彼を移されたので、見えなくなったのです。移される前に、神に喜ばれていたことが証しされていたからです」とあります。

このエノクについて、The New Interpreter's Bible は次のように言っています[38]（原文英語、日本語訳筆者）。

「エノクについては、二度も『神と共に歩み』ということが言われます（六・九）。『神が取られたので』の意味は不明です。若くして死んだとも取れるし、突然いなくなったともとれます。同じく神と共に歩んだノアを救ったように（七・二三）、後にエリヤを天に引き上げたように（列王記下二・一一）、神が不思議な方法で、エノクを救ったのかもしれません」

コラム 3-7

「エノクは神と共に歩み、神が取られたのでいなくなった」（五章二四節）について

エノクの寿命は三六五年で、父イエレドの寿命九六二年に比べて、確かに若死にしています。西欧でよく若死にした人に対して、「神は彼（彼女）を気に入り早く手元に召した」と言います。「エノク」の意味は、「献げる」ですから、エノクは死んで早く神に献げられたということになります。

旧約聖書には、よく死後の世界としての天国がない、と言われています。しかし、旧約聖書でエリヤが天に引き上げられた例からも、旧約聖書にも死後の世界としての天国があると考えた人たちがいたと考えることができると思います。

新約聖書では、ヘブライ人への手紙一一章五節の「信仰によって、エノクは死を経験することなく

天に移されました」という表現から、信仰を持った人は天に行く、ということがはっきりと書かれています。なお、「死を経験することなく」という「死」は、体の死ではなく、魂の死を意味していると解釈できると思います。新約聖書のマタイによる福音書一〇章二八節に出てくる、「体は殺しても、命は殺すことのできない者どもを恐れるな」に出てくる「命を殺すことのできない」は、「魂を殺すことのできない」という意味です。

五章の最後の二八―三二節に、次の六章のノアの話につなぐために、ノアの父親レメクについての系図が入ります。この祭司資料による系図の中に、すでに述べた祭司資料の定型パターンを破って、二九節にヤハウェ資料が挿入されます。それは、「彼はその子をノアと名付けて言った。『この子は、主が土を呪われたゆえの、私たちの手の働きと労苦から、私たちを慰めてくれるであろう』」（二九節）というものです。

この節がヤハウェ資料とされる理由は、一つは「主（ヤハウェ）」という言葉が神の名前として使われていること、二つ目はノア（慰め）という名前の語源を民間伝承的に説明していること、からです。語呂合わせのもととなったヘブライ語「ニーハム」には、「慰める」という意味があります。こうしてノアが出てきて、六章以下のノアの時代の洪水についての話に橋渡しされます。

（38）　The New Interpreter's Bible. Volume 1, p. 3804.

コラム 3-8

「ノア」という名前について（五章二九節）

ノアの父レメクは、同じ名前をもつもう一人の復讐心にあふれたレメク（四・九—二四）とは異なり、息子ノアに慰めを見出しました。一つの註解書には、「ノア」という名前について、この名をつけた父親のレメクは、人の罪が増大したので神の罰は当然来るだろうが、息子ノアは神と共に歩んで、その罰を受けないで生き延びるように、という願望を表したものだろう、といいます。[39] 私は、この説明に納得しました。「この父にしてこの子あり」で、レメクが人の罪が増大する現状を嘆くとともに、自分の息子に希望を抱いて、この名前ノア（慰め）を付けたのではないかと思います。ノアは、この父の願望に答えました。

(39) The New Interpreter's Bible Vol. 1, p. 380.

第四章　ノアの洪水（創世記六章―九章）

4・1　ネフィリム伝説（六章一―四節）

創世記五章の最後にノアの話が出てきて、そのままノアの話に移ると思ったら、六章に入るといきなり地中海世界の神話のような不思議な話が出てきます。六章一―四節は次のとおりです。

「[一]さて、地上に人が増え始めたとき、彼らに娘たちが生まれた。[二]神の子らは、人の娘たちが美しいのを見て、それぞれ自分が選んだ者を妻とした。[三]主は言われた。『私の霊が人の内に永遠にとどまることはない。人もまた肉にすぎない。その生涯は百二十年であろう』。[四]その頃、またその後にも、地上にはネフィリムがいた。神の子らが人の娘たちのところに入り、娘たちが彼らに産んだ者である。昔からの勇士で、名の知れた男たちであった。」（六・一―四）

この個所はヤハウェ資料からです。ヤハウェ資料は、すでに1・3節で述べたように、紀元前一〇世紀のイスラエル統一王国の第三代の王ソロモンの時代にできたといわれています。この時代は、「ソロモンの栄華」と呼ばれるように、ソロモンが周辺民族と交易して軍事的・経済的・文化的に繁栄した時代でした。このように外国との交流が多い時代でしたから、ヤハウェ資料を書いた人（ヤハウィスト）もイスラエルの一般の人も地中海地域の神話的伝説を知っていたことが推測できます。

ノアの洪水の物語に直前に置かれた、この不思議な物語はいったい何を語ろうとしているのかという疑問に対して最も説得力があった説明は、前一〇世紀に生きたヤハウィストが、同じ時代に生きたダビデ王やソロモン王の権力を使った身勝手な女性関係を、地中海地域の神話の表現を借りて暗に批判したものだというものでした[1]。たとえば、ダビデ王は人妻バト・シェバを横取りした上で、その夫ウリヤを戦死するように仕組みました（サムエル記下一一・三―四）。その子、ソロモン王には「七百人の王妃と三百人の側室がいた」（列王記上一一・三）と記されています。それらの女性の中には、ファラオの娘を含むエジプト人、モアブ人、アンモン人、エドム人、シドン人、ヘト人など多くの外国の女性がいたと書かれています。王たちがそうであるなら、おそらく側近の貴族たちも同じようにした可能性が十分あり、さらに多くの男たちが同じようにしたのでしょう。ですから、三節で、主は「わたしの霊は人の中に永久にとどまるべきでない、人は肉に過ぎないのだから」と言ってこのような風潮を嘆いたのだと思います。

ここで注目するのは、二節で「神の子ら」と言っておきながら、三節で彼らのことを「人」と言っていることです。ここはヤハウェ資料ですが、この「神の子」の神は、エロヒムとなっていて、ヤハウィストが信じる真の神ヤハウェのことを指しているのではありません。このエロヒムは普通名詞の神（エル）の複数形と理解すべきでしょう。王が、いかに大きな権力を持っていて「神の子」のように見えても、所詮「鼻から息が出入りする人」（イザヤ書二・二二）に過ぎないということがこうした言葉の使い方にあらわれています。ソロモン王を「神の子」と言った例として、預言者ナタンが、ソロモンに関して、主の言葉として伝えた言葉に「私は彼の父となり、彼は私の子となる」（サムエル記下七・一四）があります。このことから、当時ソロモンは、「神の子」と呼ばれていた可能性があります。となると、このヤハウィストの批判はかなり直接的で、わかる人にはわかったでしょう。

なお、新約聖書では、イエスがご自分を神の子と言ったために、神を冒涜するものと祭司や律法学者たちから非難されました（ヨハネ一〇・三六）。

ヤハウィストは、ネフィリムという神話的な名前（四節）を入れて、批判をさらにカモフラージュしているの

（１）　加藤隆『集中講義旧約聖書』六五―六六頁。

だと思います。「ネフィリム」というヘブライ語は、動詞「ナーファル（落ちる）」から派生した複数名詞で、おそらく、「堕落した人たち」という意味を込めているのでしょう。なお、「ネフィリム」という言葉は、後に民数記一三章三三節にも出てきて、そこではモーセに率いられたイスラエルの民が進出しようとしている土地に住むアナク人について、彼らが「ネフィリムの出で、巨人だった」と偵察隊が報告したという記事に出てきます。

いずれにせよ、ヤハウィストがこの話をノアの洪水の物語の前に置いたのは、このように人類が、王を始めとして性的な面で堕落し始めたことを書くことで、神が洪水を下して、堕落した人類を滅ぼさざるを得ない状況が生じていたと言おうとしたからだと考えられます。

三節に「こうして、人の一生は百二十年となった」とあります。人の罪の結果、アダムからノアに至るまでの寿命は九六九歳から七七七歳の間と、比較的長寿であったのに対して、以降は一二〇歳と大幅に短縮されることになりました。

コラム 4-1

洪水伝説の初めにこのネフィリム伝説があることについて

六章から九章まで続く、洪水伝説の冒頭に、このネフィリム伝説があることは、人の道徳が、性道徳から乱れ始めていることを印象付けるためであるとされます。性道徳の乱れは、多くの場合、自分の欲望を満たすために他の人たちを虐げる暴虐や不正を伴うものです。「神の子」とみなされた王たちから性道徳が乱れると、王の周りにいる権力者たちも同様な行動をとるでしょうから、彼らは自分の欲望を満たすことが中心になり、民のことを考えることが二の次になったのだと想像できます。ですから、ヤハウィストは、特に権力者である王に厳しい目を向けて批判したのだと思います。しかし、「蛇のように賢く」（マタイ一〇・一六）、神話的な話にしてカモフラージュしたのでしょうが、わかる人には、その批判がわかったと思います。

コラム 4-2

人を「神の子ら」としていることについて

余談ですが、江戸時代末期から明治時代初期にかけての日本人は、背が高く体が大きく金髪・青い目の美しい西洋人を見て、びっくりし、かつ劣等感をもったと思います。私自身も、高校二年生のときに、一年間アメリカの高校に留学しました。そのときに、金髪で目が青く背が高くて美しいアメリカの白人を見て、自分の体に劣等感を持ったものでした。

そのことを考えると、自分よりも背が高く体の大きい美しい人たちを見て、「神の子」と表現したくなるのも理解できるような気がします。一方、西洋人の男の中にも、かわいい日本の娘を見て、日本に滞在中の期間のみ「妻」として一緒に暮らしたものもいました。その例として、明治開国後の日本の没落藩士の娘の「蝶々さん」とアメリカの海軍士官ピンカートンとの恋愛を描いた小説や戯曲、またそれをもとにした有名なオペラ「蝶々夫人」（プッチーニ作曲）があります。

その時の日本人が西洋人を神の子と思ったか否かはともかくとして、異なる民族同士が接触するときの、とくに男女の性的な関係をテーマとするこの六章一—四節のネフィリム伝説は、日本と西洋の明治初期の接触の事例からも理解できるような気がします。

4・2　ヤハウェ資料による洪水前の状況（六章五―八節）

この部分も、ネフィリム伝説（六章一―四節）に続く、同じヤハウェ資料からです。ネフィリム伝説に見られるように、性的な関係を中心として地上に人の悪が増したことを見て、主は人の寿命を短くするだけでなく、地上に人を造ったことを後悔し、心を痛め、人を地上から拭い去ることを決心しました。それは次のように表現されています。

「[五]主は、地上に人の悪がはびこり、その心に計ることが常に悪に傾くのを見て、[六]地上に人を造ったことを悔やみ、心を痛められた。[七]主は言われた。『私は、創造した人を地の面から消し去る。人をはじめとして、家畜、這うもの、空の鳥までも、私はこれらを造ったことを悔やむ。』[八]だが、ノアは主の目に適うものであった。」（六・五―八）

自分の決定を後悔する神、神のかたちに神に似せて造った（一・二七）、すなわち自由意志を与えて造った、地上の人間の状態に応じてその決定を変更して、人間を滅ぼすことさえも厭わない神、という考え方は、初めて読んだ時、私を大変驚かせました。一神教の神は絶対的で決して後悔したり心を痛めたり自分の決定を変えることはない、と思っていたからです。

神は自分のかたちに、自分と同じ姿に造った人間が、神と同じく自由意志を持ち自由に行動することを許しておられます。しかし、神は人間の態度や行動を見ておられて、後悔したり、心を痛めたり、決定を変更することもあるのです。このような意味で、神と人間の間には、ダイナミックな人格的な関係があると、ヤハウィストが考えていたことがわかります。つまり、神は生きておられて、私たち人間を愛情を持って見守ってくれているのです。主なる神は、自分のかたちに、自分の姿に造った自由意志を持つ人間を愛するがゆえに、その似姿としての本来の状態から人間が自由意志で離反することに耐えられないのです。

最後に、八節で「だが、ノアは主の目に適う者であった」とあって、全くの絶望ではなく、一筋の救いの光がノアを通してさし込んでいることがわかります。この節は、新共同訳では、「しかし、ノアは主の好意を得た」とあって、ノアが選ばれたのは、ノアの行いではなくて、主の一方的な選びによる、ことがより明白に表れています。

4・3　祭司資料による洪水前の状況（六章九―一二節）

六章一―八節まではヤハウェ資料でしたが、九節から一二節までは祭司資料による洪水前の状況です。

「[九]ノアの歴史は次のとおりである。その時代の中で、ノアは正しく、かつ全き人であった。神と共に歩んだのがノアであった。[一〇]ノアは三人の息子、セムとハムとヤフェトをもうけた。[一一]だが、地は神の前に腐敗していた。地は暴虐に満ちていた。[一二]神が地を見られると、確かに地は腐敗していた。すべての肉なる者が、地上でその道を腐敗させたからである。」（六・九―一二）

九節の「ノアの歴史は次のとおりである」で「歴史」と訳されているヘブライ語は「トーレドート」です。これは、すでに1・1節で述べたように、祭司資料が物語の初め、または終わりに使う定番の言葉で、ギリシャ語では「ゲネシス（genesis）」と訳され、日本語では「系図」、「起源」、「由来」、「歴史」などと訳されています。それでこの部分が祭司資料の物語の初めであることがわかります。

「その時代の中で、ノアは正しく、かつ全き人であった」とあることから、ノアが選ばれたのは、彼が正しく、かつ全き人であったからだと祭司資料は言います。一方、すでに述べたように、ヤハウェ資料の八節では、「ノアは主の好意を得た」(新共同訳)とあるように、ノアが選ばれたのは、主の好意、すなわち主の一方的な恩恵によるものとして、ノアの人柄についての言及はありません。この主の選びが人の正しさによるのか、あるいは主の一方的な好意(選び)によるのかについて、すでに創世記で二つの考え方が出ているのは興味深いことです。

ここで「正しく」と訳されているヘブライ語は「ツァディク」です。これは「神の前の義」を表し、神との関係で正しいことです。他の日本語訳では、「神に従う」(新共同訳)、「義しい」(関根訳)、「正しい」(口語訳、フランシスコ会聖書研究所訳)と訳されています。英語聖書では、righteous という言葉が使われています。この正しい(義)という概念(英語では righteous)は、日本語にはない概念だと私は思います。それは神との関係で正しいということです。一方、「全き」と訳されているヘブライ語は、「タミーム」です。これは、他人との関係において、「二心のないこと」、「裏表のないこと」、「相手により態度を変えないこと」です。つまり人との関係において、道徳的な意味で正しいということです。他の日本語訳では、「無垢な」(新共同訳)、「全き」(関根訳、口語訳)、「非の打ち所のない」(フランシスコ会聖書研究所訳)と表現されています。英語聖書では、blameless、perfect、(man) of integrity という言葉が使われています。

以上のようにヘブライ語は「正しさ」を、「神との関係での正しさ」(信仰的な正しさ=義、righteousness)と、「人との関係での正しさ」(道徳的な正しさ、blameless)を区別しています。信仰と道徳は、密接に関連はしていますが、別なものなのです。これは、日本語にはない区別だと思います。英語にはこの区別があって、私は高校生の時にアメリカに留学しましたが、その時にはまだ信仰を持っていなかったので、この区別がわかりませんでした。特に、righteous とか righteousness の意味が正確にはわかりませんでした。

一〇節に出てくるノアの三人の息子、セム、ハム、ヤフェトについては、後に九章一八節以降に再び出てくるので、そこで詳述することにします。

一一―一二節は、祭司資料による人の堕落と不法が蔓延している様子の記述で、次にように描かれます。

「だが、地は神の前に腐敗していた。地は暴虐に満ちていた。神が地を見られると、確かに地は腐敗していた。すべての肉なる者が、地上でその道を腐敗させたからである。」

これは、一―八節のヤハウェ資料による人の堕落の記述に対応して、同じことを祭司資料的な言い方で述べたものです。「地は神の前に腐敗していた」は、新共同訳でも、関根正雄訳でも、「地は神の前には堕落していた」と訳出されています。「腐敗していた」、あるいは「堕落していた」と訳されたヘブライ語は、動詞「シャーハト（破壊する）」のニファル態（＝受動態）なので、文字どおりには、人間の悪により「地は破壊されていた」という意味になります。[2]『旧約聖書１　創世記』月本昭男訳では、「地は神の前に破滅していた」と訳されています。[3]その場合は、人間の悪により、地が破滅に瀕していた、という意味になります。地が腐敗するとか、地が堕落するというのは、あたかも地（＝自然）がみずからの自由意志をもって腐敗したり、堕落するようで、論理的におかしいです。「地は神の前に人の悪によって破壊されていた」が、事実の説明として筋が通っていると考えます。人が経済的な繁栄を優先した近代化の過程で起こる公害問題を合わせて考えると、現実にもあっています。

次の「地は暴虐に満ちていた」は、『旧約聖書１　創世記』月本昭男訳でも同じ訳になっています。新共同訳では「不法に満ちていた」、関根正雄訳では「地に暴行が満ち」と訳されています。この「暴虐」、「不法」、「暴行」と訳されたヘブライ語の名詞「ハーマース」は、力のある者が力のない者に力をふるうことを意味します。[4]

このように、ヤハウェ資料では人の性的な不道徳を問題にしましたが、祭司資料では力のある者が力のない者

（２）　月本昭男「原初史の思想と信仰―創世記を読む」講義資料（二〇一八年一一月二〇日）。
（３）『旧約聖書１　創世記』月本昭男訳、二〇頁。
（４）　月本昭男「原初史の思想と信仰―創世記を読む」講義資料（二〇一八年一一月二〇日）。

に対して行う暴虐や不法を行うという社会正義のなさを問題にしています。もっとも性的な不道徳は、多くの場合、弱い立場にある女性に対する暴虐とも言えるので、そう違いはないかも知れません。一人一人の人間が神のかたちに神に似せて造られたという尊厳ある存在なのに、それを無視して、強い立場にある者が、弱い立場の者を虐げる、と言う意味では、同じと言えるでしょう。

4・4 神が洪水を起こすので箱舟を造るようにノアに伝える（六章一三―二二節）

この部分も祭司資料です。

一三節は次のとおりです。

「神はノアに言われた。『すべての肉なるものの終わりが、私の前に来ている。彼らのゆえに地は暴虐に満ちているからである。今こそ、私は地と共に、彼らを滅ぼす。』」（六・一三）

このように神は、ノアにご自分がこれからしようとしていることを言葉で伝えました。この意味で、ノアは神の言葉を預かったので、預言者と言われます。

続いて神はノアに、ゴフェルの木で箱舟の造りなさいと伝え、その作り方を伝えました（一四―一六節）。「ゴフェルの木」とは、糸杉または樅の木のような針葉樹を指します。[5] 造り方は、「箱舟の長さは三百アンマ、幅は五十アンマ、高さは三十アンマ。箱舟には屋根を造り、上から一アンマにしてそれを仕上げなさい。箱舟の戸口は横側に付けなさい。また、一階と二階と三階を造りなさい」（一五―一六節）と詳細に述べられます。ここに用いられている、「アンマ」は、口語訳では「キュビト」となっています。「アンマ」はヘブライ語で、「キュビト」はそのラテン語訳です。英語訳聖書では、KJV, RSV, NIV とも、「cubits」となっており、口語訳もその流儀に従ったものだと思います。しかし原語のヘブライ語では「アンマ」となっており、「アンマ」と訳している聖書協会共同訳や新共同訳の方が原語のヘブライ語に忠実です。「アンマ」は、人間の肘から指先までの長さで、約四五センチです。ですから、箱舟の長さは三〇〇アンマ＝約一三五メートル、幅は五〇アンマ＝約二三メートル、高さは約三〇アンマ＝一四メートルとなります。これは、ノアが一人で作った（二二節）にしては巨大です。しかも船としては大変細長く、横波が来たらひっくり返りそうな不安定な形です。月本昭男氏によれば、この形は、預言者エゼキエルが幻でみたエルサレム神殿の本殿部分全体と呼応しており、後にソロモンが建てたエルサレム神殿に似ているとのことです。そこで月本昭男氏は、以下のように言います[6]。

「箱舟にエルサレム神殿を暗示させることによって物語は、エルサレム神殿に象徴される神への信頼こそは『人間の悪』によって起こりうる世界の破局から人々と自然を救う力になりうる、と告げようとしたのでしょうか」

次に神はノアに、「私は今こそ、地上に大洪水をもたらす。命の息のあるすべての肉なるものを、天の下から滅ぼすためである」（一七節）と、洪水を起こそうとしていることを伝えます。

続いて神は、ノアに次のような契約の言葉を伝えます（一八―二一節）。

「一八だが、私はあなたと契約を立てる。あなたは、息子たち、妻、息子の妻たちと一緒に箱舟に入りなさい。
一九また、あらゆる生き物、すべての肉なるものの中から、二匹ずつを箱舟に入れなさい。あなたと共に生
きるためである。それらは雄と雌でなければならない。二〇それぞれの種類の鳥、それぞれの種類の家畜、

（5）『旧約聖書創世記』関根正雄訳、一六六頁、フランシスコ会訳聖書（旧）一七頁。
（6）月本昭男『物語としての旧約聖書　上』一一一頁。

それぞれの種類の地を這うあらゆるもの、すべてが二匹ずつ、生き残るためにあなたのもとへやって来る。
二一 あなたは食べることのできるあらゆるものを自分のもとに集めなさい。それがあなたと彼らの食物となる。」（六・一八―二一）

この契約は、神が一方的にイニシャティブをとってノアと契約した、いわゆる片務契約です[7]。このように神と人との関係を、神から人への一方的な片務契約であると見るのが、祭司資料の特徴です。さらに祭司資料では、箱舟に入るのは、ノアの家族の他、すべての動物の雌雄一匹ずつ（すなわち一つがい）です。一方、ヤハウェ資料では箱舟に入るのは、ノアの家族の他、清い動物が七つがいずつ、清くない動物は一つがい、空の鳥は七つがいと相当違うことがわかります（七・一―五）。この違いは、祭司資料とヤハウェ資料の間で祭儀の始まりの時点に関する考え方が違うことによる、と関根正雄氏は言います[8]。すなわち祭司資料では動物の犠牲をささげるすべての祭儀は、後代のモーセ時代に神の啓示により始まったと考えます。そこでこの時点では種族保存のためだけに動物の一つがいを箱舟の中に入れた、とします。一方のヤハウェ資料では、祭儀はすでにカインとアベルの時代から始まったと考えます。そこで洪水の後で祭儀を行うために、犠牲にささげるのに適した「清い」動物として二匹以上を必要としました。したがって清い動物を七つがい箱舟に入れた、とします。このように、箱舟に入れた動物の数でも、祭司資料とヤハウェ資料が異なっていること、しかもその違いをそのまま残していることにも、編纂者が原資料をなるべく変えないで保存するという編纂の態度をとっていることが表れています。

その後、「ノアはすべて神が命じられたとおりに行い、そのように実行した」（二二節）と、あります。ノアは神の命令どおりに行ったことが、祭司資料およびヤハウェ資料の両方に出てきます（七・五、八・一八）。洪水物語の間、ノアの言葉は一切出てきません。ノアは非常に従順な人です。箱舟に入るのも（六・二二、七・五）、また箱舟から出るのも（八・一八）、すべて神の命令に従いました。このことについて、ユダヤ人のラビであるサックス氏が大変興味深いコメントを述べているので、次のコラム4-3で紹介します。

コラム
4-3

ノアの人となり

ノアは神から箱舟を造れと命じられ、その造り方を教えられた時に、「ノアはすべて神が命じられたとおりに行い」（六・二二）ました。また神に箱舟に入りなさいと言われた時に、「ノアは主が命じられたとおりにすべてを行った」（七・五）とあります。洪水が終わり、「地の面が乾いた」（八・一三）のを見ても、ノアは自分で判断して箱舟を出ることをしないで、「箱舟から出なさい」（八・一五）という主の命令を待っていました。この間、ノアは一言も神に対して話しません。

このようなノアの人となりについて、ユダヤ人ラビであるサックス氏はその著書で、次のように言います[9]（原文は英語。日本語訳筆者）。

「アブラハムがソドムの執り成しのために『ソドムに五十人の正しい人がいてもソドムを滅ぼすのですか』と神に問いかけて、神と問答を重ねたのに対して、ノアの態度は全く受動的です。神に対して何も言わず、いつも神の命令を待っていました。洪水が終わって箱舟を出てからは神の命令がなかったので、何をしてよいかわからず、ぶどう酒を飲んで酔い天幕の中で裸のまま寝

（7）　人間同士の契約の場合は、双方が納得して契約を結ぶので双務契約です。
（8）　『旧約聖書創世記』関根正雄訳、一六五―一六六頁。
（9）　Rabbi Jonathan Sacks, pp. 45-47.

るという醜態を演じました。神の命令を待って、それに従う従順さだけではロボットと同じで、神の似姿として造られた人間としは不十分です。」

サックス氏は続けて、次のように言います。

「洪水後の荒廃した世界を復興させるには、アブラハムのようにもっと能動的でクリエイティブでなければなりません。ノアは結局自分の家族を救いましたが、アブラハムは多くの国民の父となりました。」

神に似せて神にかたどって造られた人間は、神と同じように自由で、自然界や他の人に対して「仕えるリーダー（Servant Leader）」である必要があります。つまり自分が今何をすべきかを神の命令を待たずに自分で考え、自分から能動的に働きかけていく必要があります。神はやってはいけない戒めを十戒という形で、私たちにお与えになりました。しかし、何をすべきかという具体的なことを私たちに命令する方ではありません。

自分で考えて自分で何をすべきかを見つけていかなくてはなりません。自分で考えてすべきだとしたことが間違っている場合には、神はいろいろな方法で私たちに教えてくれるでしょう。たとえば、良心の呵責とか、あるいは客観的な条件を整えてくださらない、というような方法で教えてくれると思います。

ギリシャの哲学者ソクラテスの場合は、彼のダイモーン（神霊または守護の霊）がソクラテスに、何をやれとは言ってこないということです。しかし彼が何か曲がったことをしようとすると、どんな瑣細なことであっても、いつも諌止する、と言っています[10]。

ノアの従順さだけでは不十分というユダヤ人ラビのサックス氏の意見は、人工知能が発達してロボットと人間の違いが議論されている今日において、非常に興味深いものです。ロボットは、人間がプログラムしたとおりにしか動きません。
これに対して、人間は自分の置かれた状況を見て、何をすべきかを自ら考え、動くことができるのです。神は、人がしてはいけないことを十戒、あるいはその他の方法で私たちに告げることはありますが、何をしろとは言わないので、何をすべきかは、人間が自分で考えなければなりません。

4・5　洪水が始まる（七章一―二四節）

この部分は、ヤハウェ資料と祭司資料が入り組んで使われています。その詳細については、以下で順次説明します。

七章一―五節はヤハウェ資料で、次のとおりです。

「[一]主はノアに言われた。『さあ、あなたと家族は皆、箱舟に入りなさい。この時代にあって私の前に正しいのはあなただと認めたからである。[二]あなたは、すべての清い動物の中から雄と雌を七匹ずつ、清くない動物の中から雄と雌を一匹ずつ取りなさい。[三]空の鳥の中からも雄と雌を七羽ずつ取りなさい。全地の面にその種類が生き残るためである。[四]七日の後、私は四十日四十夜、地上に雨を降らせ、造ったすべての生き物を地の面から消し去る。』[五]ノアは主が命じられたとおりにすべてを行った。」（七・一―五）

こうしてノアは箱舟に入りました。その時、動物は清い動物と清くない動物に分けられ前者は七つがい、後者

(10)　プラトン著、久保勉訳『ソクラテスの弁明』岩波文庫、初版一九二七年、二〇一七年第一〇六刷、六五頁。

は一つがいずつが箱舟に入ります。すでに述べたように清い動物は洪水が終わった後、感謝の祭儀で神に犠牲としてささげるために二匹以上を必要としたのです。しかし七つがいがすべて犠牲にささげられたわけでなく、種族の保存のために少なくとも一つがいは犠牲にささげないで残されたものと思います。一方、清くない動物は祭儀にはささげないので、種族保存のために一つがいでよいわけです。しかし、後に出て来る祭司資料では、すべての動物が一つがいずつ箱舟に入りました（六・一六）。これは種族保存のためだけです。祭司資料においては、祭儀は後代のモーセの時代に始まったことになっていますので、洪水後に感謝の祭儀をすることを前提としていません。[11]

六節は、祭司資料らしく、洪水が起こった時のノアの年令を次のように明記します。

「ノアが六百歳の時、洪水が起こり、水が地上を襲った。」（七・六）

七節は、ヤハウェ資料とされ、次のとおりです。

「ノアは息子たち、妻、息子の妻たちと一緒に大洪水を避けて箱舟に入った。」（七・七）

次の八—九節は後の編纂者の加筆とされ、次のとおりです。

「八 清い動物、清くない動物、鳥、そして地上を這うあらゆるものが、
九 雄と雌二匹ずつノアのもとに来て、箱舟に入った。神がノアに命じたとおりであった。」（七・八—九）

この八—九節が、後の編纂者の加筆とされるのは、次の理由からです。すなわち、清い動物も清くない動物も雄と雌二匹ずつ箱舟に入った、と書かれているので、まずヤハウェ資料の清い動物は七つがい、清くない動物は一つがい、というのとは違います。また祭司資料では、そもそも清い動物と清くない動物の区別をしていないので（六・一六）、祭司資料とも違います。というわけで、後の編纂者の加筆とされました。

次の一〇節はヤハウェ資料とされ、次のとおりです。

「七日たって、大洪水が地上に起こった。」（七・一〇）

これは四節（ヤハウェ資料）にある「七日の後、私は四十日四十夜、地上に雨を降らせ」とあるのを受けて、七日の後に大洪水が始まったことを示しています。

次の一一節は、祭司資料で、祭司資料らしく、それがいつ起こったかを次のように明記します。

「ノアの生涯の第六百年、第二の月の一七日、その日、大いなる深淵の源がすべて裂け、天の窓が開かれた。」（七・一一）

次の一二節はヤハウェ資料で、次のとおりです。

「雨は四十日四十夜、地上に降った。」（七・一二）

これがヤハウェ資料とされるのは、洪水のもととなった水は、天から降った雨だけで四十日四十夜とあるからです。一方の祭司資料では、一一節に「その日、大いなる深淵の源がすべて裂け」とあるように、水は一章二節（祭司資料）に出てきた地下にある「深淵」からも湧き出たとあります。もちろん一一節の後半に「天の窓が開かれた」とあり、天から雨も降ったので、「水は百五十日間、地上にみなぎった」（七・二四）とあるように、祭司資料では、洪水はより大規模で、一五〇日という長期に及んだとしています。一方のヤハウェ資料では、洪水は四十日四十夜でした。

次の一三―一六節前半は、祭司資料で次のとおりです。

「一三まさにその日、ノアは、息子のセム、ハム、ヤフェト、ノアの妻、そして息子たち三人の妻と一緒に
箱舟に入った。一四彼らと共に、それぞれの種類のあらゆる獣、それぞれの種類のあらゆる家畜、それぞれ

（11）『旧約聖書創世記』関根正雄訳、一六六頁。

の種類のあらゆる地を這うもの、それぞれの種類のあらゆる鳥、あらゆる小鳥、あらゆる翼のあるもの、
一五 すなわち、命の息のあるすべての肉なるものが、二匹ずつ、ノアのもとに来て箱舟に入った。
一六 入ったものは、すべての肉なるものの雄と雌であった。神がノアに命じられたとおりであった。」（七・一三―一六前半）

一三節は、ヤハウェ資料の七節（「ノアは息子たち、妻、息子の妻たちと一緒に大洪水を避けて箱舟に入った。」）と同じです。一四―一五節までをまとめて一六節前半で、「入ったものは、すべての肉なるものの雄と雌であった」とあり、これはヤハウェ資料が、清い動物を七つがい、清くない動物を一つがい、というのと明らかに違うのは、すでに述べたとおりです。

一六節後半はヤハウェ資料で、次のとおりです。

「そこで主は、その後ろの戸を閉じられた。」（一六節後半）

これがヤハウェ資料とされるのは、まず神を示すのに「主（ヘブライ語でヤハウェ）」が使われているからです。同じ一六節でもすぐ前の「神がノアに命じられた通りであった」では、神（エロヒム）が使われているので、祭司資料であることがわかります。またヤハウェ資料らしい描写もあります。それは、「そこで主は、その後ろの戸を閉じられた」と主の細やかな心配りを書いているところです。ノアが戸を閉めたのでは水漏れがしないようにきちんと閉じられなかったかも知れませんが、主がノアの後ろで戸を閉ざされたのですから、水漏れもしないで安心だというニュアンスが伝わってきます。

以上見てきたように、六節から一六節までは、祭司資料（六節、一一節、一三―一六節前半）とヤハウェ資料（七節、一〇節、一二節、一六節後半）が入り組んで使われています。さらに八―九節には、後の編纂者による加筆とされる部分もあります。このようにノアの洪水の物語は、編纂者が祭司資料とヤハウェ資料を適宜組み合わせて使って

いることが特徴です。これは天地創造の物語が、祭司資料による部分（一・一―二・四前半）とヤハウェ資料による部分（二章四節後半―二五節）で、はっきりと分かれていることとは対照的です。

一七節から二四節までもヤハウェ資料（一七節、二二―二四節）と祭司資料（一八―二一節、二四節）とが入り組んで使われています。ヤハウェ資料では、「洪水は四十日間地上で続いた」（一七節）とします。一方、祭司資料では、「水は百五十日の間、地上にみなぎった」（二四節）と書きます。このように、編纂者は二つの資料からの記述を、辻褄を合わせるようなことはしないで、そのまま矛盾した形で残しています。前にも申しましたが、私は最初に創世記を読んだ時に、このように矛盾する記述がある聖書は信頼性に欠ける、と思いました。しかし多少の人生を体験した今では、その方が真実に近いと思うようになりました。歴史の記述は、人により異なることが多いのです。まして自分が経験していない古代の物語については、複数の説があって当然と今では考えるからです。またそれらの矛盾のおかげで聖書文献学が発展したし、聖書に多様な情報が入っていることを後世の私たちが理解することができるのでありがたいと思っています。

同じ信仰に基づいて語っているようであっても聖書自身が多様性を含んでいるのなら、多様な信仰がありうることになります。このように多様な考え方が、聖書の中で平和的に共存していることは、二一世紀の多様な社会の在り方に示唆を与えるものだと考えています。つまり、同じ神を信じていても、自分の理解と違っているからといってすぐ異端と決めつけるのでなく、創世記の編纂者のように多様性を認め合う謙虚さが必要であることを教えてくれていると思うからです。

洪水の水の高さは、地上にあった最も高い山の頂上からさらに十五アンマ（約七メートル）に達したとあります（二〇節）。当時、地上で最も高い山と考えられていたのは、後に箱舟が漂着するアララト山で、標高は五一三七メートルですから、洪水は地上五一四四メートルに達したことになります。信じられないくらいの大洪水です。

本当にこのような大洪水があったのでしょうか。これについては、後に4・10でメソポタミア地方の洪水伝説と比較して述べますが、結論から言えば、このパレスチナ地方にも創世記に出てくる洪水があったことは確かなようですが、その規模には多少誇張があると考えた方がよさそうです。

七章の終わりで、ヤハウェ資料は、「二二乾いた地にいたすべてのものの中で、鼻に命の息のあるものはすべて死んだ。二三主は、地上のすべての生き物を、人をはじめ、家畜、這うもの、空の鳥に至るまで、消し去られた。彼らは地から消し去られ、ただノアと、彼と一緒に箱舟にいたものだけが残った。」(七・二二―二三)と結びます。一方、祭司資料は、「二一こうして、地上を動き回るすべての肉なるもの、鳥、家畜、獣、地上の群がるすべてのもの、そしてすべての人は息絶えた。二四水は百五十日間、地上にみなぎった。」(七・二一、二四)と結びます。

4・6 洪水が終わる(八章一―二二節)

八章においても、ヤハウェ資料と祭司資料がかなり入り組んで使われているので、話の筋を説明しつつ、各節ごとに、どちらの資料が使われたかを述べることにします。

まず一節は次のとおりです。

「神は、ノアと彼と一緒に箱舟にいたすべての獣、すべての家畜を忘れることなく、地上に風を送られたので、水の勢いは収まった。」(八・一)

これは祭司資料です。神は苦難の中にあるノアたちを忘れず見守ってくださっていたこと、そして神が地上に風を送られたので、水の勢いが収まったことを伝えます。ここで、「風」のヘブライ語は、「ルーアハ」で、一章二節では、「霊」と訳されている言葉と同じです。一章二節の説明で述べたように、「ルーアハ」は、目に見えない仕方で人間や事物を動かす神から与えられる力のことです。ここでは、神は水に対して、風を送って、その勢いを抑えたことがわかります。この部分を書いた祭司資料の作者であるバビロン捕囚のさ中にいた祭司は、バビロン捕囚という苦難の中にあるユダヤ民族を神は忘れることなく見守ってくれている、そして時が来れば救い出してくださる、というメッセージを同胞のユダヤ人に伝えたかったのではないでしょうか。

二節は次のとおりです。

「また、深淵の源と天の窓が閉ざされ、天からの雨は降りやんだ。」（八・二）

ここで前半の「深淵の源と天の窓が閉ざされ」は、深淵と天の窓への言及があるので、一章の祭司資料による天地創造物語を前提としており、祭司資料です。一方後半の「天から雨が降りやんだ」は、天からの雨だけに言及しているのでヤハウェ資料です。

三―五節は次のとおりです。

「[三]水は地上から徐々に引いていき、百五十日たって水は減り、[四]第七の月の十七日に、箱舟はアララト山の上にとどまった。[五]水は第十の月までさらに減って行き、第十の月の一日に山々の頂が現れた。」（八・三―五）

三節前半の「水は地上から引いて行った」はヤハウェ資料で、直前の二章後半の「天からの雨はふりやんだ」のヤハウェ資料の続きです。一方、三節後半の「百五十日たって水は減り」は、祭司資料で、水が一五〇日の長きにわたって満ちていた後、ようやく減り始めた、と述べます。さらに四―五節も歴史の記録として月日を正確に記していることから、祭司資料であることがわかります。「アララト山」は、現在のトルコ共和国の東端（アルメニア共和国との国境から三二キロメートルのところ）にある標高五一三七メートルの高山です。

六節の「四十日たって、ノアは自分が造った箱舟の窓を開け」とあるのは、四〇日という数字からヤハウェ資料です。ノアは、地上の様子を見るために烏を放しました。箱舟はアララト山という標高五千メートルを越す高山の上にあることと箱舟の構造上、窓から地上の様子が見えなかったのでしょう。このような場合、鳥を放って様子を見ることは、例えば古代の船乗りが四面海で陸地が見えない時に鳥を放って、それが飛んで行く方向に進路を定めたことによく似ています。(12) なお七節では烏を放ちますが、八―一二節では鳩が放たれます。ここで、七節は祭司資料で、八―一二節はヤハウェ資料とされます。(13) しかし七節もヤハウェ資料でもよいように思います。つまり、最初に烏を放って、次に鳩を放ったことは十分にありうると思います。

実際、月本昭男氏は、ノアの洪水の物語をヤハウェ資料と祭司資料に明確に区別するのは必ずしも正しくない、両資料は互いに関連しあっているとします。(14)

ノアが烏の後に、鳩を放ちますが、鳩は足を休める所を見つけられなかったので、箱舟に戻ってきます。九節の、「ノアは手を伸ばして鳩を捕らえ、箱舟の自分のもとに引き入れた」という表現から、ノアが、鳩が帰ってくるか否かを固唾を飲んで待っていた様子、そして鳩を気遣うノアのやさしさがうかがわれます。いかにもヤハウェ資料らしい表現だと思います。

さらに七日待って、ノアは再び鳩を放します。すると「夕暮れ時に、鳩は彼のもとに帰ってきた。すると、鳩はオリーブの若葉をくちばしにくわえていた。そこでノアは水が地上から引いたことを知った」(一一節) とあります。聖書協会共同訳で、「すると」と訳されているヘブライ語は、「ヴェヒンネー」で、意味は、「すると見よ」です。新共同訳、関根正雄訳とも「見よ、」と、感嘆の言葉として訳されています。英語訳でも、KJV、RSVとも「and behold,」と訳しています。この場合は、「すると」よりは、ノアの喜びを率直に表す「見よ」の方がよいと思います。やっと洪水が終わったというノアの喜びを簡潔に表した、ヤハウェ資料らしい表現です。

さらに七日たって、再び鳩を放ったところ、今度はもう鳩は箱舟に帰ってきませんでした。このことにより、

図4-1　国際連合の旗
［出典：国際連合のウェブサイト。https://www.un.org］

ノアは地上から水が完全にひいたことを知りました。

鳩の口にくわえられたオリーブの葉は、大洪水という荒廃から、地が新しく再生する象徴となりました。第二次世界大戦直後の一九四五年一〇月に発足した国際連合は、一九四七年の第二回総会で、国連の旗を制定しました。この旗は北極を中心に書かれた世界地図の両側をオリーブの葉が囲む図案です（図４-１）。国際連合が、第二次世界大戦という世界的荒廃から新しく再生するための組織であることを示しています。

４・７　ノア、箱舟を出る（八章一三―二二節）

一三―一四節は次のとおりです。

「[一三]ノアが六百一歳の最初の月、その月の一日に、地上の水は乾いた。ノアが箱舟の覆いを取り外して見ると、地の面は乾いていた。[一四]そして第二の月、その月の二十七日に地は乾ききった。」（八・一三―一四）

一三節前半の「ノアが六百一歳の最初の月、その月の一日に、地上の水は乾いた」は、祭司資料です。いかにも祭司資料らしく、地の水が乾いた時のノアの年令と月日を記しています。一三節後半の「ノアが箱舟の覆いを

（12）たとえば、「鳥は古代の航海用レーダー」参照。一般社団法人日本船主協会ウェブサイト。https://www. jsanet. or. jp/seminar/text/seminar_247. html
（13）『旧約聖書創世記』関根正雄訳、一六七頁。
（14）月本昭男「原初史の思想と信仰―創世記を読む」講義（二〇一八年十二月十八日）資料。

取り外して見ると、地の面は乾いていた」は、ヤハウェ資料です。ここも、新共同訳は、「ノアは箱舟の覆いを取り外して眺めた。見よ、地の面は乾いていた」と、訳しています。関根正雄訳でも同じように、「ノアが箱舟の蔽いを取り去って眺めると、見よ、土の面はもう乾いていた」と訳しています。実際、原文のヘブライ語でも、「彼は眺めた」に相当する「ヴァイヤル」と「そして見よ」に相当する「ヴェヒンネー」が別に出てきます。英語訳でも、KJV、RSVとも「and behold,」と訳しています。一一節の場合と同じように、ヤハウェ資料らしく文学的な表現で、地の面が乾いていたことを発見したノアの喜びが伝わってきます。

一四節は、また祭司資料で、地が乾ききった年月をきちんと書いています。ひと月を三〇日とすれば、最初の月の一日から第二の月の二七日まで、すなわちさらに五七日経ってからようやく地はすっかり乾きました。しかし、ノアは自分から箱舟を出ることをしないで神の命令を待ちます。

次の一五―一八節は、祭司資料で次のとおりです。

「一五神はノアに語られた。一六『あなたは、妻、息子たち、息子の妻たちと一緒に箱舟から出なさい。一七あなたと共にいたすべての生き物、すべての肉なるもののうち、鳥、家畜、地を這うあらゆるものを一緒に連れ出しなさい。それらが地に群がり、地の上で子を産み、増えるようにしなさい。』一八そこで、ノアは息子たち、妻、息子の妻たちと一緒に外に出た。」（八・一五―一八）

一六節でようやく神の命令が出て、ノアは箱舟に入っている家族・動物とともに箱舟の外に出ました。このようにノアが、地がすっかり乾ききったのを見ても、自分で判断して箱舟を出ないで、神の命令を待ったことは、ノアの従順さを示します。しかし、六章二二節との関連で「コラム4-3　ノアの人となり」で示したように、ユダヤ教ラビのサックス氏が「神の命令を待って、それに従う従順さだけではロボットと同じで、神の似姿として造られた人間としは不十分である」という批判もあることを付け加えます。

次の二〇―二二節はヤハウェ資料で、次のとおりです。

「二〇ノアは主のために祭壇を築いた。そしてすべての清い家畜と清い鳥の中から選んで焼き尽くすいけにえとして祭壇の上で献げた。二一主は宥めの香りを嗅ぎ、心の中で言われた。『人のゆえに地を呪うことはもう二度としない。人が心に計ることは、幼い時から悪いからだ。この度起こしたような、命あるものをすべて打ち滅ぼすことはもう二度としない。二二地の続くかぎり、種蒔きと刈り入れ、寒さと暑さ、夏と冬、昼と夜、これらがやむことはない。』」（八・二〇―二二）

ノアは箱舟を出るとすぐに主のために祭壇を築いて、その祭壇の上に、清い動物を「焼き尽くすいけにえ」として主にささげました。神を「主（ヤハウェ）」と呼んでいること、および清い動物を祭壇の上に焼き尽くすいけにえとして献げていることから、ここがヤハウェ資料であることがわかります。ノアは長い間、閉じ込められていた箱舟から出て地の上に足を着けることができた感謝と喜びをこうして主に伝えました。なお「焼き尽くすいけにえ」をささげる祭儀は、旧約聖書の他の箇所で「燔祭」といわれるものです。燔祭では犠牲にささげる動物を焼き尽くして、祭司や犠牲の動物をささげた人は、その動物を全く食べずに、すべてを主のためにささげ尽くします。

二一節で、「主は宥めの香りを嗅ぎ、心の中で言われた。『人のゆえに地を呪うことはもう二度としない。人が心に計ることは、幼い時から悪いからだ。この度起こしたような、命あるものをすべて打ち滅ぼすことはもう二度としない』」と言いました。主が宥めの香りを嗅いで、心の中で決心をするというのは不思議です。まして、「主が心の中で言われた」ことをどうしてヤハウィストが知ったのか、それも不思議な気がします。この部分は、これを書いたヤハウィストが、主から与えられた霊感をもって書いたものと理解できます。その主から与えられた霊感とは、まず、「人のゆえに地を呪うことはもう二度としない」ということです。しかし、主は「人が心に計ることは、幼い時から悪いからだ」ということを知っています。つまり、今回の洪水は、道徳的な乱れと暴虐に満ちた世代を滅ぼしましたが、人間の罪は清められなかったのです[15]。ですから、再び次の世代が生まれても同じことが繰り返されることを主は見通していました。それにも拘わらず、主は、季節の移り変わりや昼夜に分かれる一日の動きを規則正しくして人間の営みを乱すことはしない、と言いました(二二節)。主のこの方針変更は、何を意味するのでしょうか。次のコラム4-4で考察します。

コラム 4-4

人間の罪に対処する主の方針変更(八章二一—二二節)

主は、人を造ったことを悔い、一度はノアとその家族を除いて人を動物と共に滅ぼしました。しかし、その後も人が心に計ることは、幼い時から悪いことを知っていながら、「この度起こしたような、命あるものをすべて打ち滅ぼすことはもう二度としない」(八・二一)と言いました。それはなぜなのでしょうか。主は人の悪に対する対処方針を心の中で変更なさったのではないでしょうか。つまり人をその悪から離れさせるのに再び滅びをもたらすのではなく、人を祝福して、人と親しく交流することによりご自分の本質を人に示し、人が自主的に主を愛し、主に従うような方策をとろうと方針を変更されたのではないでしょうか。

その結果、次の一二章から書かれることですが、主はアブラハムを通して多くの民が、主を知り、祝福を受けるように、歴史を通して働きかけていくことに方針変更をされたのではないでしょうか。

次いで出エジプト記二〇章以降で、人が守るべき十戒を初めとする律法を与えて、人が罪に陥らないようにしました。しかし、律法では表面的に守れる人と守れない人が出て、守れる人は自己満足して、守れない人を裁くようになりました。

そこで主は、新約聖書の時代に入って、イエスを十字架に付けて、イエスに人の罪を負わせることによって、それを信じる人たちを義として滅びへの道から救うという道を開いてくれたのだと思います。

このように、主は生きておられて、人間の歴史の歩みを見守りつつ、人間の悪に対処する方法を、人間の弱さを知りつつ愛をもって考えていてくださったのだと思います。今後は洪水で地を滅ぼすことは決してしないという神のご決心の裏には、このような方針変更があったのではないでしょうか。

4・8　祝福と契約（九章一―一七節）

この部分は、すべて祭司資料です。祭司資料におけるノアの洪水の物語のしめくくりとなっています。一―四節は次のとおりです。

「一神はノアとその息子たちを祝福して言われた。『産めよ、増えよ、地に満ちよ。二あらゆる地の獣、あら
ゆる空の鳥、あらゆる地を這うもの、あらゆる海の魚はあなたがたを恐れ、おののき、あなたがたの手に委
ねられる。三命のある動き回るものはすべて、あなたがたの食物となる。あなたがたに与えた青草と同じよう
に、私はこれらすべてをあなたがたに与えた。四ただ、肉はその命である血と一緒に食べてはならない。』」

(15)『旧約聖書１　創世記』月本昭男訳、二七頁。

（九・一―四）

一節で、神の祝福の言葉が述べられます。この祝福の言葉は、最初に創造されたアダムとエバに与えられた祝福（一・二八前半）と同じです。つまり、洪水を経て生き残ったノアとその家族は、最初に創造されたアダムとエバに代わる第二の人類の始祖となったわけです。しかし、それに続く言葉が違います。アダムとエバについては、「海の魚、空の鳥、地を這うあらゆるものを治めさせよう」（一・二八後半）でした。なお、「治めさせよう」は、「世話をさせよう」とも訳せることはすでに一章二八節の説明で述べました。しかし、九章のノアとその息子たちについては、主は、「あらゆる地の獣、あらゆる空の鳥、あらゆる地を這うもの、あらゆる海の魚はあなたがたを恐れ、おののき、あなたがたの手に委ねられる。命のある動き回るものはすべて、あなたがたの食物となる。あなたがたに与えた青草と同じように、私はこれらすべてをあなたがたに与えた」（九・二―三）と言いました。一章二八節後半とはだいぶ違います。

その原因は、三節にあるように、神が人間に肉食を許したことです。人間が食べるために動物を追うようになるから、動物たちが恐れおののくことになるのです。さらに、食べなくても人間が動物を殺すようになること（たとえば毛皮や象牙を得るためなど）も示唆しています。つまり第二の人類の始祖であるノアが住むことになる世界は、第一の始祖（アダムとエバ）が住んだような楽園ではなく、人間も植物だけを食物とした（一・二九）時代の世界とは同じものではなくなりました。この背後には、やはり人間は生まれながらにして悪いのだという認識（八・二一）があり、ほっておいても人間は動物を殺し肉食を始めるだろうから、あらかじめそれを許して、その食べ方を規定するという方針変更を神はなさったのだと推測します。その食べ方とは、四節で、「ただ、肉はその命である血と一緒に食べてはならない」という規定のことです。後のレビ記の規定には、「すべての肉なるものの命は血だからである。それを食べる者は絶たれる」とあります（レビ記一七・一四）。この命令は、ユダヤ人の食物に関する規定であるコーシャーの重要な規定の一つとなります。このために動物の殺し方や血の完全な抜き方、さらにそれを検査する専門のラビなどに関する規定がコーシャーとして加えられています。新約聖書では、イエスは次のように言って、食物の規定をなくしました。「口に入るものは人を汚さず、口から出て来るものが人を汚すのである」（マタイ一五・一一）。これにより、キリスト教では、食物の規定はなくなりました。

なお、明記はされていませんが、動物に対しても他の動物の肉を食べる肉食動物の存在をこの時に許したと祭司資料は考えたのではないでしょうか。というのは事実現実に、肉食動物が存在するからです。

終わりの日には、人間と動物、あるいは動物どうしが再び互いに草食になって平和に暮らす日が来ることを預言者イザヤは、次のように預言しました。

「狼は小羊とともに宿り、豹は子山羊と共に伏す。子牛と若獅子は共に草を食み、小さな子どもがそれを導く。雌牛と熊は草を食み、その子らは共に伏す。獅子も牛のようにわらを食べる」（イザヤ書一一・六—七）

次に創世記九章五—六節で、人の命の話に移って、神は次のように言いました。

「[五]また、私はあなたがたの命である血が流された場合、その血の償いを求める。あらゆる獣に償いを求める。人に、その兄弟に、命の償いを求める。

[六]人の血を流す者は

人によってその血を流される。

神は人を神のかたちに造られたからである。」（創世記九・五—六）

ここには「目には目を、歯には歯を」（出エジプト記二一・二四）という考え方が、人の命にまで適用され、「命には命を」の規定になっています。前にも述べましたが、刑法やそれを担保する警察、検察、弁護士、裁判所、刑務所などの法制度が整備されていなかった時代にあっては、「目には目を、歯には歯を、命には命を」の復讐を許す規定は、人が復讐を恐れて罪を犯さないようにするという抑止の効果を持ったことでしょう。

ここにあるように、人は神のかたちに造られたから、人が人を殺すことを神は禁じています。これは後に出て来る十戒の第六戒である「殺してはならない」（出エジプト記二〇・一三）と同じです。

新約聖書の中で、イエスは、「あなたがたも聞いているとおり、『目には目を、歯には歯を』と言われている。しかし、私は言っておく。悪人に手向かってはならない。誰かがあなたの右の頬を打つなら、左の頬をも向けなさい」（マタイ五・三八―三九）と言いました。また使徒パウロは、「愛する人たち、自分で復讐せず、神の怒りに任せなさい。『復讐は私のすること、私が報復する』と主は言われる」と言いました。（ロマ一二・一九）。さらに続けて、「あなたの敵が飢えていたら食べさせ、渇いていたら飲ませよ。そうすれば、燃える炭火を彼の頭に積むことになる。悪に負けることなく、善をもって悪に勝ちなさい。」と言いました（ロマ一二・二〇―二一）。この考え方の違いは、旧約聖書と新約聖書の大きな違いの一つになっています。その理由は、新約聖書では死後にも命があることが次のように前提になっているからだと思います。「体は殺しても、命は殺すことのできない者どもを恐れるな。むしろ命も体もゲヘナで滅ぼすことのできる方を恐れなさい。」（マタイによる福音書一〇・二八）ここでゲヘナとは地獄のことです。

創世記九章八―一一節に戻ります。神はノアと彼の息子たちに契約を与えて、二度と洪水によって肉なるものがことごとく滅ぼされることはない、と言います。同時に、神は「人が心に計ることは、幼いときから悪いのだ」（八・二一）ということを知っています。この人間の悪に対して、神は大洪水を送って、人間およびそれが治める動物を一度はことごとく滅ぼしました。ただし、義人ノアとその家族および一つがいずつの動物だけは救いました。しかし、今後はそのようなことはしないとノアに契約を与えました。神は、人間の悪に対する対処方針を変更したようです。このことについては、すでに「コラム4-4　人間の罪に対処する主の方針変更（八章二一

—二二節）」で述べました。

続けて神は、九章一二—一七節で、今与えた契約のしるしとして、雲の中に虹を置く、と言いました。さらに、神は虹を見るときには、今与えたこの契約を心に留める、と言われました。神でも忘れることがあるのかと少し不思議に思います。祭司資料にしては詩的なこの表現を、私はむしろ人間の側が美しい虹を見て、神が私たちに与えてくれた「もう滅ぼさない」という約束を思い出し、その愛に感謝し、その偉大さを賛美する機会を与えてくださったもの、と理解したほうがよいのではないかと思います。

4・9　ノアと三人の息子たち（九章一八—二九節）

この部分は、一八節から二七節までのヤハウェ資料が中心になっています。最後の二八—二九節は祭司資料で、ノアの生きた年数と死んだ年齢を記します。

一八—一九節はヤハウェ資料で、次のとおりです。

「一八箱舟から出たノアの息子はセム、ハム、ヤフェトであった。ハムはカナンの父である。一九この三人がノアの息子で、人々は彼らから出て全地に広がった。」（九・一八—一九）

ここで「全地」とは、前十世紀に生きたヤハウィストにとっての全地、つまり地中海世界をさすものです。ここで、「ハムはカナンの父である」とありますが、ハムには実際には、クシュ、エジプト、プト、カナンという四人の息子がいました（一〇・六）。この九章で特にカナンを出したのは、カナンがイスラエルと同じパレスチナ地方に住んでいた民だったからではないかと推測します。

二〇—二三節もヤハウェ資料で、次のとおりです。

「二〇ノアは農夫で、ぶどう畑を作りはじめた。二一あるとき、ノアはぶどう酒を飲んで酔い、天幕の中で裸
になった。二二カナンの父ハムは、父の裸を見て、外にいた二人の兄弟に知らせた。二三セムとヤフェトは衣
服をとって肩に掛け、後ろ向きに歩いて行き、父の裸を覆った。彼らは顔を後ろに向けたままで、父の裸を
見ることはなかった。」（九・二〇―二三）

洪水後の新しい世界で、ノアは最初の始祖アダムと同じく土を耕す人（月本訳では「大地に仕える人」（二・五））となり、ぶどう畑を作りました。しかし、ノアはできたぶどうでぶどう酒を作り、それを飲んで酔い天幕の中で裸で寝ました。カナンの父ハムは、父の裸を見て、外にいた兄弟二人に告げました。ヘブライ文化では、ギリシャ（ヘレニズム）文化と異なり、裸は恥でした。ですから父の裸を見たハムがなすべきことは父の裸を覆い、かつ父の名誉を損なわないために、そのことを誰にも話さないことでした。しかし、ハムは何もしないで、兄弟たちに父が裸で寝ていることを伝えました。ハムから父の裸の話を聞いた兄弟たち、セムとヤフェトは、父の裸を見ないために後ろ向きに進み、父の裸を着物で覆いました。

次いで話は二四―二七節で、次のように続きます。

「二四ノアは酔いからさめると、末の息子が自分にしたことを知った。二五そこで彼はこういった。
『カナンは呪われ、兄弟の僕となるように。』
二六さらにこう言った。
『セムの神、主はたたえられ
カナンはセムの僕となるように。
二七神はヤフェトの土地を広げ
ヤフェトは天幕に住み

カナンはその僕となるように。』」（九・二四―二七）

二四節に「ノアは酔いからさめると末の息子が自分にしたことを知った」とあり、二五節ではノアは「カナンは呪われ、兄弟の僕となるように」と言いました。

ここで不思議なのは、以下の点です。

父ノアの裸を見たのはハムです。彼が次男であることは、一八節に兄弟はセム、ハム、ヤフェトの順に出てくるのでわかります。少なくとも「末の息子」ではありません。しかし、ノアは「末の息子が自分にしたこと」と言いました（二四節）。さらに不思議なのは、父ノアが「カナンは呪われ」と言っていることです。父の裸を見て他の兄弟に告げたのはハムであり、カナンは父ハムの四男でしかありません。というのは、すでに述べたように、一〇章六節に、「ハムの子孫はクシュ、エジプト、プト、カナン」とあるからです。

これらの問題点は、ヤハウィストが二つの異なる伝承を一つにまとめたために起こったとされます[16]。一つの伝承は、古いもので地理的にはパレスチナ地域だけを対象としており、ノアの息子たちは、セム、ヤフェト、カナンであったとするものです。この古い伝承においては、セムはイスラエルの先祖であり、ヤフェトはペリシテ人の先祖であり、カナンはカナン人の先祖である、とされます。これは創世記一〇章の民族の一覧表において、ペリシテ人はハムの子孫であるとする記述（一〇・一四）とは異なります。ヤハウィストが参照したもう一つの伝承は、より新しいもので、地理的には広く地中海世界を対象としており、ノアの息子たちは、セム、ハム、ヤフェトとするものでした。ヤハウィストは、これら二つの伝承を重ね合わせるにあたって、ノアの三人の息子は、セム、ハム、ヤフェトであるとの新しい伝承をもとにして、「ハムはカナンの父である」（一八節）と補足をして、

（16）『旧約聖書創世記』関根正雄訳、一六八―一六九頁、および The New Interpreter's Bible Vol. 1, p. 403.

古い伝承との整合性をはかったというわけです。それでもなお、ハムを末の息子としていること（二四節）に矛盾は残ります。さらにハムがしたことに対して、なぜ四男のカナンが呪われよ、と言われなければならないのかの説明もありません。

以上の二四―二七節が、唯一記録されているノアの言葉で、カナンへの呪いの言葉が中心になっています。唯一記録されているノアの言葉が、主（ヤハウェ）への信頼や賛美の言葉でなく、カナンへの呪いの言葉というのは、残念です。これを思うと、「コラム4-3　ノアの人となり」で言及した、ユダヤ人のラビ・サックス氏の言葉が思い出されます。

なお、ノアの息子ハムがしたことに対して、どうしてハムの四男であるカナンだけが呪われたのかもよくわかりません。それについては、地理的にはパレスチナだけを対象としたヤハウィストが採用した古い伝承がもとになっているという説明があります。すなわち、ノアの息子たちは、セム、ヤフェト、カナンであったとする古い伝承に基づき、古い伝承における先住民族カナン人への敵意が現れている、とする説明が私には最も納得できるものでした。[17]

二七節に、「神はヤフェトの土地を広げ、ヤフェトはセムの天幕に住み」とあります。ヤフェトは紀元前一二〇〇年頃までに地中海からカナン地方に進出したペリシテ人の祖と考えられています。そのことが、「土地を広げ」で表現されています。「ヤフェトはセムの天幕に住み」は、エジプトから出てきて（出エジプト）、カナン地方に陸路から入ったセム（＝イスラエル人）の土地に、ペリシテ人が侵入してきたことを示しているといいます。[18]

最後の二八―二九節は祭司資料です。

「二八ノアは洪水の後、三百五十年生きた。二九ノアの生涯は九百五十年であった。そして彼は死んだ。」

祭司資料らしく、ノアの年令をきちんと書いて、ノアの一生を締めくくります。元来は、九章一―一七節の祭司資料によるノアの「祝福と契約」に関する物語の最後に置かれていたものと考えられています[19]。しかし、その後にヤハウェ資料による「ノアと息子たち」の物語を編纂者が挿入したために、ノアの生涯を簡潔に締めくくったこの文章は、ノアの物語の最後であるこの場所に移されました。

ここで、余談になりますが、二五節の「カナンは呪われよ、奴隷の奴隷となり、兄たちに仕えよ」について、月本昭男氏の『物語としての旧約聖書　上』に以下のような興味深い記述がありましたので、紹介します[20]。

「カナンに向けられた『兄弟たちの奴隷となるがよい』という呪いの言葉は、近代になって、一部のキリスト教徒の間で、アメリカにおける奴隷制や南アフリカにおけるアパルトヘイト政策の正当化に用いられました。はじまりは、一八世紀中ごろから、ノアの三人の息子の名前が人類の言語の分類に便宜的に用いられたことでした。セム語はヘブライ、アラム、アラビア語など西アジア諸語を、ハム語はアフリカ諸語を、そしてヤフェト語は地中海諸語を指す学術用語とされたのです。ところが、それらが人種概念として誤解され、聖書の言葉をもって、アフリカ系の人々を奴隷として酷使し、彼らを差別することが正当化されることになりました。それが物語と直接的な関係がないことは、いうまでもありません。」

このように、聖書の言葉を断片的に引用して、自分たちの都合のよいように解釈して、人を差別したり、搾取することを正当化しようとすることはよくあることです。このような聖書の読み方がよくないのは、言うまでもありません。

---

(17) Wenham, Word Biblical Commentary Genesis 1–15, p, 202.
(18) The New Interpreter's Bible Vol. 1, p. 404.
(19) 『旧約聖書創世記』関根正雄訳、一六八頁。
(20) 月本昭男『物語としての旧約聖書　上』一一四頁。

4・10　メソポタミア地域の洪水伝説との比較

ノアの洪水と同じような洪水伝説が、メソポタミア地域にもあったことが知られています。メソポタミア地域で洪水が起こった原因としては、この地域を流れるティグリス川とユーフラテス川の水源となるアララト山を含むトルコの山岳地帯の雪が春になると解けて両川を流れ下ったからとされています。そのような原因なので、月本昭男氏によれば、メソポタミアの複数の遺跡で発掘の結果、洪水が起こった後を示す堆積層が発見されていますが、それらの堆積層の間には微妙な時代差が認められ、堆積層の存在しない遺跡もあったことから、この大洪水は局地的であったことが推測されるとのことです[21]。

メソポタミア地域の洪水伝説としては、「シュメル語の洪水物語」、「ギルガメシュ叙事詩に出てくる洪水伝説」、「アトラ・ハシース（ノアと同じく箱舟で洪水を逃れた人物の名）」などがあります[22]。ノアの洪水を含め、これらの物語に共通しているのは、以下の点です。

まず、神（神々）が洪水を送ることを決定すること。つぎに、ノアと同じく救われる人間に神（神々）が洪水を送るから箱舟を造るようにと伝えたこと、そして彼らが箱舟を造って生き残ったこと。さらに、洪水終了後にかれらが動物の犠牲を神（神々）にささげたことです。

しかし、以下の点に違いがあります。

（1）洪水を送る決定をするのは、ノアの洪水の物語では、一神教なので「神」であるのに対して、他の伝説では多神教なので「神々」です。

（2）神（神々）が洪水を送る決定をした理由として、ノアの洪水の物語では、「地上に人の悪がはびこり、その心に計ることが常に悪に傾く」（六・五　ヤハウェ資料）から、あるいは「地は神の前に腐敗していた。地は暴虐に満ちていた」（六・一一　祭司資料）からだ、とします。そこに道徳の観点からの批判があります。これに対して、「シュメル語の洪水物語」および「ギルガメシュ叙事詩」では、神々が地上に洪水を送ることを決定したとあるだけです。さらに「アトラ・ハシース」では、「人間が増えて騒々しくなったから」と、神々の側の都合で人間を滅ぼすことにしたとあります。

以上のように、同じような洪水伝説でも、創世記はあくまでも人間世界が神の創造の期待に反して腐敗し（つまり性的に乱れ）、暴虐に満ちていた（つまり強い者が弱者を守らず搾取していた）からだ、と人間の側の罪を原因にしているという特徴があります。

なお、イスラエルでは乾季と雨季の区別がはっきりしていて、乾季の夏には雨は一滴も降りませんが、秋になって雨季が始まると地中海からの風がもたらす湿気が山にあたり、時には激しい雨となって降り、森が少ない山には貯水力がないために、水が一気に流れ下って洪水を起こしたそうです。創世記に書かれた洪水は、イスラエルのこのような洪水経験も背景にあると思いますが、メソポタミアの洪水伝説もイスラエルの人たちには伝わっていて、ヤハウェイストおよび祭司資料の著者は参考にしたと思います。それはすでに二章の天地創造の物語に関連して述べたように、古代バビロニアの神話がイスラエルに伝わっていたことが確かだからです（2・3・3項を参照）。それはノアの箱舟が洪水後に、パレスチナ地方ではないアララト山の頂上に降り立ったことからも想像がつきます。

(21)　月本昭男「原初史の思想と信仰―創世記を読む」講義（二〇一八年十一月二十日）資料。
(22)　月本昭男『物語としての旧約聖書　上』九八―一〇三頁、および長谷川修一『ヴィジュアルＢＯＯＫ　旧約聖書の世界と時代』八―一一頁。

コラム 4-5

創世記のノアの洪水物語とメソポタミアの洪水伝説との比較

洪水のような自然災害によって、人間に多大な影響を与える災害が起きると、人間はその原因を探求するものです。現在のように科学技術が発達すると、洪水の原因は科学的に説明できるので、原因が分かれば人間は治水のための土木工事を行うなどして対策を取れる時代になりました。さらに地球温暖化もその一因であるとして、温暖化対策が世界的な規模で行われるようになりました。

古代においても洪水の原因を人々は求めました。科学技術が発達していなかった古代においては、神話によって人々は、その原因を理解しようとしました。このように神話には、それを生んだそれぞれの民族の世界観や人間観が如実に表れているとみることができます。

すでに4・10で述べたように、メソポタミアの洪水伝説における洪水の原因としては、「シュメル語の洪水物語」および「ギルガメシュ叙事詩」では、神々が地上に洪水を送ることを決定したとあるだけで、その理由は書かれていません。一方、「アトラ・ハシース」の洪水物語では、「人間が増えて騒々しくなったから」と、神々の側の都合で人間を滅ぼすことにしたとされます。

いずれの場合でも、メソポタミアの洪水神話は、洪水が起こったことを人間が関与できない、神々側の事情で洪水が起こった、と説明しています。

これに対して、創世記の洪水伝説では、洪水が起こったのは、王や貴族たちを中心に性的道徳が乱れ、また強者が弱者を圧迫し搾取するという形で地に暴虐が満ちていたから、神が人を滅ぼすためであったとします。つまり洪水が起こったのは、あくまでも人間の側に原因があったとします。私はこの理由の背後には、すべての人間が神の似姿に神のかたちに造られたという創世記の人間観があると思います。神の似姿に造られた以上、神の期待するような人間にならなければいけないのに、自分の名誉欲、金銭欲、さらに性欲を満たすなど、欲望の充足だけに走り始めた人間に、ヤハウィストおよび祭司は失望したのだと思います。さらにすべての人間が神の似姿としての基本的な人権を持っているのに、その基本的な人権を尊重せずに、強者が弱者を圧迫し搾取する暴虐が行われていたことに対して、やはりヤハウィストおよび祭司は、正義と公正の観点から、弱者の側に立って強者の批判をしたのだと思います。このことは六章一—四節のネフィリム伝説においても同様です。

洪水のような自然災害が、すべて人間の及ばない神々の側の事情で起こされたとすると、人間は何もできないので、あきらめるしかありません。しかし創世記のように、もし原因が人間の側にあるとすれば、現代のように科学万能の時代では科学的にその原因を考えて対策を打とうとします（たとえば地球温暖化とその対策）。あるいは、洪水を阻止するための治山治水対策などを打ちます。

しかし、創世記はその原因を、人間の側の悪にあるとしました。ですから、どのようにして人間の悪を阻止し、改めるかという問題が出てきます。一般には、人の悪を阻止するために、教育とか道徳、さらに法律によって人の悪を阻止することが考えられます。創世記の著者や編纂者は、この問題に真剣に取り組んだので、これ以降の創世記が書かれたと思います。すなわち、人の悪を阻止するためには、人間の側からの教育、道徳、法律などの力だけでは不十分で、もっと思いやりと感謝に満ちた人間の本性に適した方法でなければならないと考えたのではないでしょうか。

それでこれ以降の創世記では、神を信じたアブラハムという人を起こし、彼の人間的な弱さにも拘わらず彼を祝福し守り続けて、彼が心から神に感謝し、神に自発的に従うという形で、彼の心の中にあった悪を阻止しました。このように、神は生きておられて、ご自分の姿に、ご自分に似せて造られた人間を愛をもって注意深く見守っておられて、どのように人間を導くかをこれまでも考えてくださっていたし、今でも考えてくださっているのだと思います。

すなわち、旧約聖書では神は、アブラハム、イサク、ヤコブと順に人を祝福するとともに、モーセを通じて律法という人が守るべき掟を与えて、人の悪を阻止しようしました。しかし、神は人が掟を完全には守ることはできないことを知りました。また文字によって書かれた掟さえ守れば、それで十分で、時々に応じて祈りを通して与えられる生ける神の意志を聞く必要がないという態度が生まれました。

そこで神はご自分の愛する独り子イエスをこの世に送り、彼を十字架につけることによって、そこに表された神の愛と赦しを信じる者の罪を赦すという信仰による義の道を開いてくれました。このように、神は生きていて、人間を愛をもって見守り、人の罪に対する対処方針をいつも考えていてくださるのだと思います。

第五章　民族の分布とバベルの塔（創世記一〇章—一一章二六節）

5・1　民族の分布（一〇章）

一〇章は、洪水の後、ノアの三人の息子たちであるセム、ハム、ヤフェトから生まれた子孫の系図を記述します。一―九章の天地創造物語からノアの洪水に至る当時のイスラエルの人たちが知っていた全世界に関する全体的な記述の部分から、一二章以降のイスラエル民族に焦点をあてた物語に絞り込む前に、この一〇章と一一章が橋渡しの役目をします。

一〇章では、ノアの息子たちの子孫が、当時の全世界と考えられた地中海世界のどの地域に広がり、どの言語を話し、どの氏族、ないし民族として展開していったかが書かれます。

資料的には、主要部分は祭司資料ですが、一部にヤハウェ資料が使われているとされています。ですからヤハウェ資料が書かれた前一〇世紀、および祭司資料が書かれた前六世紀に彼らが知っていた範囲の全世界に分布する氏族、民族を、最終的には資料を編纂した祭司資料の目で分類して整理した形になっています。

このように自分たちの知る限りの民族について、自分たちだけでなく他の民族にも関心を持ち、それらの系図を地理的および言語的（つまり文化的）に整理する中で、自分たちの位置づけを客観的に明確化しようとする編纂者の態度が注目に値します。

一方、そのような整理のすべてが現代に生きる、聖書学に素人の私たちに意味があるものとは考えられないので、ここでは主要な節だけを抜き書きして、記述を進めます。

資料的には、一―七節までは祭司資料です。一―二節は以下のようになります。

「一ノアの息子、セム、ハム、ヤフェトの系図は次のとおりである。洪水の後、彼らに息子が生まれた。二ヤ
フェトの子孫はゴメル、マゴグ、メディア、ヤワン、トバル、メシェク、ティラス。」（一〇・一―二）

一節で、ノアの息子たちとして、セム、ハム、ヤフェトが、年齢順に名前をあげられます。しかし、二節以降では逆にヤフェト、ハム、セムの順にその子孫の系図が挙げられます。この理由は、セムの子孫であるアブラハムの記述が一二章から始まるので、ヤフェト、ハム、セムの順に記述して、一二章に円滑につながるようにしたのだと考えられます。

次の三―四節に、ヤフェトの子であるゴメルとヤワンの子孫が列挙されます。そして彼らの説明が以下のように五節にあります。

「彼らから海沿いの諸国民が分かれ出て、それぞれ、その言語に従ってその土地に、その氏族に従ってその国々に分かれた。」（一〇・五）

ここで、「海沿いの諸国民」とは、小アジア（今のトルコ）を含む地中海北岸の地域に住んでいた民のことです。後半の「その言語に従ってその土地に、その氏族に従ってその国々に分かれた」という言葉は、ハムの子孫を述べた後にも使われ（一〇・二〇）、セムの子孫の終わりにも使われています。（一〇・三一）

六節からはノアの次男ハムの子孫の系図が出てきます。六節では、まずハムの息子として、クシュ、エジプト、カナンがあげられます。ここで注目するのは、イスラエルの民の長年の宿敵であるカナン人をハムの系図に属させており、イスラエル民族の祖であるアブラハムが出たセムの系図とは違うとしていることです。

八―一二節は、クシュの息子であるニムロドという個人に関する記述で、ヤハウェ資料です。しかし、ヤハウイストが参照したであろうもとの伝承の出所は不明とのことです。[1]

八―一二節は次のとおりです。

（1）『旧約聖書１　創世記』月本昭男訳、三〇頁。

「八クシュはまたニムロドをもうけた。ニムロドは地上で最初に勇士となった者である。九彼は主の前にお い
て勇ましい狩人であった。それゆえこういうことわざがある。『主の前における勇ましい狩人ニムロドのよ
うだ。』一〇彼の王国の初めは、バベル、ウルク、アッカド、カルネで、シンアルの地にあった。一一彼はその
地からアッシリアに出て、ニネベ、レホボト・イル、カラ、一二そしてレセンを築いた。レセンはニネベと
カラとの間にあり、それは大きな町であった。」（一〇・八―一二）

ニムロドは、最初は狩人だったのですが、その後軍人になり、王国をたてて王となりました。一〇節にあるとおり、彼の王国の初めはバベルであったとされます。ここで、「バベル」は「神の門」という意味で、後に一一章九節に出てくる大きな塔があった町です。「シンアルの地」とは、旧約聖書によく出てくる地名で、今日のメソポタミア地方を指します。語源的には、「シュメール人の地」であろうという説もあります[2]。その後、ニムロドは、「アッシリアに出て、ニネベ、レホボト・イル、カラ、そしてレセンを築いた。レセンはニネベとカラの間にあり、それは大きな町であった」（一一―一二節）とあります。ニムロドは、ミカ書五章五節に、アッシリアの王として出てきます。なお、「それは大きな町であった」という文の主語は、レセンになっています。しかしこれはこの文の挿入箇所を間違えたのであって、元来は、ニネベが主語であったとされます[3]。それはニネベが、アッシリア王国の首都で、ヨナ書にも「大いなる都ニネベ」と出てくるからです（ヨナ書一・二）。

編纂者がこの箇所にニムロデの話を入れたのは、次の一一章のバベルの塔の話につなげるためであろうと推測されます。

二一節（ヤハウェ資料）から、イスラエル民族が属するセムの系図が、次のように始まります。

「セムにも子どもが生まれた。セムはエベルのすべての子孫の先祖であり、ヤフェトの兄であった。」（一〇・二一）

ここで、「エベル」は二四節に出てくるように、セムのひ孫の名前です。「エベル」は、ヘブライ語でヘブライ人を表す「イブリ」と同じ語根の言葉です。すなわち、「エベル」から出た子孫が、「イブリ（ヘブライ人）」となるわけです。なお、「エベル」には、ヘブライ語で「向こう側」という意味もあります。後にアブラムは、「ヘブライ人アブラム」と書かれます（一四・一三）。アブラムがユーフラテス川の向こう側から来たという意味だと言われています。一方、「ヘブライ人」とは、元来、寄留の民や奴隷など一種の社会的アウトサイダーを指していたらしいという説もあります。[5]

次の二二―二三節には、祭司資料によるセムのすべての子の名前が出てきます。

続く二四節は次のとおりで、後の編纂者の加筆とされます。[6]

「アルパクシャドはシェラをもうけ、シェラはエベルをもうけた。」（一〇・二四）

これが後からの編纂者の加筆とされるのは、アルパクシャド（二二節、祭司資料）とエベル（二五節、ヤハウェ資料）を祖父と孫として結び付けているからだ、とされます。このエベルこそが、アブラムの祖先となる人です。二五―二九節のヤハウェ資料は、アブラムにつながる系図を中心に人の名を列挙します。

ヤハウェ資料（前一〇世紀成立）は、祭司資料（前六世紀成立）より古い資料なので、視野はパレスチナ地方に限られます。より広い世界を見て書かれた祭司資料とは視点が違うので、編纂者が苦労して両資料を結びつけてい

（２）このパラグラフの記述は、Wenham, Word Biblical Commentary Genesis 1-15, p. 223による。
（３）同右 p. 224、およびフランシスコ会訳聖書（旧）二三頁。
（４）なお、アブラム（高貴な父）は、後に神から「アブラハム（多くの民の父）」と改名するように言われました（一七・五）。
（５）『旧約聖書１　創世記』月本昭男訳、四〇頁。
（６）『旧約聖書創世記』関根正雄訳、一七〇頁。

ることがわかります。

一〇章二二―三一節のセムの系図は一度中断して、次の一一章一―九節では、バベルの塔の話が入ります。その後一一章一〇節から再びセムの系図がとりあげられてアブラムに至ります。

コラム 5-1

天地創造の物語から始まる歴史記述の雄大なスケール

創世記の前半の物語は、以下の順で記述されています。すなわち、天地創造物語から始まり、人間の創造、そして楽園とそれからの追放という話がまずあります。これは、人間が今のような悲惨な状況になった原因譚として位置づけられます。さらに人間の罪があまりに大きかったので、神がノアとその家族を除いて、一度は人類を地上の生き物とともに洪水で絶やした話、洪水が終わった後に神は人に対して二度と大地を呪うことはしないと言って、人間の罪に関する対処の方法を変えることにしたという話が続きます。次いでこの一〇章でノアの息子たち、セム、ハム、ヤフェトにより地上に人類が広がったことが記述されました。

このように、スケールの大きな全宇宙的、全人類的な歴史が語られた後、創世記の後半の物語は、まずアブラハムに焦点を絞り、その後、イサク―ヤコブ―ヨセフというイスラエル民族の祖先の物語が続きます。

このように自分たちの関心事であるイスラエル民族の歴史を考えながら、全宇宙的、全人類的な観点から自分たちの歴史を捉えるという観点に、創世記の歴史記述のスケールの雄大さを感じます。

コラム 5-2

旧約聖書における全人類とユダ族の関係

創世記のこれまでのところで、ユダヤ民族に関連するさまざまな人名や民族名が出てきました。ここで一回整理をしておくと、図5－1のようになります。

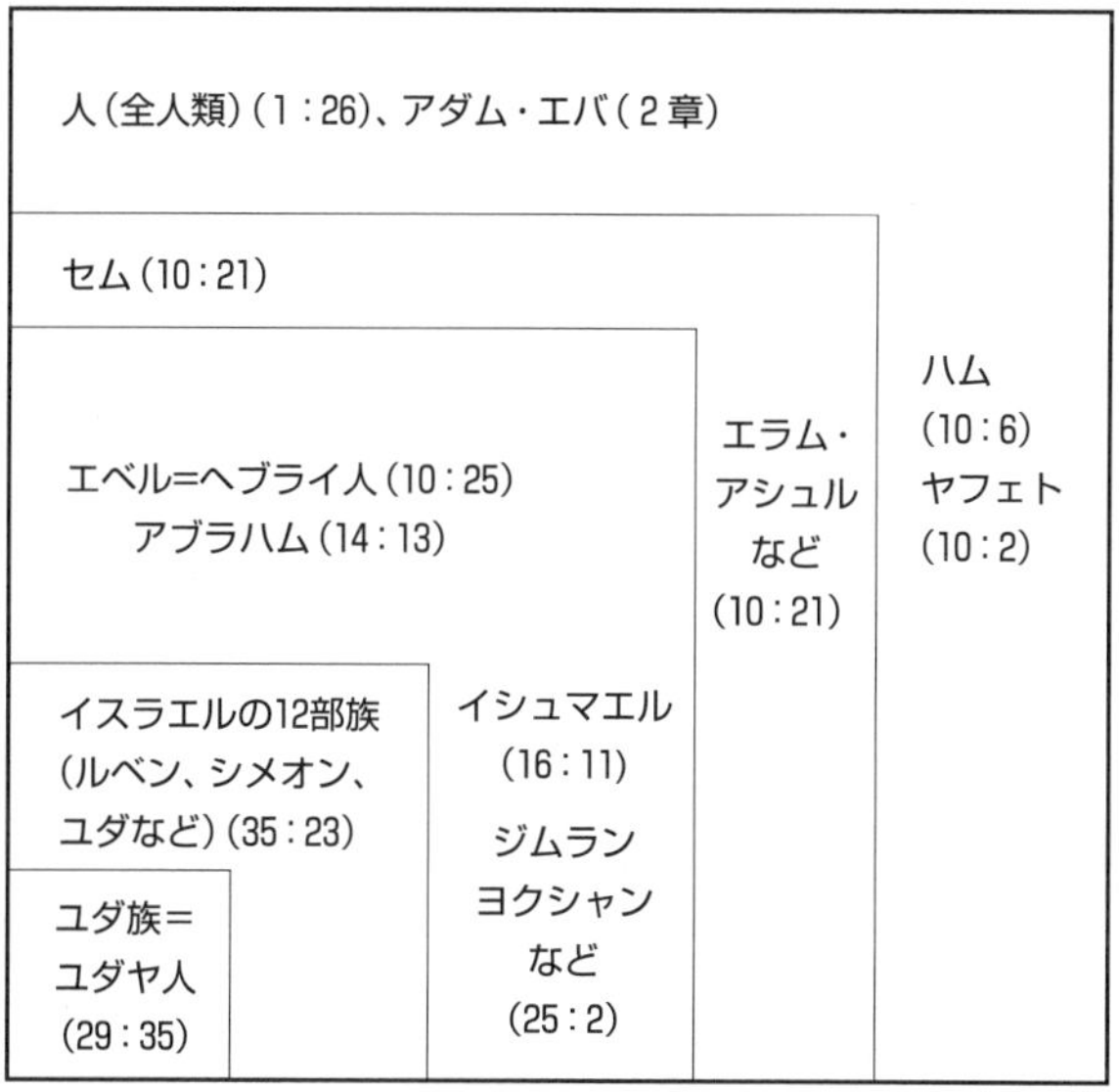

人（全人類）（1：26）、アダム・エバ（２章）

セム（10：21）

エベル＝ヘブライ人（10：25）
アブラハム（14：13）

イスラエルの12部族
（ルベン、シメオン、
ユダなど）（35：23）

ユダ族＝
ユダヤ人
（29：35）

イシュマエル
（16：11）

ジムラン
ヨクシャン
など
（25：2）

エラム・
アシュル
など
（10：21）

ハム
（10：6）
ヤフェト
（10：2）

図5-1　旧約聖書における全人類から見たユダ族（ユダヤ人）の関係
注　（　）内は、創世記にその言葉が出てくる章節。

5・2　バベルの塔（一一章一―九節）

この有名な「バベルの塔」の話はヤハウェ資料です。この一一章は、時間的に一〇章の次に来るものではありません。一〇章では祭司資料が、民族は順に、「それぞれ、その言語に従ってその土地に、その氏族に従ってその国々に分かれた」（一〇・五）という見方を提示しています。これに対して、一一章のヤハウェ資料は、人々が各地に分かれて住むようになったことに対して別な見方を示しています。一〇章の祭司資料の見方によれば、人口の増加により人々が各地に広がっていったと、どちらかというとポジティブな記述がされます。しかし、一一章のヤハウェ資料によるバベルの塔の物語は、軍人出身のニムロデ王によるバベルの塔の建築を快く思わなかった主の介入によって、人々は全地に散らされた（一一・九）と、ネガティブに記述します。

一節の「全地は、一つの言語、同じ言葉であった」は、世界中の（とはいっても当時の地中海地域および中近東の）人々は、もとはノアと三人の息子から出たものとされているので、同じ家族で、しかも同じ箱舟の中にいたわけですから、同じ言葉を使って、同じように話していた、と理解できます。「一つの言語」というのは、日本語、英語のように同じ言語構造を話していた、という意味です。「同じ言葉」というのは一つの言語内でも、たとえば、方言などで語彙（ボキャブラリー）が違う場合もありますから、当初は、語彙も同じだったという意味だと考えられます。

二節の「人々は東の方から移ってきて、シンアルの地に平地を見つけ、そこに住んだ」は、洪水が終わってノアの箱舟がアララト山の上に止まり（八・四）、人々はアララト山から下って、東の方に移ってシンアルの地、すなわちメソポタミア地方に平地を見つけて、そこに住んだという意味です。そこでノアは農夫となりました（九・二〇）。しかしその三人の息子、さらにその子孫たちがどのように生きたかは書いてありません。おそらく最初はそのままシンアルの地に留まっていたのでしょう。

三節に「彼らは、『れんがを作り、それをよく焼こう』と話し合った。石の代わりにれんがを、しっくいの代わりにアスファルトを用いた」とあります。ノアの子孫の間で、少しずつ技術革新が起こっていたらしいことがうかがえます。英語で、「Human brains never cease to think.（人の頭は、考えることを止めない）」という言葉がありますが、人はよりよい物、よりよい生活を求めて少しずつ新しい技術やそれを用いる方法を開発してゆきます。こうして、石より建築が容易なれんがを焼いて作り、しっくいの代わりに耐水性がよく加工が容易なアスファルトを使って建築する方法を開発しました。

それらの材料を使って「さあ、我々は町と塔を築こう。塔の頂は天に届くようにして、名をあげよう。そして全地の面に散らされることのないようにしよう」（四節）といって町と塔の建築を始めました。このような大規模プロジェクトは、それをまとめるのに強い権力が必要です。その強い権力が一〇章八節に出てきたニムロデ王の専制です。ニムロデ王は、専制君主として有名になろう、後の世に名を残そうという野心を起こしました。全地に散らされないようにしようというのは、神の「産めよ、増えよ、地に満ちよ」（一・二八）の言葉にある「地に満ちよ」に反します。人口が増えるわけですから、本来ならば、新しい土地に広がるべきところを、高い大きな塔を建てて人の住む所を作ろうとしたニムロデの考えは、「地に満ちよ」に逆らうものです。こうしてバベルの塔の建築が始まりました。

このようにして建った町と塔に対して、「五主は、人の子らが築いた町と塔を見ようと降って来て、六言われた。
『彼らは皆、一つの民、一つの言語で、こうしたことをし始めた。今や、彼らがしようとしていることは何であ
れ、誰も止められはしない。七さあ、私たちは降って行って、そこで彼らの言語を混乱させ、互いの言語が理解
できないようにしよう。』八こうして主は、人々をそこから全地の面に散らされた。そこで彼らは、その町を築

くのをやめた」（五—八節）と話は続きます。人間が天まで届くと思っていても、主は「降って行って」、という表現に、人間にとっての高さは主から見れば、まだ低いところにあると見るヤハウィストの皮肉（アイロニー）に満ちた見方が表れています。

主は、人の子らのこうした企ては、全地が一つの言語、同じ言葉で、話していたからだ、とします。そうだから、ニムロデ王の命令が簡単に全ての人々に伝わって、このような事が起こったのだとして、主はそれを危険であるとみなしたのだと思います。ここに人間の多様性を好む主の考えが現れていると思います。

また、ニムロデ王は名を残そうと名誉心に満ちた王で、自分を神と等しいものと考えていたのではないでしょうか。このような自分を神と等しくする王の名誉心により、多くの民が塔の建設に酷使されたという状況を主は快く思わなかったのだと思います。

次いで九節に、「それゆえ、この町の名はバベルと呼ばれた」とあります。これは、ヤハウィスト特有の言葉遊びで、「バベル」を民間語源的にヘブライ語動詞の「バーラル」（混乱させる）から出た言葉としています。しかし、すでに述べたように、実際には、「バベル」はその塔が建てられた地方のバビロニアの言葉で「神の門」を意味します。なおバビロンは、「神々の門」の意味です。バビロニア地方には、このような塔（ジグラト）が、「神の門」として、あちこちに建てられていました。今でもいくつかの遺跡が残っています。同じハム族に属するエジプトのピラミッドも、王が後の世に名を残すために建てた塔（ジグラト）ということができます。それを知りながら、ヤハウィストはあえて言葉遊びを交えて、そのような王の野心を批判しています。

コラム 5-3

世界に複数の言葉があること――文化の多様性の尊重

ヤハウィストは、三章のエデンの園の物語では、人間が神のように善悪を知る者となることを批判しました。一一章のバベルの塔の話では、中央集権の強大な国を作ろうという人間の権力欲を批判しています。権力者は、自分を批判する者を抑えつけようとするため、専制、あるいは強制を必要とします。権力者にとっては、自分の命令が行き渡りやすいように、あるいは自分の意志が伝えやすいように、言語が統一されていることが便利です。しかし、それでは人間の多様性が失われてしまいます。神はそれよりも人々が独立に神から与えられた才能を使って個性を発揮する多様化を好まれるのではないかとバベルの塔の物語から推測しました。

言語の多様化、それに伴う人々の多様化を積極的に評価する姿勢は、新約聖書にまで引き継がれています。それは使徒言行録の二章にある五旬祭（ペンテコステ）の時に、人々はそれぞれ自分の故郷の言葉で神の偉大な業を語っていたという記事からわかります。神から見たらすべての人が同じ言語、言葉を話す必要はないのです。神を信じる信仰が同じであれば、それぞれの国の言葉で、そしてそれぞれの方法で神を信じ讃えることを神は許し、喜ばれていると思います。カトリック教会では、一九六四年の第二バチカン公会議までは、全世界で同じラテン語で礼拝をしていました。その後は、それぞれの地域の人々が理解できる、それぞれの地域の言葉で礼拝をし、聖書もそれぞれの言語を話す人々が理解できる各地の言葉に翻訳されるようになりました。一五一七年にルターが宗教改革を始めましたが、その改革の項目の重要な一つが、当時ラテン語だけで書かれていた聖書を、ドイツの普通の人が話すドイツ語に翻訳したことでした。「ドイツ」という言葉の意味は、もともとドイツ語で「普通の人」という意味でした。これをきっかけとして、聖書が各国語に翻訳されるようになりました。日本では、カトリック信者の医師山浦玄嗣氏が、ご自身が住む東北の気仙沼地方の人たちが話す方言であるケセン語に、新約聖書の四福音書を翻訳して出版しました（二〇〇二―二〇〇四年）。これらのケセン語訳の四福音書は、二〇〇四年にローマ法王庁に献納されました。

聖書が各国語や各地方の方言に翻訳され、礼拝が各国語や各地方の方言で行われるようになると、まさに使徒言行録二章のペンテコステ（五旬節）の時に起こったように、神がそれぞれの国や地方の言葉で讃えられるようになったわけです。しかし、讃えられているのは同じ神です。

一方、人間の権力は統治の容易さのために言語を統一しようとします。日本政府は、一八九五年の台湾併合、一九一〇年の朝鮮併合後、太平洋戦争が終結した一九四五年に至るまで、朝鮮、台湾の人々に母国語の他、日本語を教えることを強制しました。

神は一人一人が自分の仕方や言葉で神を賛美しつつ、自分たちの個性や能力を伸ばしていきいきと生きていくことを望まれているのではないでしょうか。つまり神が喜ばれるのは、分散化、多様化、そして一人一人の人間が、神を賛美し、神に感謝しつつ、個性豊かにいきいきと生きることではないか、と私は思います。

技術面でも同じではないでしょうか。バベルの塔の建設のため、ニムロドおよび彼の配下にあった人々は、当時の最新技術を使って、人々が全地に散らされないように、バベルの町を塔の中に作ろうとしました。しかし神からその計画は言葉を乱すという形で中止されました。現代でも、エネルギー問題を永久に解決するためにといって、巨大な原子力発電所が建設されました。しかし、二〇一一年三月の福島原子力発電所の三基の原子力発電機の事故は、むしろそのような巨大なプロジェクトに無理があることが世界に示されました。

現在では、日本の福島原子力発電所の事故以降、ドイツ、イタリア、台湾、韓国などは原子力発電への依存から脱却する計画を立てました。大きな原子力発電所に頼るのではなく、複数のより規模の小さな方法による発電によって、それぞれの地域にあったエネルギーの発電方法を模索する方向で計画が進められています。事実、現在では原子力による発電はコストが高すぎて、他の電力源に比べて競争力がありません。国際エネルギー機関（ＩＥＡ：International Energy Agency）は、世界的に見て、今後二〇一六年から二〇四〇年までに最も大きい電力供給源は、再生可能エネルギー（太陽光、風力、水力、その他）であり、次が天然ガス、石炭と続き、原子力発電はほんのわずかであると予測をしています。[7]

5・3　セムの系図（一一章一〇―二六節）

このセムの系図は、祭司資料によるものです。セムの系図は、すでに一〇章二一―三一節にも出てきました。その説明で述べたように、一〇章のセムの系図では、網羅的に四代までのセムの子孫が書かれます。しかし、ここ一一章のセムの系図では、アブラハムに至る十代の系図だけに焦点をあてて人名が出てきます。ここに出てく

（７）　国際エネルギー機関（International Energy Agency）、世界エネルギーアウトルック二〇一七（World Energy Outlook 2017）より。https://www.iea.org/media/publications/weo/WEO2017launchpresentationprint.pdf

るセムの系図の記述方法は、五章の同じ祭司資料によるアダムの系図とほぼ同じ、以下の形式を取ります。

「誰々（親）は何歳になったとき、誰々（子）をもうけた。

誰々（親）は誰々（子）が生まれた後何年生きて、息子や娘をもうけた。」

ただし五章の系図で、それぞれの人名のしめくくりとして出てきた、「誰々（親）は何年生き、そして死んだ」という文章は、削除されています。したがって、その人が何歳まで生きたかは、子供が生まれた時の歳とその後生きた年を加えて出す必要があります。たとえばセムが百歳の時にアルパクシャドが生まれ、その後五百年生きたとありますので、セムの寿命は六百歳であったことになります。このように計算すると、セムからアブラハムの祖父ナホルまでの寿命は、当初六百歳であったものが、四代目までは四百余歳、その後の二代は二百余歳、そしてナホルは一四八歳と寿命が次第に短くなっています。「こうして人の一生は百二十年となった」（六・三）という言葉に次第に近づいていくことになります。もっとも六章三節は、ヤハウェ資料であり、この一一章の系図は祭司資料によるものなので、大体の傾向を示すものであって、正確には一致していません。

次の二六節に至り、「テラは七十歳になったとき、アブラム、ナホル、ハランをもうけた」と、いよいよアブラムが登場します。アブラムは後に神からアブラハムと改名するように言われたので、広く「アブラハム」として知られている人物です（一七・五）。ナホル、ハラン、ロトも以降の創世記の物語の中に出てくる人たちです。

創世記の後半でアブラハムに焦点が絞られることについて

創世記では、系図がたびたび出てきます。つまり創世記では歴史を大変尊重します。アダムからノアまでは一〇代、そしてノアの息子セムからアブラハムまでも同じ一〇代です。アダムからノアまで、つまりノアの洪水までの歴史を「原初史」と言います。その原初史が終わり、ノアの三人の息子たちから当時のイスラエルから見た全世界に人類が広がります。次に再び一〇代にわたる歴史を経て、焦点がアブラハムに絞られます。

神は、ノアの洪水の後、「人のゆえに地を呪うことはもう二度としない。人が心に計ることは、幼い時から悪いからだ」（八・二一）と心に決めました。そして、神はまずアブラハムを選んで、彼を祝福し、自分が天地創造の神であることを人類に示すそうとされました。その意味で、アブラハムは選ばれたのであり、その子孫で旧約聖書を残したイスラエルの民を選ばれたのです。その選びの理由としては、「あなたがたがどの民よりも数が多かったから、主があなたがたに心引かれて選んだのではない。むしろ、あなたがたは、どの民よりも少なかった」（申命記七・七）と書いてあります。つまり、イスラエルの民が強かったり、優秀だったから選ばれたのではないのです。この後、一一章二七節から始まるアブラハム物語は、当初神を十分信頼していなかったアブラハムが、妻の人格と貞操を犠牲にして自分の命を救おうとしたりします。しかし、そのように弱いアブラムを神は選び守りました。彼は、山あり谷ありの人生経験を経て、神が信頼するに値する方であることを知るようになりました。ですから、神がアブラハムに愛する独り子イサクを献げるようにと言うと、アブラハムは、「主、備えたもう」（二二・一四）の全き信頼をもって従いました。同じようにイスラエル民族もその後の歴史の中で、幾多の困難に会いながらも、神への信仰を持ち続けています。

新約聖書では、使徒パウロも、次のように言いました。

「[九]ところが主は、『私の恵みはあなたに十分である。力は弱さの中で完全に現れるのだ』と言われました。だからキリストの力が私に宿るように、むしろ大いに喜んで自分の弱さを誇りましょう。一〇それゆえ、私は、弱さ、侮辱、困窮、迫害、行き詰まりの中にあっても、キリストのために喜んでいます。なぜなら、私は、弱いときにこそ強いからです。」（コリントの信徒への手紙二　一二・八―一〇）

つまり、私たち一人一人も、どんなに弱く、才能がなくても、神が選んでくださり、選民にしてくださるのです。そのためには、一度選んでいただいたのだから、最後まで「主、備えたもう」という信頼を失わないことが大切です。自分が問題ではないのです、神である主に信頼するか否かが問題なのです。最後まで信じる者を主は助けて備えてくださるのではないでしょうか。

第六章　アブラハム物語（その一）（創世記一一章二七節―一四章）

いよいよ物語は、アブラム（後にアブラハムと改名）に焦点をあてます。それはアブラムの父であるテラの系図から始まります。なお、アブラム（ヘブライ語で「高められた父」の意味）は、後に神から「アブラハム（ヘブライ語で「多くの民の父」の意味）と名を改めるように言われたので（一七・五）、アブラハムという名前で、ユダヤ教、キリスト教、イスラム教の世界で信仰の祖と考えられている人です。イスラム教では、アブラハムは、「イブラヒーム」と呼ばれています。

6・1　テラの系図（一一章二七―三二節）

一一章二七節（祭司資料）は、次のようになっています。

「テラの系図は次のとおりである。テラはアブラム、ナホル、ハランをもうけた。ハランはロトをもうけた。」

ここに出てくるテラの三人の息子たち、アブラム、ナホル、ハランおよびハランの息子ロトは、いずれも後の創世記の物語に出てくる名前です。

つづく二八―三〇節は、ヤハウェ資料で、祭司資料の系図の記述方法とは異なり、いわば祭司資料の系図に肉付けを与えています。

「二八ハランは父のテラに先立って、生まれ故郷のカルデアのウルで死んだ。二九アブラムとナホルはそれぞれ妻をめとった。アブラムの妻の名はサライ、ナホルの妻の名はミルカと言った。ミルカはハランの娘であった。ハランはミルカの父であり、イスカの父であった。三〇サライは不妊で、子どもがなかった。」（一一・二八―三〇）

アブラムの妻サライは、後に神から名前をサラに変えるように言われました（一七・一五）。サライとは、ヘブライ語で「私の女王」という意味で、サラは、単に「女王」という意味です。サライは後に明らかになるのですが、アブラハムの異母妹でした（二〇・一二）。しかし、テラの妻であるアブラムの母の名も、サライの母の名前も出てきません。

アブラムの弟ナホルの妻ミルカは、ナホルの弟ハランの娘です。このように近親結婚が多く書かれているのは、アブラムの父テラは、一族の族長で一族を連れてカルデアのウルを出発してカナン地方に向かった遊牧の民だったので、若者は同じ一族の中から妻を娶るしかなかったという現実の状況を反映しているのではないかと推測されます。

三〇節に、「サライは不妊で、子どもがなかった」とあり、アブラム・サライ夫婦の悩みが指摘されます。これは後々まで尾を引くアブラム・サライ夫妻が抱える大きな問題でした。

次の三一―三二節は再び祭司資料で、「三一テラは、自分の息子アブラム、ハランの息子で自分の孫であるロト、息子アブラムの妻である嫁のサライを連れてカルデアのウルを出発し、カナンの地に向かった。彼らはハランまで来て、そこに住んだ。三二テラの生涯は二百五年であった。テラはハランで死んだ」とあります。ここで注目すべきは、テラは「カナンの地に向かった」と書いてあることです。しかし、彼は途中のハランまで来て、死にました。つまり、テラの最終目的地がカナンだったと、ここで祭司資料は語ります。一二章に入り、アブラムは神からの召命を受けて、ハランを出て、行く先も知らずに旅立ちますが、結局、着いたのカナンでした。一一章三一節にあるとおり、父テラが最初に目的地としていたところです。つまり祭司資料によれば、信仰の祖といわれるアブラムは、一代でそうなったわけではなく、父テラがカナンの地を目指してカルデアのウルを出たことが、そもそもの初めだったのです。父テラは、アブラムのために一歩をすでに踏み出してくれていたのです。その意味で、父テラの目指したところが、結局息子アブラムの目的地にもなったわけです。この父にしてこの子あり、ということになると思います。

もう一つ注目されるのは、父テラがカルデアのウルから連れ出した家族（息子アブラム、その妻サライ、ハランの息子ロト）の中に、息子のナホルの名前が入っていないことです。しかし、後にハランの地が、「ナホルの町」とされている（二四・一〇）ことから、ナホルも後に父たちがいるハランに移り住んだと考えられます。アブラムは、父テラが出発するぞと言ったとき、父テラに従順に従いました。しかしナホルは何らかの事情があってウルに残り、後で合流したものと思われます。このように創世記には書かれていることと書かれていないことがあります。書かれていないことは、書かれていることのすき間あるいは行間を読むことで得られ、いろいろなことを私たちに示唆してくれます。ユダヤ教の伝統では、このように行間を読んで得られた、隠された物語を集めたものをミドラーシュ（Midrash）と言います。

ここで問題なのは、「カルデアのウル」の地理的な場所です。長らくウルは、メソポタミア南部のユーフラテス川沿いにある古代シュメール国の首都であったウル（Ur）とされていました。しかし、最近の研究では、ハランの東方一五〇キロメートルにあるメソポタミア北部のウル（Urfa）であったとする説も出されています[1]（図6-1参照）。その主な理由は、「カルデアのウル」というカルデアがメソポタミア南部にまで勢力を伸ばしたのは、紀元前十世紀頃であり、一方アブラムが生きた時代は、それよりずっと以前の紀元前一八―一六世紀頃だっただからです。第二の理由として、近年のメソポタミアの諸文献の研究で、北部のウル（Urfa）について言及があることがわかりました。それにもとづけば、このウル（Urfa）はハランの文化圏にあり、シュメール文化よりハランの文化を色濃く反映していたアブラハムの親族と相性がよいからです[2]。さらにウルという地名は出てきませんが、ヨシュア記に以下のような記述があります。

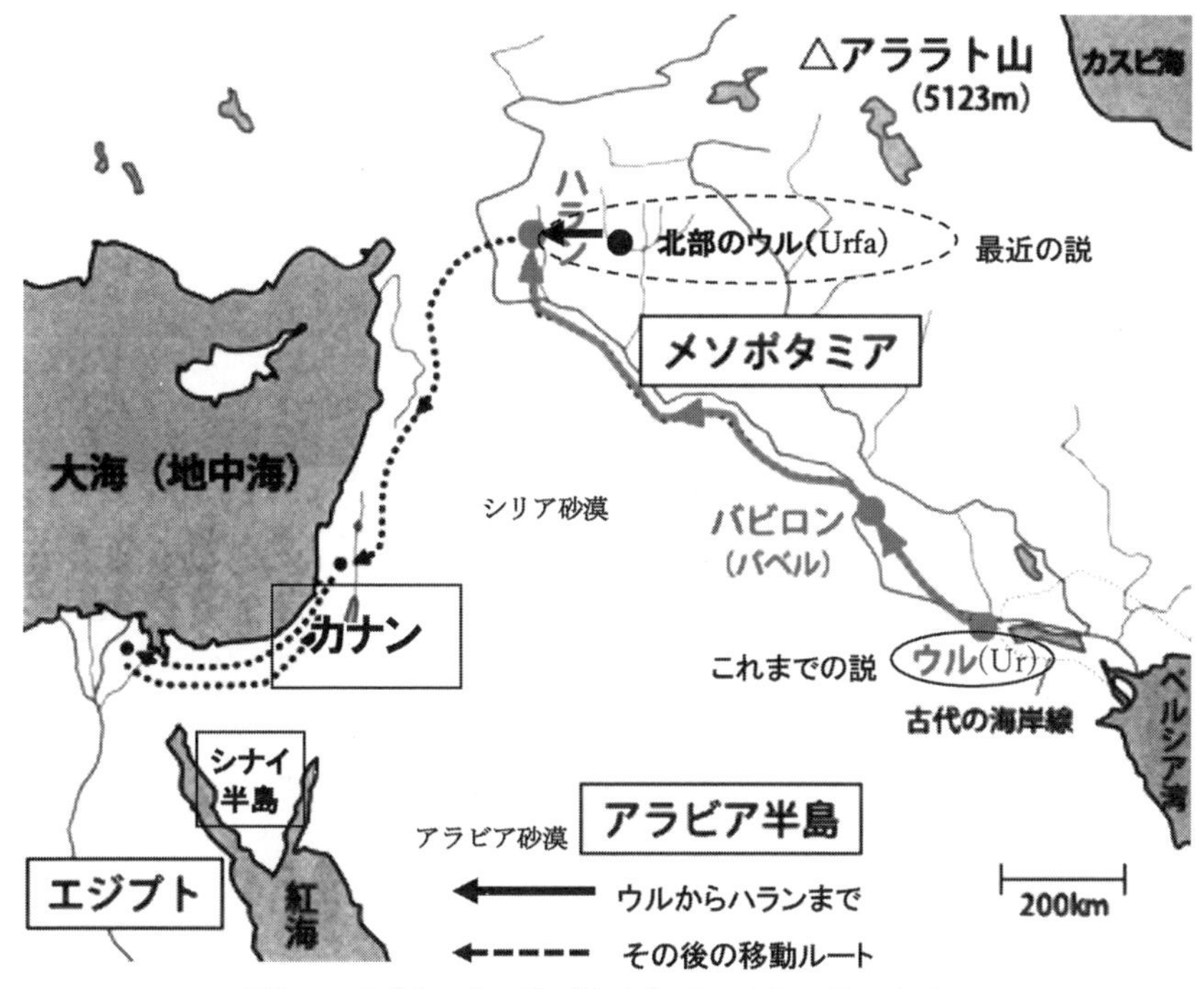

図6-1　アブラハムの旅（その1）ウルからハランまで。
ウルの位置に関するこれまでの説（原図）と最近の説（図の点線内）
［出典：「聖書と歴史の学習館」の地図上に追加。http://www.lets-bible.com/abraham/to_canaan.php］

「ヨシュアは民全員に告げた。『イスラエルの神、主はこう言われた。「あなたたちの先祖は、アブラハムとナホルの父テラを含めて、昔ユーフラテス川の向こうに住み、他の神々を拝んでいた。」』」（ヨシュア記二四・二）

ヨシュアたちが住んでいたカナン地方から見て、「ユーフラテス川の向こうに」という記述は、北部のウル（Urfa）である可能性が高いことを示しています。

しかし学会での結論はまだ出ていないとのことです[3]。

人名のハランと地名のハラン

日本語の表記では、アブラムの弟ハランも、地名のハランも同じ「ハラン」と表記されます。しかし、ヘブライ語では、明らかに違います。人名の「ハラン」はローマ字表記で、Haranとなり、地名のハランはローマ字表記で、Kharanとなります。この場合のKh-は、ドイツ語に出てくる強い喉音「ハッ」あるいは「カッ」です。ですから日本語表記では、「ハッラン」または「カッラン」とする方がより原音に近いです。しかし、人名か地名かは、文脈でわかりますので、本書でもすべての日本語訳聖書にならい、両方とも同じ「ハラン」で表記します。

6・2　アブラムの召命と旅立ち（一二章一―九節）

一二章は、主がアブラムを召命する次の一―三節で始まります。ここはヤハウェ資料です。

「一 主はアブラムに言われた。
『あなたは生まれた地と親族、父の家を離れ
　私が示す地に行きなさい。
二 私はあなたを大いなる国民とし、祝福し
　あなたの名を大いなるものとする。
あなたは祝福の基となる。

三 あなたを祝福する人を私は祝福し
　あなたを呪う人を私は呪う。
地上のすべての氏族は、
　あなたによって祝福される。』」（一二・一―三節）

一節で、主は、アブラムに、「父の家を離れ、私が示す地に行きなさい」と言われました。父テラの出身地（これまでの説に基づくウル（Ur）であれ、新しく出された説である北部のウル（Urfa）であれ）、およびその後移住したハランでは、他の中東地域と同じように、土着の神々が礼拝されていたものと推測されます。主は、そのような土地の雰囲気[1]、および恐らくそれに大きく影響を受けていた父テラの家から独立させて、目に見えないご自身を示そうとアブラムを呼び出しました。私たちも、成長のある時点で、父の家を離れて独立し、自分の頭で考えて、独立した歩み[2]を始めなければならない時が来ることを示唆しています。

なお、アブラムが七五歳で父の家を離れたときに、父テラはまだ存命中でした。それは以下のことからわかります。すなわち、テラはアブラムが生まれたとき、七〇歳でした（一一・二六）。ですからアブラムが七五歳のとき、テラは一四五歳ということになります。テラの生涯は二〇五年であった（一一・三二）と書いてありますから、アブラムが父の家を出たとき、父テラは存命中であったということになります。父テラは長男のアブラムに出て

（1）　たとえば、Gordon, Cyrus H, *Where Is Abraham's Ur?* Biblical Archaeology Review III, 20–21および Beitzel, Barry, *The Moody Atlas of Bible Lands*, Chicago: Moody, 1985.

（2）　「聖書と歴史の学習館」ウェブサイト上の「アブラハムの故郷「ウル」はどこ?」http://www. lets-bible. com/abraham/to_canaan. php

（3）　Wenham, Word Biblical Commentary Genesis 1–15, p. 272.

行かれて心細い思いをしたかも知れません。すでに述べたようアブラムの兄弟ナホルはウルに残りましたが、後にハランに来ました。一つの推測として、長男アブラムが出て行った後、ウルに残っていた次男のナホルが父の家の世話をするために、ウルからハランにこのときに移って来たのかも知れません。というのは、後に創世記二四章一〇節で、アラム・ナハライム（ハランがあった地方の名前）にある町を、ナホルの町と呼んでいるからです。なお三男のハランはすでにウルで死んでいました（一一・二八）。

四節前半はヤハウェ資料で、「アブラムは主が告げたとおりに出かけて行った。ロトも一緒だった」とあります。四節後半は、祭司資料で、祭司資料らしく「アブラムはハランを出たとき七十五歳であった」とアブラムの年令を記します。創世記における年令の数え方は不明です。詳しくは、３・５の（１）項を参照してください。アブラムは長寿で、一七五歳の人生を全うして息絶えたとあります（二五・七―八、祭司資料）。一七五歳を「天寿」と考えた祭司資料からすれば、七五歳というのは、全人生の四三％を過ごした年ということになります。つまり二〇一七年現在の日本人男性で言えば、その平均寿命は八一歳ですから、その四三％というと三五歳に当たります。そうであるとすれば、まさに人生の中間時点で、神の召命を受けて、神に信頼して、行く先も知らずに旅立ったわけです。「行く先も知らずに」というのは、新約聖書へブライ人への手紙一一章八節の言葉、「信仰によって、アブラハム（注　アブラムの後の名前）は、自分が受け継ぐことになる土地に出て行くように召されたとき、これに従い、行く先を知らずに出て行きました」にある表現です。

コラム 6-2

アブラムの父の家からの旅立ち（一二章一―四節）

アブラムは、「生まれた地と親族、父の家を離れ、私が示す地に行きなさい」（一節）という主の言葉に従って、旅立ちました。このアブラムの旅立ちこそは、まさにその後のユダヤ教、キリスト教、イスラム教の始まりでした。つまり、天地の創造主である神を知る旅への旅立ちでした。新約聖書のヘブライ人への手紙の著者は[4]、このことの意味を以下のように述べます。

「信仰によって、アブラハムは、自分が受け継ぐことになる土地に出て行くように召されたとき、これに従い、行く先を知らずに出て行きました」（ヘブライ人への手紙一一・八）

このアブラムが行く先も知らずに、主の言葉を信じて出て行くということがなければ、今日、私たちが聖書を通して知っている天地万物の創造主であり、ご自分に似せて、ご自分にかたどって造った人間を愛して見守り、最終的には天国へ入る道を開いてくださった神を知ることはなかった、と私は思います。その意味でアブラムはわたしたちの信仰の祖です。

しかし、一言付け加えたいのは、一一章三一節に「テラは自分の息子アブラム、ハランの息子で自分の孫であるロト、息子アブラムの妻である嫁のサライを連れてカルデアのウルを出発し、カナンの地に向かった。彼らはハランまで来て、そこに住んだ。」（傍線筆者）とあることです。アブラムの父テラもカナンを最終目的地としていることに注意したいと思います。つまり、この信仰への動きは、

（4）　新約聖書のヘブライ人への手紙の著者は、不明であるとされています。

アブラムが一代でなしたことでなく、父テラが約束の地カナンに向けて旅立ったことに実は始まりがあったと私は考えます。しかし父テラは、道半ばにして、途中の地ハランで亡くなりました。

五節も祭司資料で、「アブラムは妻のサライと甥のロトを連れ、蓄えた財産とハランで加えた人々を伴い、カナンの地に向けて出発し、カナンの地に入った」とあります。アブラムは、主の言葉に従って行く先も知らずに旅立ちました。妻のサライも一緒でした。妻サライは最後まで、山あり谷ありであったアブラムの人生と苦楽を共にした同志でした。アブラムはウルで亡くなった弟ハランの子ロトの扶養に長兄として責任を負っていたらしく、妻サライの他に甥ロトも連れて出発しました。この甥ロトは、後に一三章でアブラムから独立して分かれて住むことになります。「蓄えた財産とハランで加えた人々」も一緒でした。ここで財産とは、ヘブライ語で「レクシャーム」で、羊などの動産のことを言います[5]。また、「ハランで加えた人々」とは奴隷および使用人のことです。カナンは、今のパレスチナ地方のことで、その位置については、図6-1を参照してください。

次の六―七節は再びヤハウェ資料で、次のとおりです。

「[六]アブラムはその地を通って、シェケムという所、モレの樫の木まで来た。その頃、その地にはカナン人が住んでいた。[七]主はアブラムに現れて言われた。『私はあなたの子孫にこの地を与える。』アブラムは、自分に現れた主のために、そこに祭壇を築いた。」（一二・六―七）

まず、シェケムおよびモレの樫の木の位置については、図6-2を参照してください。そこに先住のカナン人がいたにも拘わらず、主はアブラムに現れて、あなたの子孫にこの地を与える、と言いました。アブラムが故郷のハランを出てから初めて主が彼に現れたので、彼はそこに祭壇を築きました（図6-2の①）。しかし、そこにはすでに先住のカナン人がいたので相当問題のある約束です。主はこの同じ約束をアブラムに繰り返し伝えました（一五・七、一七・八）。しかし、アブラムはこの主の約束があるからと言って、先住のカナン人を力づくで追い出すことはしませんでした。神の約束の成就を神の手に委ねて待ったわけです。

　この先住民族がいたカナンの地をアブラムの子孫に与えるという主の約束について、次のコラム６‐３で、新約聖書における主の約束と比較します。

コラム 6-3

旧約聖書と新約聖書における約束の地の違い

　旧約聖書における約束の地は、カナンの地です。しかし、そこには先住のカナン人もペリジ人も住んでいました（一二・七）。さらにアブラムとロトの牧者の間でも争いがおきるような狭い土地でした。私はどうして神がこのような土地をアブラムに約束の地だと言って与えようとしたのかわかりません。ただ一つわかるとすれば、それはアブラムが、それらの先住民と平和的に共存して、次第にアブラムを通して、これらの先住民も天地を創造した神を知るようになってほしいと考えたのではないかということです。

　一方、新約聖書では、ユダヤ人であったイエス・キリストがこの世の国ではなく、天の国（天国）について語りました。たとえば、次のようにあります。「心の貧しい人々は、幸いである。天の国はその人たちのものである」（マタイによる福音書五・三）、「義のために迫害される人々は、幸いである。天の国はその人たちのものである」（マタイによる福音書五・一〇）。さらに、「心を騒がせてはならない。

（５）　Wenham, Word Biblical Commentary Genesis 1–15, p. 278.

神を信じ、また私を信じなさい。私の父の家には住まいがたくさんある。もしなければ、私はそう言っておいたであろう。」（ヨハネによる福音書一四・一―二）そして、人々が彼を信ずれば、天国に入る道を開いてくれました。

さらにユダヤ人であった使徒パウロは、「しかし、私たちの国籍は天にあります」（フィリピの信徒への手紙三・二〇）と言って、信じる者に、この世の国でなく天の国を与えるという、神の新たな約束を私たちに伝えています。

しかしユダヤ教徒は、カナンの地をアブラムの子孫に与えるという主の約束を信じて、今に至るまで行動しています。一方、キリスト教徒は天の国を与えられることを約束として信じ、この世においては、「御国が来ますように。御心が行われますように。天におけるように地の上にも」（マタイによる福音書六・一〇）と祈りつつ、「自分たちが地上ではよそ者であり滞在者」（ヘブライ人への手紙一一・一三）として歩むことを勧められています。新約聖書は、この世の土地に対する執着を乗り越えよ、と語りかけておられるのではないでしょうか。

シェケムのモレの樫の木のところに祭壇を築いた（六―七節）後も、アブラムは旅を続け、ベテルとアイの間に天幕を張り、そこにも主のために祭壇を築き、主の御名を呼んだとあります（八節）（図6-2の②）。この後、アブラムはさらに旅を続け、ネゲブ地方に移りました（九節）（図6-2の③）。

どうしてアブラムは、このように居住地を移したのでしょうか。聖書には理由は書いてありません。おそらく飼っていた羊が、周囲のカナン人に属さない、わずかな牧草地の草を食べつくすと、よい牧草地を求めて移動したからだと推測されます。

主を信じて父の家を離れたアブラムは、主に頼るしかなく、よい牧草地を求めて移動しつつ、彼はときどきにとどまったところで主のための祭壇を築き、主に頼るしかない自らの信仰を確認しながら歩んだのでしょう。

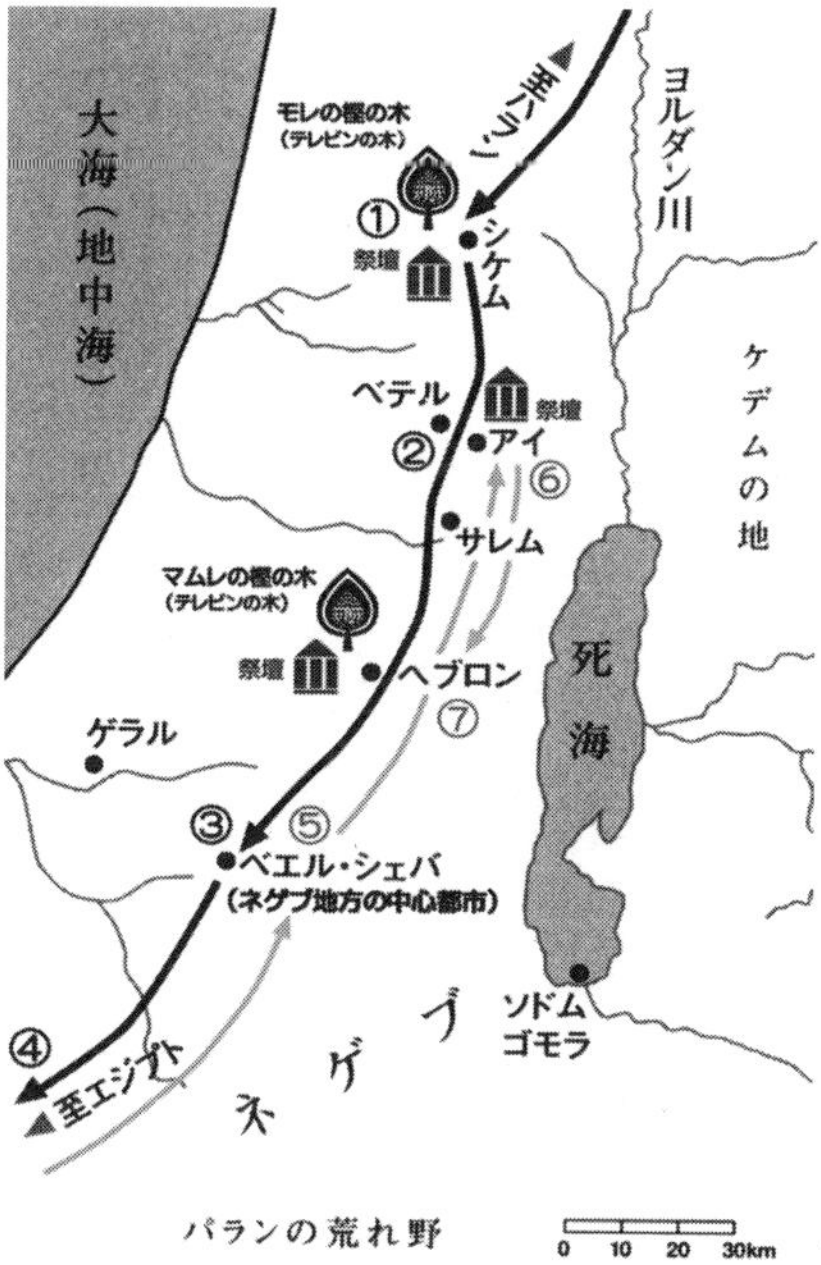

図6-2　アブラハムの旅（その2）カナン地方
［出典：「聖書と歴史の学習館」。https://www.lets-bible.com/abraham/to_canaan.php

コラム 6-4

シェケムという地名の日本語の表記法

本文でシェケムと表記した地名は、日本語では、文語訳聖書、口語訳聖書、新共同訳聖書ともにシケムと表記しています。しかし本書が使用している最新の、聖書協会共同訳では「シェケム」と表記されています。聖書協会共同訳は、凡例の二で、「固有名詞表記は、一部の例外を除いて、『聖書　新共同訳』の表記に準拠した」とあります。この「シェケム」という表記法は、この「一部の例外」になっているようです。確かに、「シェケム」の方がヘブライ語の発音に近いのです。ということで、本書でもシェケムと表記することにしました。

6・3 アブラム、エジプトに下る（一二章一〇―二〇節）

この部分の原資料はヤハウェ資料です。

一〇節に「ところが、その地で飢饉がおこった。その飢饉がひどかったので、アブラムはエジプトに下って行き、そこに身を寄せようとした」とあります。主が「私はあなたの子孫にこの地を与える」（七節）と言われた土地は、決して実り豊かなよい土地ではありませんでした。主は約束のものを与える前に、与えられるにふさわしい者になるようにアブラムを鍛えられた、ということが描かれているように思われます。新約聖書に次のようにあります。

「主は愛するものを鍛え、子として受け入れる者を皆、鞭打たれるからである。」（ヘブライ人への手紙一二・六）

食料を求めて、アブラムはエジプトに行きました（図6-2④）。

次の一一―一三節は次のとおりです。

「一一エジプトに近づいたとき、アブラムは妻のサライに言った。『あなたが美しい女だということを私はよく知っている。一二エジプト人があなたを見れば、『この女はあの男の妻だ』と言って、私を殺し、あなただけを生かしておくだろう。一三だからあなたは、自分のことを私の妹だと言ってほしいのだ。そうすれば、あなたのお陰で私は手厚くもてなされ、命はたすかるだろう。』」（一二・一一―一三）

エジプトに入る前に、アブラムは妻サライに、自分の妹だと言うようにと頼みました。これは、サライが美しかったので、自分の妻だというと、エジプト人が自分を殺してサライを妻に迎えるに違いない、とアブラムが自分の命を救うために考えた策略です。現在の道徳観からすると、自分の命を救うために、妻の人格と貞操を犠牲にするとはなんと卑劣な人間ではないか、となります。しかも、このエピソードにおいて、サライがどう考えたかの記述はまったくありません。このようなことは当時のアブラムのように、乏しい牧草と食料を求めて、あちこちを遊牧し、他人の土地に入らざるを得なかった小家畜飼育者の間では、よくあったことのようです[6]。だから、サライ自身が、まったくアブラムに抗弁せずに、当時のならいと考えて、彼の言うとおりにしたようです。しかし、英語の註解書の一つは、サライは自発的に、夫アブラムを助けるために、自分を犠牲にしたのかも知れないと言います[7]。というのも、サライも言うべき時には、はっきりと物を言う女性であったからです（六・二、五、二一・一〇）。

エジプトに入ると、案の定、サライはエジプトのファラオの宮廷に召し入れられました（一五節）。また「彼女のお陰でアブラムは手厚くもてなされ、羊と牛に雄ろば、男女の奴隷に雌ろば、そしてらくだなどを得た」（一六節）、とアブラムの策略どおりに事は運びました。

つづいて一七—二〇節に、主がアブラムとサライを守られたことが次のように書いてあります。

「[一七]ところが主は、アブラムの妻サライのことで、ファラオとその宮廷に恐ろしい災いを下された。[一八]ファラオはアブラムを呼びつけて言った。『あなたは何ということをしたのか。なぜ、彼女が妻であると告げなかったのか。[一九]なぜ、彼女を妹であると言ったのか。だからこそ私は彼女を妻として召し入れたのだ。さ

（6）『旧約聖書創世記』関根正雄訳、一七二頁。同じような話が、二〇・一—一八、二六・一—一一にあります。
（7）The New Interpreter's Bible Vol. 1, *Genesis*, p. 430.

あ今すぐ、あなたの妻を連れて行きなさい。』二〇ファラオは家臣に命じ、彼とその妻、その持ち物すべてを
送り出した。」（一二・一七―二〇）

主は、アブラムの知らないところで、アブラムとサライを守っていました。それはサライがファラオの妻として迎えられると「私はあなたを大いなる国民とする」（一二・二）という主の約束が果たされなくなるから、と考えられます。

主は、ファラオと宮廷の人々に恐ろしい災いを下されました。ここで「災い」と訳されたヘブライ語は「ナガイーム」です。これはヘブライ語の「ネガッ（災いのほかに、病いをも意味する）」の複数形です。この「ネガッ」はレビ記一三章二節で「皮膚の腫れ」として出てきます。[8] したがって目に見える皮膚病の一種であったと推測されます。

そこでファラオはアブラムを呼び寄せて、「あなたは何と言うことをしたのか。なぜ彼女が妻であると告げなかったのか。なぜ彼女を妹であると言ったのか。だからこそ私は彼女を妻として召し入れたのだ。さあ今すぐ、あなたの妻を連れて行きなさい」（一八―一九節）と言いました。ここで不思議なのは、なぜファラオが、自分と宮廷の人々に恐ろしい災いが起きたこと（多分皮膚病の一種にかかったこと）の原因が、サライを彼の妻として召し入れたことだと判断したのかです。おそらくファラオとその宮廷の人々の皮膚に腫れが出たのが、サライを宮廷に召し入れた直後であったからではないか、と推測されます。

いずれにせよ、ファラオは何人もの女性を「妻」として宮廷に受け入れたのでしょうが、彼なりにきわめて道徳的な人で、他人の妻を召し入れ関係を持つことは、彼の信じる神の禁じることだったようです。

続く二〇節の「ファラオは家臣に命じ、彼とその妻、その持ち物すべてを送り出した」という文章でこの話は終わります。アブラムは、妻サライを返してもらっただけでなく、ファラオがアブラムに与えた「羊と牛に雄ろ

ば、男女の奴隷に雌ろば、そしてらくだなど」（一〇節）をも手に入れてエジプトの地を去りました。

この話を、主はご自分が選んだ愛する者を守られるという趣旨から理解することもできます。しかし人間の側から見ると、この時点でのアブラムは、主を全面的に信頼することなく、自分の才覚だけで乗り切ろうとしていました。その彼の未熟さを示す物語としてヤハウェ資料は書いているのではないでしょうか。さらにヤハウェ資料が、エジプトの王ファラオを、高潔で寛大な人物として描いていることも注目に価します。

エジプトの地の経験からアブラムが学んだこと

約束の地カナンでアブラムを待っていたのは、飢饉でした（一〇節）。そのため、アブラムは約束の地を離れて、エジプトに下ることにしました。エジプトに入る前に、アブラムは、妻サライが美しいので、エジプト人たちが自分を殺して、妻サライを奪うに違いないと考え、妻サライに自分の妹だと言ってくれと頼みました。これに対してサライは何も言わずに、エジプト王ファラオの宮廷に召し入れられました。

このサライが何も言わずにアブラムの言葉を受け入れたことについて、本文で述べたように（一）自分の土地を持たずに、遊牧しながら他人の土地に入らざるを得ない当時の小家畜飼育者という弱い立場にあった者の習慣として妻サライも受け入れたという解釈と、（二）サライは自発的に夫アブラ

（８）Wenham, Word Biblical Commentary Genesis 1-15, p. 290.

ムを助けるために自分を犠牲にした、という二つの解釈があることを説明しました。

確かに両方の可能性がありそうなので、どちらとも言えないと私も思います。いずれにせよ、主に呼び出されて、異郷の地カナンに入っていったけれども、そこで飢饉にあい、さらに遠い異郷の地であるエジプトにまで、食料を求めて行かなければならなかったアブラムでした。とても主を信じることができなかったのかも知れません。あるいは、異郷の地エジプトには、主はおられないと考えたのかも知れません。ですから、アブラムは、自分の才覚で危険を回避しようとしました。

しかし実際には、主は異郷の地と考えられたエジプトにもおられ、統べ治められていたのです。主はアブラムの知らないところで、彼を守り、ファラオの宮廷に恐ろしい災い（おそらく皮膚病）を送って、サライを救い出しました。ファラオはアブラムを呼びつけて「あなたは何ということをしたのか。なぜ、彼女が妻であると告げなかったのか。なぜ、彼女が妹であると言ったのか。だからこそ私は彼女を妻として召し入れたのだ。さあ今すぐ、あなたの妻を連れて行きなさい」（一八―一九節）と言いました。このファラオの言葉は、他人の妻を召し入れるということをしないというエジプトの王なりの道徳を示しています。きっとアブラムは恥じ入ったのではないかと思います。だから二度もファラオから「なぜ」と詰問されても答えられなかったのだと思います。アブラムは、初めは自分の才覚でうまくやったと思ったかも知れません。

しかし、エジプトを出ることになって、この苦境から救ってくださったのはやはり主であると認識したのだと思います。それは、アブラムがエジプトを出てカナンの地に戻るときに、「彼はネゲブからさらにベテルまで旅を続け、ベテルとアイの間にある、かつて天幕を張ったところまでやって来て、初めに祭壇を造った場所に行き、そこで主の名を呼んだ」（一三・三―四）という文章から推測できます。

つまりエジプトを出てネゲブに帰って来た時に、アブラムはエジプトでの出来事を思い出して、こうして守られて、妻も返され財産も得て帰ってくることができたのは、主のおかげであることを悟ったのではないでしょうか。ですから、彼は最初に祭壇を築いた所まで行って、主に感謝の礼拝を献げたのだと思います。初心に帰り、出発点に戻ったわけです。これは、アブラムにとって、主に呼び出されて、カナンの地に入ってからの最初の主の守りを実感した経験でした。

コラム 6-6

エジプトやゲラルの異邦の王に関する創世記の描き方

この一二章（ヤハウェ資料）のエジプトに関する物語を読んで、もう一つ感銘を受けるのは、エジプトの王ファラオが道徳的で寛大な立派な人物として描かれていることです。イスラエルとエジプトが対立していた当時にあっても、ヤハウィストは客観的に人を見る態度があったことがわかります。ここではむしろアブラムの方が、妻の犠牲のもとに自分の命を救おうという、あまり尊敬できない態度をとっています。人間を見るこのような確かさと正直さが、私が創世記を好きな理由の一つです。同じことが、二〇章（エロヒム資料）のゲラルの王アビメレクについての描き方についても言えます。

このようにヤハウィストやエロヒストが自分たちの先祖アブラムを描くことができるのは、彼らが伝えたかったことが、自分たちの祖であるアブラムを信仰の英雄として讃えることではなかったからではないでしょうか。かえって弱いアブラムを主がいかに愛して守り、その中でアブラムが人間的にどのように成長して、最後には主を全面的に信頼して、愛する独り子イサクを奉献するに至ったか

（創世記二二章）という人間の成長の物語を描きたかったからだ、と考えます。「誇るものは主を誇れ」とあるとおりです（コリントの信徒への手紙一　一・三一）。

6・4　ロトとの別れ（一三章一―一八節）

一三章は、基本的にはヤハウェ資料から成りますが、六節、一一節後半、一二節前半の三分の二までは祭司資料です。それについては本文の説明で述べます。

一三章は次の一―四節で始まります。

「[一]アブラムは妻を伴い、すべての持ち物を携え、エジプトからネゲブへと上って行った。ロトも一緒であった。[二]アブラムは家畜や銀と金に恵まれ、大変に裕福であった。[三]彼はネゲブからさらにベテルまで旅を続け、ベテルとアイの間にある、かつて天幕を張ったところまでやって来て、[四]初めに祭壇を造った場所に行き、そこで主の名を呼んだ。」（一三・一―四）

アブラムは、亡くなった弟ハランの息子ロトをエジプトまで一緒に連れていきました。この甥ロトも含めて、アブラムは、エジプトの王ファラオが妻サライのゆえに、彼に贈られた多くの財産を携えてエジプトを去り、「大変に裕福」（二節）になり、もといたネゲブに戻りました。彼はさらにネゲブからベテルまで旅を続け、ベテルとアイの間にある以前に天幕を張ったところまで戻りました（図6-2の⑤）。彼は「初めに祭壇を造った場所に行き、そこで主の名を呼んだ」（四節）とあります。このアブラムの行動についての私の理解をすでにコラム6-5で書きましたので、そちらを参照してください。

続いて、五―七節は次のとおりです。

「五アブラムと一緒に行ったロトもまた、羊の群れと牛の群れと多くの天幕を持っていた。六そのため、そ
の地は彼らが一緒に住むには十分ではなかった。財産が多く一緒に住むことはできなかったのである。七そ
れで、アブラムの家畜を飼う者たちと、ロトの家畜を飼う者たちとの間に争いが生じた。当時、その地には
カナン人とペリジ人も住んでいた。」（一三・五—七）

一方、甥のロトも成人しました。アブラムとロトの両者が持っていた羊や牛が数多く、その土地ではそれらに十分な牧草を得ることは困難になり（六節　祭司資料）、さらに両者の羊飼いの間で、争いがありました（七節　ヤハウェ資料）。おそらく牧草地や井戸の水をめぐっての争いだったのでしょう。七節には、さらに「当時、その地にはカナン人とペリジ人が住んでいた」とありますから、彼らが飼う羊も含めて、その土地は混みあっていたのでしょう。

そこで、アブラムはロトに言いました。「私たちは、親類どうしなのだから、私とあなた、また私の家畜を飼う者たちとあなたの家畜を飼う者たちとの間で争い事がないようにしたい。あなたの前には広大な土地が広がっているではないか。さあ私と別れて行きなさい。あなたが左にと言うなら、私は右に行こう。あなたが右にと言うなら、私は左に行こう。」（一三・八—九節）

ロトを育てたアブラムは、ロトに左に行くか、右に行くか、選ぶように言いました。アブラムの育ての親としての愛情と余裕を感じさせる文章です。同時に、エジプトから救い出してくださった主に信頼して、アブラムは、どこにいっても主が彼を守ってくれるという信頼が彼の中に芽生え始めたと考えてもよいと思います。すべてを主に任せようという思いになって、自分が目上であるのにもかかわらず、ロトに選ばせるという寛大さが生まれたのだと思います。

次の一〇—一三節は次のとおりです。

「一〇ロトがヨルダンの低地一帯を見回してみると、主がソドムとゴモラを滅ぼされる前であったので、その辺り一面は、主の園のように、またエジプトの地のように、ツォアルに至るまであまねく潤っていた。一一そこでロトは、ヨルダンの低地一帯を選び取った。ロトは東の方へと移って行き、こうして彼らは互いに別れた。一二アブラムはカナンの地に住み、ロトは低地の町に住んで、ソドムの近くに天幕を移した。一三ソドムの人々は主に対して、極めて邪悪で罪深かった。」（一三・一〇—一三）

エジプトにも住んだことがあるロトは、ヨルダン川流域の低地一帯が、主の園（エデンの園）（二・八）やエジプトのナイル川流域のように、緑豊かに潤っていたので、そちらを選んで、ソドムの近くに天幕を移しました（一〇—一二節）。一三節には、一言、「ソドムの人々は主に対して、極めて邪悪で罪深かった」とあります。これは、後の一九章のソドムの滅亡の物語への伏線となっています。目先の豊かさや得になる事を選ぶことが、かならずしも幸福につながることではないことを教えています。

ロトは目先の豊かさを基準に自分の道を選びました。一方、アブラムは、ロトが選択しなかった場所にとどまりました。そこは最初に主から約束された土地であるカナン地方でした。後にヘブロンまで行ったことが一八節でわかります（図6-2の⑥）。

人生における選択（一三章一〇—一一節）

ロトは、アブラムから自由に選択してもよいと言われた時、水で豊かに潤っていた緑の低地を選びました。こうして邪悪な住民が住むソドムにまで天幕を移していきました。しかし、この選択は後に、誤りであったことが二度にわたって示されました。一度目はシンアル（バビロン）の王たちが攻めてきたときに囚われてしまったときです（一四・一二）。二度目はソドム・ゴモラに神からの硫黄の火が下って滅ぼされたときです（一九章）。

一方、アブラムは結果的に、約束の地であるカナンの地に留まりました。

このようにロトは目先の物質的な豊かさを選んだために、苦難にあいました。一方、選択をロトに譲ったアブラムは神から約束された地に留まり祝福されました（一四―一七節）。新約聖書では、約束の地は天国です。天国に望みを託し、この世の栄華に惑わされないで留まる人間を神は祝福してくださいます。自分で取りにいかなくても、神は祝福して与えてくださるのです。「まず神の国と神の義とを求めなさい。そうすれば、これらのものはみな添えて与えられる」（マタイによる福音書六・三三）とあるとおりだと思います。

なお、ロトについては次のようなことも考えられます。アブラム夫婦には、まだ子がありませんでした。そこで「私はあなたの子孫にこの地を与える」（一二・七）という主の約束に出てくる「あなたの子孫」は、甥ロトの子孫のことかとアブラムは、一時は考えたかもしれません。そこでアブラムは、甥ロトを試すために、選ばせたのかも知れません。彼が、「いや、私はあなたと別れたくはありません。一緒について行きます」と言ったら、アブラムは、ロトが主の約束された子孫であると考えたかも知れません。しかし、ロトが自分から別れて、目先の豊かさや得になることを選ぶ人間であることを知りました。そこでアブラムは、ロトは主が約束した子孫ではないことを悟ったのではないでしょうか。

同じような話が後のルツ記に出てきます。イスラエルの女性ナオミは、イスラエルで飢饉が起こったので、夫と二人の息子とともにモアブに行きます。そこで二人の息子は、それぞれモアブ人の女性のオルパとルツをめとりました。その後、ナオミの夫も二人の息子も死んでしまいました。そこで、ナオミは二人のモアブ人の嫁に、それぞれの母の家に帰りなさい、と言いました。オルパはモアブ人の母のところに帰りましたが、ルツは、「あなたを見捨て、あなたに背を向けて帰るなど、そんなひどいことをさせないでください。あなたが行かれる所に私は行き、あなたがとどまる所に私はとどまります。あなたの民は私の民、あなたの神は私の神です」(ルツ記一・一六)と言って、ナオミとともにイスラエルに行きました。このルツのように、ロトも同じようにアブラムとずっと一緒にいる、という選択もできたと思いますが、ロトはそうはしませんでした。

ロトと別れカナン地方にとどまったアブラムに、主が言われました。「さあ、あなたは自分が今いる所から、北、南、東、西をに見回してみなさい。見渡す限りの地を、私はあなたとあなたの子孫に末永く与えよう。私はあなたの子孫を地の塵のように多くする」(一四―一六節)。

このカナンの土地をアブラムとその子孫に与えるという主の約束は、先に一二章七節にも出てきました。再びこの一三章で主はアブラムに約束します。今度は子孫を地の塵のように多くする、という約束も与えます。この約束は、この後も、一五章七節、一七章八節でも繰り返されます。この約束は、たとえばイスラエル王国のダビデ王とその子ソロモン王の時代(前一〇一〇―九二二年)に実現しました。しかし、それ以降は今に至るまで、いまだに実現されていません。もともと先住民がいる土地を与えるというのですから無理があります。新約聖書では約束の地は天国とされます。

6・5　王たちの戦いとロトの救出（一四章一―一六節）

この一四章の原資料は、これまでのヤハウェ資料、エロヒム資料、祭司資料には属さない独特なものとされます。諸説がありますが、関根正雄氏は、おそらく前一八―一九世紀の歴史的な背景をもとにした史料の抜き書きのようなものから取ったのではないか、と言います[9]。

一四章の一―四節は次のように始まります。

「[一]シンアルの王アムラフェル、エラサルの王アルヨク、エラムの王ケドルラオメル、ゴイムの王ティドアルの時代に、[二]これらの王は、ソドムの王ベラ、ゴモラの王ビルシャ、アドマの王シンアブ、ツェボイムの王シェムエベル、ベラすなわちツォアルの王と戦った。[三]これら五人の王が、そろってシディムの谷、すなわち塩の海に結集したからである。[四]十二年のあいだ、彼らはケドルラオメルに隷属していたが、十三年目になって反逆した。」（一四・一―四）

以上で見るように、確かに、ここまでの創世記の話の流れとは直接関係のない話が急に出てきて、何回読んでもわかりにくいところです。事実、一つの註解書は、「この章は、ここにしか見られない言葉や地名・人名が多く、また歴史的な背景も不明なところが多く、創世記の中でも最も難しいところの一つです。また軍事的なリーダーとしてのアブラムの取り扱いも創世記の他の章で描かれたアブラム（後にアブラハム）のイメージとは合わないところがあります」と、一四章の註釈の冒頭で述べています[10]（原文英語、日本語訳筆者）。

（9）『旧約聖書創世記』関根正雄訳、一七三頁。
（10）The New Interpreter's Bible Vol. 1. *Genesis*, p. 438.

一節に出てくる地名のうち、シンアルはメソポタミア、エラムは南西イランを指しますが、エラサルとゴイムは不明とのことです[11]。ここに書かれた王たちは歴史的に確定されていません。いずれにせよ、これらの王たちは、メソポタミア地方に住んでいました。

一方、カナン地方に住んでいたソドム、ゴモラをはじめとする五つの町の王たちは、一二年間、エラムの王ケドルラオメルに隷属していましたが、一三年目に反乱した、とあります（一四・四）。そこで、エラム族の王ケドルラオメルは、メソポタミア地方の他の三族の王と連合して、途中にいた諸部族（レファイム人、ズジム人、エミム人、フリ人、アマレク人、アモリ人）を蹴散らしながらカナン地方に攻め込んできました（五―七節）。そこで、カナン地方の五つの町の王たちは、シディムの谷で同盟を結んで、攻めて来るバビロンの四王に対抗して戦いました（八―九節）。しかし、カナン地方の五つの町の王たちは負け、ソドムとゴモラの王たちは、シディムの谷の至るところにあった天然のアスファルトの穴に落ち、他の王たちは山に逃げ込みました（一〇節）。なお、シディムの谷の場所は特定されていませんが、三節に「塩の海」とあるように、今の死海のあたりであろうと言われています。死海は、前一八世紀頃には、現在の広さよりもっと狭かったそうです。

バビロンの四王に対抗したカナン地方の五つの町の王たちは負けてしまい、ソドムとゴモラの町の人々や財産、食料はすべて奪い去られました（一一節）。

ここまでは、アブラムに全く関係のないバビロンの王たちとカナンの王たちの争いの記述であり、イスラエル民族以外の人が書いた記述をそのまま持ってきたのではないか、と言われます[12]。

続く一二―一三節で、ようやくアブラムの名前が次のように出てきます。

「一二彼らは、アブラムの甥ロトとその財産をも奪って行った。ロトはソドムに住んでいたのである。一三あ
るとき、逃げ延びた一人の男がヘブライ人アブラムのもとに来て、そのことを知らせた。アブラムはアモリ

人マムレの樫の木のそばに住んでいたが、マムレはエシュコルとアネルの兄弟で、彼らはアブラムと同盟を結んでいた。」（一四・一二―一三）

ここで「逃げ延びた一人の男」とは、おそらくアブラムとロトの関係を知っていた「ロトの家畜を飼う者たち」（一三・七）の一人である、と考えられます。また、「ヘブライ人アブラム」とありますが、「ヘブライ人」とは、「エベル（川向こうから来た）」から派生した言葉です。アブラムがユーフラテス川の向こうの（北部の）ウルからハランを経由して来たので（一一・四、図6-1参照）、地元のカナン地方の人たちは、アブラムを「ヘブライ人」と呼んでいたのであろうと推測されます。ですから、「ヘブライ人アブラム」という言い方は、この話のもとの資料が、イスラエル人以外の人々の間で伝承されていたものであることを示しています[13]。

同じ一三節に、「アブラムはアモリ人マムレの樫の木のそばに住んでいたが、マムレはエシュコルとアネルの兄弟で、彼らはアブラムと同盟を結んでいた」とあります。ロトと別れたアブラムは、一三章一八節で「ヘブロンにあるマムレの樫の木のところに来て住み、そこに主のための祭壇を築いた」のでした。ですから、創世記の編纂者（バビロン捕囚当時の祭司）は、このヤハウェ資料、祭司資料、エロヒム資料には属さない独特な史料からの物語を、一三章の次の一四章に持って来た、と考えられます。

アブラムは、住み着いたヘブロンにおいて、自衛のために、地元の兄弟たちであるマムレ、エシュコル、アネルと同盟を結びました。すでにアブラムは、地元の兄弟たちから一目置かれる存在になっていたこともわかります。

---

(11)『旧約聖書1　創世記』月本昭男訳、三九頁。
(12)『旧約聖書創世記』関根正雄訳、一七四頁。
(13) 同右。

一三節の説明が長くなりましたが、いずれにしても、アブラムは甥ロトが財産もろとも連れ去られたことを知ると、すぐに、「彼の家で生まれて訓練された三百十八人の従者を動員し、ダンまで追って」(一四節)行きました。この三一八人は、アブラムの家の召使や奴隷のうちの若い者で、いわば特殊部隊として、彼は日頃訓練していたのでしょう。このようにアブラムは、ここでは軍事的なリーダーとして描かれます。三一八人と具体的な数字をあげて描くので、リアリティが一挙に加わります。アブラムとこの三一八人の精鋭たちは、夜、分かれて敵を襲い、奪われたすべての財産や、ロトとその財産、女たちやそのほかの人々を取り戻しました(一六節)。夜襲とはいえ、カナン地方の五つの町の王たちを破ったバビロンの四人の王たちに対して、個人アブラムとその特殊部隊の三一八人と、近所の同盟を結んでいた三兄弟だけで、これだけの戦果を挙げることができたとは、驚きます。

一つの註解書は、創世記を編纂していたバビロン捕囚時代の祭司が、捕囚で意気消沈していた民に、自分たちの始祖アブラムが軍事的なリーダーとして、シンアル(=バビロン)の王らの連合軍を破ったという過去の栄光を思い出させて元気付けるためにこの話を挿入した、と書いています。(14)

6・6 メルキゼデクの祝福(一四章一七―二四節)

前述のように、この部分含めて一四章全体が、ヤハウェ資料、エロヒム資料、祭司資料のいずれにも属さない、独特な資料からだと考えられています。

まず、一七―二〇節は次のとおりです。

「一七アブラムが、ケドルラオメルと彼に味方する王たちを討ち破って帰って来たとき、ソドムの王は、シャべの谷、すなわち王の谷へ彼を出迎えにやってきた。
一八また、サレムの王メルキゼデクがパンとぶどう酒を持って来た。彼はいと高き神の祭司であった。一九
彼はアブラムを祝福して言った。
『天と地の造り主、いと高き神に
　アブラムは祝福されますように。
二〇敵をあなたの手に渡された
　いと高き神はたたえられますように。』
そこでアブラムはすべてのものの十分の一を彼に贈った。」（一四・一七―二〇）

一七節の「王の谷」とは、サムエル記にも出てきており（サムエル記下一八・一八）、エルサレムの南四キロメートルのところにありました。「シャベの谷」というのは、おそらく、原史料に出てきた名前で、それを編纂者が、イスラエル人によく知られた名前である「王の谷」と説明を加えたものです。[15]

一八節に出てくるサレムとは後のエルサレムのことで、その王メルキゼデクはそこに住んでいたカナン人たちの王でした。「メルキゼデク」とは、ヘブライ語で、「義の王（メルキ＝王、ゼデク＝義）」を意味します。そして彼が祭司として仕えていたカナン人の神「天と地の造り主、いと高き神」の「いと高き神」は、ヘブライ語で「エル・エリヨン（エル＝神、エリヨン＝最も高い）」です。この「エル・エリヨン」は、アブラム当時（前一八―一六世紀頃）にサレムに住んでいたカナン人たちの神の名でした。[16]そのエル・エリヨンをカナン人たちは、「天と地の造

(14)　The New Interpreter's Bible Vol. 1, p. 438.
(15)　Wenham, Word Biblical Commentary Genesis 1-15, p. 315.
(16)　『旧約聖書創世記』関根正雄訳、一七四頁。

り主」としていました。

サレムの王メルキゼデクは、政治的な王であると同時に、「いと高き神（エル・エリヨン）」の宗教的な祭司でもありました。つまり、祭政一致の王だったわけです。[17]

この「いと高き神（エル・エリヨン）」の祭司にして、サレムの王であるメルキゼデクは、バビロン地方の四人の王を撃ち破って凱旋したアブラムを「パンとぶどう酒」を持って歓迎しました。「パンとぶどう酒」は、疲れて凱旋したアブラムたちを元気づけるためであると同時に、サレムの神である「いと高き神」の祝福を与える儀式を行うためでもありました。[18] アブラムは、カナン人メルキゼデクによるサレムの神である「いと高き神（エル・エリヨン）」の祝福を感謝して受け、戦利品の十分の一を彼に贈りました（二〇節）。

この話は、後の十分の一税（英語でtithe）の根拠とされ、レビ記（二七・三〇）、申命記（一二・六）などで、ユダヤ教の祭司族であるレビ族をサポートするために、収入や収穫の十分の一を納めるように規定されています。新約聖書にはこのような明確な規定はありませんが、今日でも一部のキリスト教会では教会や聖職者をサポートするためにこの規定が継承されています。

次の二一―二四節は、アブラムとソドムの王のやりとりです。

「二一ソドムの王はアブラムに言った。『人は私に返し、財産はあなたがお取りください。』二二アブラムはソドムの王に言った。『私は天と地の造り主、いと高き神、主に手を上げて誓います。二三たとい糸一筋、履物のひも一本でも、あなたのものは何であれ、いただくことはしません。あなたが、『アブラムを富ませたのは、この私だ』とおっしゃらないようにするためです。二四私は何も要りません。ただ若者たちが食べたものと、私と一緒に出陣した人々の分は別です。アネルとエシュコルとマムレには彼らの分け前を取らせてください。』」（一四・二一―二四）

サレムの王メルキゼデクによるアブラムの祝福が終わったので、ソドムの王はアブラムの戦勝を祝う言葉を述べずに、いきなり戦利品の分割の話を始めます。ソドムの王は、彼に属する人々は彼に返すように言い、また得た戦利品の財産はアブラムに与えるというのです。これに対してアブラムは、人だけでなく、もともとソドムの人たちのものだった「たとい糸一筋、履物のひも一本でも、あなたのものは何であれ、いただくことはしません。あなたが、『アブラムを富ませたのは、この私だ』とおっしゃらないようにするためです。私は何も要りません。」と答えました。ソドムの王がどんな人間か知っていたアブラムは、彼の物的な世話にはならない、ときっぱりと言いました。

さらに続けて、「ただ若者たちが食べたものと、私と一緒に出陣した人々の分は別です。アネルとエシュコルとマムレには彼らの分け前を取らせてください。」と付け足しました。つまり、自分の分け前はいらないと言うのです。このアブラムの毅然とした態度は、彼が戦ったのは、自分の利益を増すためでなく、親戚であるロトとその家族を助けるためであることをはっきりさせます。併せて、彼の特殊部隊の三百十八名が食べた食料は返せないことと、彼と一緒に戦ってくれたマムレたち三兄弟については正当な分け前を与えて欲しいと要求します。このように、アブラムは軍事的に強いリーダーであると同時にフェアなリーダーであると、この資料では理想的に描かれます。

ここでもう一つ注目するのは、アブラムが「私は天と地の造り主、いと高き神、主に手を上げて誓います」と言っている点です。最初の「天と地の造り主」はヘブライ語で、天と地の所有者（コーネー）となっていて主（ヤ

（17）　同右および The New Interpreters Bible Vol. 1, p. 439.
（18）　The New Interpreters Bible Vol. 1, p. 440.

ハウェ）という言葉は出てきません。しかし、次の「いと高き神、主」は、ヘブライ語では「ヤハウェ・エル・エリヨン」となっています。つまりアブラムは、「エル・エリヨン（いと高き神）」は、彼が信じる神「ヤハウェ」であるとしていることが注目されます。この点については、後に「コラム8-17　神の名前について」で述べます。

カナン人の町であるサレムの王であり、かつ「天地の造り主、いと高き神」の祭司メルキゼデクが祭司として仕える神を、アブラムがこのように、彼の神、「主（ヤハウェ）」であるとしたことにより、メルキゼデクの名は、旧約聖書の中に定着しました。たとえば、詩編百十編四―五節に、「四主は誓い、悔いることはない。『あなたは、メルキゼデクに連なるとこしえの祭司』。五わが主はあなたの右に立ち、怒りの日に王たちを打つ。」と出てきます。この詩編百十編四―五節の言葉をもとに、新約聖書でもヘブライ人への手紙五章六節に、「あなたこそ永遠に、メルキゼデクに連なる祭司である」とあります。ここで、「あなた」とはキリストのことであると「ヘブライ人への手紙の著者（詳細は不明）は解釈しました。

ヘブライ人への手紙では、メルキゼデクの名は、さらに、たびたび出てきます。特に、手紙七章二―三節では、「メルキゼデクという名の意味は、第一に『義の王』、次に『サレムの王』、つまり『平和の王』です」と書きます。続けて「彼には父もなく、母もなく、系図もなく、また生涯の初めもなく、命の終わりもなく、神の子に似た者であって、永遠に祭司です」とします。このメルキゼデクの捉え方は、メルキゼデクという名が、モーセ五書（創世記、出エジプト記、レビ記、民数記、申命記）の中では、この創世記一四章一七―一八節にしか出てこないので、後のユダヤ教の教師であるラビたちの解釈の中で、このような捉え方が定着したそうです。[19]

コラム
6-8

カナン人の神である「いと高き神（エル・エリヨン）」に対するアブラムの態度

アブラムは、カナン人の町サレムの王であり、「いと高き神（エル・エリヨン）」の祭司であるメルキゼデクの祝福を、自分の神である主（ヤハウェ）の祝福だと解釈して、「わたしは、天地の造り主、いと高き神、主に手を上げてちかいます」と言いました。

キリスト教の宣教師が、異邦の地にいって、その地に昔からある宗教や神を無知蒙昧な土着民の迷信と排撃したことを、よく耳にします。そのような態度に比べると、ここで示されたアブラムの態度は注目に値いします。というのはそこには、それぞれの土地に昔からある宗教や神を「天地の造り主である神ヤハウェ」の一つの現れと見る見方があるからです。ある意味で、イスラエル人に現れた「ヤハウェ」という名の神も、世界各地で礼拝されている「天と地の造り主なる神」の名前の一つなのですから。

アブラムは、これによって、カナン人のサレムの王メルキゼデクやソドムの王たち、そして今住んでいるヘブロンの地のマムレたち三兄弟とも平和的に共存しました。

二一世紀の多様な宗教、民族が平和的な共存を図らなければならない時代に、多様な宗教や民族で神とされているものを、アブラムにならって、「天地の造り主である神」の別な現れ、と考えればよいわけで、見習わなければならない態度であると思います。

---

(19)　The New Interpreter's Bible Volume XII, p. 86.

コラム 6-9

共通の目的のために異なる民族の人たちと共に汗を流して働くこと

アブラムは、カナン地方に侵略したバビロンの王たちを、カナン人であるマムレたち三兄弟と共に撃ち破ることによって、ソドムの王の出迎えを受け、サレムの王メルキゼデクの祝福を受けました。これにより、アブラムがカナンの人々に受け入れられ、しばらくヘブロンの地に落ち着いて平和裏に住むことができたことがわかります。人々が一緒に平和的に共存するのは、つまり共生するのは、共通の目的のために一緒に汗を流して働くことにより達成される、と私は考えます。単に、「すべきである」との観念論だけでは共生はとても難しいと思います。地球上には、環境問題をはじめ多数の国や民族の民が、共通の目的のために一緒に汗を流して働かなければならない問題に満ちています。一緒に汗を流して働くことによってこそ、多数の民族や国家が平和的に共存、すなわち共生できるのではないでしょうか。

私自身も、全世界の人が互いに電話で直接話ができるようにするために、一九七七年から二〇〇〇年まで（私の三六歳から五九歳まで）の二三年間、スイスのジュネーブにある国際電気通信連合で携帯電話を含む通信の国際標準化の仕事に携わりました。このうち二〇年間は、作業部会や研究委員会の議長を勤めました。世界のどこからどこにでも電話ができるようにするという共通の目的のために、五〇ヶ国以上の人々と汗を流して一緒に働いたことを思い出します。友人もたくさんできて、本当に楽しい仕事でした。

コラム 6-10

一四章のもとになった原史料について

初めに述べたように、一四章の原史料については、ヤハウェ資料、祭司資料、エロヒム資料のいずれにも属さない、独特な史料だとされています。この独特な史料については、以下の二説があります[20]。

説一　前一八―一九世紀の歴史を記した史料からの抜粋

説二　後代のねつ造記事からの抜粋

関根正雄氏は、説一の史料をもとに、創世記の他の箇所がそうであるように、編纂者が原史料になるべく手を加えることなく、話の流れが一四章に収まるように適宜言葉を追加しながらまとめたのであろう、とします[21]。いずれにせよ、創世記の編纂者の編集方針は、ヤハウェ資料、エロヒム資料、祭司資料の扱いと同じく、原史料になるべく手を加えることなく、話の展開に合わせて取り入れていったのではないかと思います。この編集方針が、後の聖書文献学の発展に寄与したことは、すでに述べました。またこの編集方針が、創世記を含むモーセ五書の中に多様な考えが共存することを私たちに教えてくれます。この点は、再三述べているように、二一世紀の宇宙船「地球」号の上で、諸民族が平和的に共存しなければならない世界によい示唆を与えてくれるものだと思います。

（20）『旧約聖書創世記』関根正雄訳、一七三頁。
（21）同右。

第七章　アブラハム物語（その二）（創世記一五章—一七章）

神の呼びかけに応じて、父の家を出てカナン地方に移り住んだアブラムに、神は一二章で、最初の約束を与えました。一五章および一七章では、神はより具体的な契約という形で、アブラムに約束を与えます。その間の一六章に、妻サライとサライがアブラムに与えた女奴隷ハガルの話が入ります。

資料的には、この一五章で初めてエロヒム資料からの引用が始まります。

7・1 神がアブラムに与えた約束（一五章一―二一節）

資料的には、この一五章からエロヒム資料が、ヤハウェ資料と組み合わせて使われ始めます。ヤハウェ資料とエロヒム資料を切り分けることは困難だとされていますが、関根正雄氏は以下のように言います[1]。

「（ヤハウェ資料と祭司資料の）二つの資料の他にヤハウェ資料より二世紀ほど新しいもので『エロヒム資料』と称するものがある。これは創世記の一五章、すなわちアブラハムの叙述から始めて関与しヨシュア記に至る第三の資料である。エロヒム資料と言う名称はこの資料は祭司資料と同じくモーセ前の時代に神名ヤハウェを用いず、普通名詞の「神」（ヘブライ語で『エロヒム』）をやや固有名詞的に用いているところから来る。近年ヤハウェ資料に対してエロヒム資料の独自性を疑う学者もあるが、やはりエロヒム資料の資料としての存在を認めることが妥当であると考えられる。」

ということで、本書では、『旧約聖書創世記』関根正雄訳による原資料の区分に従い、読んでいきたいと思います。

一五章は、まず一節の次の言葉で始まります。

「これらのことの後、主の言葉が幻の中でアブラムに臨んだ。『恐れるな、アブラムよ。私はあなたの盾で

ある。あなたの受ける報いは非常に大きい。』」（一五・一）

関根正雄氏は、このうち「幻の中で」と「あなたの受ける報いは非常に大きい」をエロヒム資料とし、他はヤハウェ資料であるとします。その理由として、エロヒム資料では、神がアブラムに語りかけるのは、「幻の中で」（一五・一）とか、「夢の中で」（二〇・三）とか、「主の使い」（二一・一〇）を通してだからとします。これに対して、ヤハウェ資料では、主は直接アブラムに語りかけます（一二・一、一五・七、一八・一〇など）。

しかし、「あなたの受ける報いは非常に大きい」がなぜエロヒム資料なのか、『旧約聖書創世記』関根正雄訳には説明がありません。しかし、よく考えるとエロヒム資料が「報い」としているものは、後の六節に出てくるように、「神に義とされること」という信仰的なものを指しています。ヤハウェ資料では、神の与える「報い」は、カナンの土地という具体的なものです（一二・七、一五・七）。このように考えると、一五章一節の「あなたの受ける報いは非常に大きい」をエロヒム資料によると見る関根正雄氏の解釈は納得できます。

二節は、全部がエロヒム資料であるとされ、次のとおりです。

「アブラムは言った。『主なる神よ、私に何を下さるというのですか。私には子どもがいませんのに。家の後継ぎはダマスコのエリエゼルです。』」（一五・二）

これがなぜエロヒム資料とされるのか『旧約聖書創世記』関根正雄訳には説明がなく、素人の私にはわかりません。二節および六節（エロヒム資料）の「主なる神よ」の主（ヤハウェ）という言葉については、「エロヒム資料がヤハウェ資料と一緒にされた後で二次的に変えられたものであろう」と関根正雄氏は言います。[2] やはりエロヒ

（１）『旧約聖書創世記』関根正雄訳、二一八頁。
（２）同右一七五頁。

ム資料とヤハウェ資料は相当入り組んで使われているようで、そのあたりも素人の私にはよくわかりません。

内容的には、一節の「これらのことの後で」とは、前の一四章のアブラムの遠征と勝利、そしてメルキゼデクの祝福を受けたことを指しています。アブラムは一四章で、物質的な報酬を断りました。この一五章で、主はアブラムに「わたしはあなたの盾である。あなたの受ける報いは非常に大きいであろう」と、主が盾となってアブラムを守ること、そして報いを約束します。

これに対して、二節でアブラムは、たとえ「報い」を受けてもそれを継ぐ子供がいないことを嘆き、家を継ぐのはダマスコのエリエゼルです、と答えました。子がいない時に、家の財産を家の僕が継ぐことは、当時の習慣でした。[3] アブラムのこの答は、以前に与えられた「あなたの子孫にこの土地を与える」（一二・七）、および「あなたの子孫を大地の砂粒のようにする」（一三・一六）という神の約束に対するアブラムの期待の大きさと、それがまだ実現していないことに対する不安と不満を表しているのでしょう。

続いて三―四節はヤハウェ資料とされ、次のとおりです。

「[三]アブラムは続けて言った。『あなたは私に子孫を与えてくださいませんでした。ですから家の僕が跡を継ぐのです。』[四]すると、主の言葉が彼に臨んだ。『その者があなたの跡を継ぐのではなく、あなた自身から生まれる者が跡を継ぐ。』」（一五・三―四）

三節は内容的には二節の繰り返しです。四節では主は、アブラムに子どもが与えられることを約束します。ヤハウェ資料では、主からアブラムへの約束は、これまではカナンの土地を与えることが中心テーマでしたが、以降は子どもを与えることが中心のテーマになります。

次の五―六節は再びエロヒム資料です。

「[五]主はアブラムを外に連れ出して言われた。『天を見上げて、星を数えることができるなら、数えてみなさい。』そして言われた。『あなたの子孫はこのようになる。』六アブラムは主を信じた。主はそれを彼の義と認めた。」（一五・五―六）

この五―六節のエロヒム資料としての特徴は、まず「天を見上げて、星の数を数えることができるなら数えてみなさい」と神の創造物の壮大さを示しながら、あなたの子孫もこのようになる、と言っているところです。ヤハウェ資料では、「主はアブラムに現れて言われた。『私はあなたの子孫にこの地を与える』」（一二・七）と、主はアブラムに直接的にその報酬を言うだけでした。さらに前には、「私はあなたの子孫を地の塵のように多くする」（一三・一六　ヤハウェ資料）だったのですが、エロヒム資料だとされるこの箇所では、「天の星のようになる」（一五・五）となります。地の塵は、風に吹き飛ばされたりして不安定ですが、天の星の方は安定していて美しいという意味では、よりよいたとえだと思います。

エロヒム資料のもう一つの特徴は、六節の「アブラムは主を信じた。主はそれを彼の義と認められた」（一五・六）という文章に表れています。ここで「信じる（ヘブライ語アーメン）」という言葉が初めて出てきます。「信じた」というのは、神の言葉を真として疑わないことです。[4] また「義」というのは、神との関係で正しいとされることです。単に人間同士の間の道徳的な正しさではなく、神に受け入れられるということです。つまり神の呼びかけに対する人間の側の応答、言い換えれば、人間の側の心の態度をエロヒム資料は問題にしています。関根正雄氏は次のように言います。[5]

「ヤハウェ資料がいわば神からのみ人間を見ているのに対し、エロヒム資料は人間の側をもそれ自身として

---

(3)　同右。
(4)　同右。
(5)　同右二二九頁。

問題にする。『信じる』という言葉がこの資料においてはじめてあらわれるのはその間の事情を物語る。」

アブラムが具体的に何を信じたかというと、アブラムは、長い間妻サラが不妊でほぼあきらめていた子を持つという望みについて、神が言った「あなたの子孫は、天の星のように数多くなる」という言葉を本当であるとして疑わないことにした、ということでした。さらに「義とした」というのは、アブラムが本当に主の言葉を疑わず、「アブラムが主を信じた」ことを神が知ったので、神が彼を受け入れたということです。

しかし、アブラムはまだ神が本当になさろうとしていることを理解していませんでした。ですから、次の一六章で妻サラから、彼女の女奴隷ハガルとともに寝ることで子を得るように、と言われると、それを受け入れました。しかし神の計画は、そのようなものではなかったことが、一七章および二一章で明らかになります。すなわち、すでに年をとった高齢の妻サラから約束の子イサクが産まれることを一七章で告げられ、二一章でそれが実現することになるのです。この間、アブラムは忍耐をして主の言葉の実現を「望みえないのに望みを抱いて信じ」（ローマの信徒への手紙四・一八）て待つという信仰を学ばされました。

「アブラムは主を信じた。主はそれを彼の義と認められた」というエロヒム資料の言葉は、後に多くの人にインスピレーションを与えました。たとえば新約聖書に出てくる使徒パウロは、信仰とは何かを、この言葉をもとに、次のように説明しました。

「[一九]（アブラハムは）およそ百歳となって、自分の体がすでに死んだも同然であり、サラの胎も死んでいることを知りながらも、その信仰は弱まりませんでした。[二〇]彼は不信仰に陥って神の約束を疑うようなことはせず、むしろ信仰によって強められ、神を賛美しました。[二一]神は約束したことを実現させる力もお持ちの方だと確信していたのです。[二二]だからまた、『それが彼の義と認められた』のです」（ローマの信徒への手紙四・一九―二二）。

さらに使徒パウロの言葉を通して、宗教改革者であるルターやカルヴァンに影響を与えました。その要点は、主を信じることだけで（信仰のみで）、主はその人を義と認めてくださるということです。どこかの民族に属しているとか、なんらかの儀式を受けたというような前提条件は一切なしで、信じるだけで神は人を義としてくださるということです。

次に進みます。七節から一一節まではヤハウェ資料です。

「七主は言われた。『私はこの地をあなたに与えて、それを継がせるために、あなたをカルデアのウルから連れ出した主である。』八アブラムは尋ねた。『主なる神よ。私がそれを継ぐことをどのように知ることができるでしょうか。』」（一五・七―八）

まず七節で、主はアブラムに、この地、すなわちカナンの地を与えて、それを継がせると約束します。さらに、それはあなたが一つ前の宿営地ハランにいた時でなく、その前にいたカルデアのウルにいた時からの計画であった、と言いました。つまり、アブラムの父テラが最終目的地をカナンとしてアブラムなどを連れて出発したのも主の導きだった、ということになります。

八節の「私がそれを継ぐことをどのように知ることができるでしょうか」というアブラムの問いに対して、主は古代において契約を結ぶ場合の儀式の準備をするようにアブラムに命令します。すなわち、アブラムは、三歳の雌牛と、三歳の雌山羊と、三歳の雄羊と、山鳩と、鳩の雛とを持ってきて、真っ二つに切り裂き、それぞれを互いに向かい合わせて置きました（九―一〇節）。これは、契約を結ぶ時に、契約の当事者たちが二つに切り裂かれて向かい合わせに置かれた動物の間を通って、もし契約を破ったならば、このように二つに裂かれてもよいということを表しました。契約を破ったら、主でさえも真っ二つに裂かれるというのは大変擬人的ですが、ここはヤハウェ資料なので、主は擬人化されています。一〇節後半に「ただ、鳥は切り裂かなかった」とあるのは、レビ記一章一七節にある鳥を燔祭（焼き尽くす献げ物）にする場合の規定である「祭司は、これを裂き切らずに、祭壇の燃えている薪の上で煙にする」に従ったからとされます[6]。

続く一二節から一六節までは、次のとおりです。

「一二日が沈みかけた頃、アブラムは深い眠りに落ち、恐怖と深い闇が彼を襲った。一三主はアブラムに言わ
れた。『あなたはこのことをよく覚えておきなさい。あなたの子孫は、異国の地で寄留者となり、四百年の
間、奴隷として仕え、苦しめられる。一四しかし、あなたの子孫を奴隷にするその国民を、私は裁く。その後、
彼らは多くの財産を携えてそこから出て来る。一五あなた自身は良き晩年を迎えて葬られ、安らかに先祖の
もとに行く。一六それまでは、アモリ人の悪が極みに達していないからである。』」（一五・一二―一六）

ここで一二節の前半の「日が沈みかけた頃、アブラムは深い眠りに落ち」はヤハウェ資料であるとされますが[7]、その理由は筆者にはわかりませんでした。残りの一二節後半から一六節まではエロヒム資料です[8]。それは、「恐怖と深い闇」は、エロヒム資料がよく使う独特な劇的な表現だからです。続いて、「あなたの子孫は、異国の地で寄留者となり、四百年の間、奴隷として仕え、苦しめられる。しかし、あなたの子孫を奴隷にするその国民を、私は裁く。その後、彼らは多くの財産を携えてそこから出て来る」（一三―一四節）という、きわめて厳しい内容が伝えられます。この話は、十六節に続き、「そして、四代目の者たちがここに戻ってくる。それまではアモリ人の悪が極みに達していないからである」と言います。これは明らかに、イスラエル民族がエジプトに行って奴隷となり、その後出エジプトをしてカナンの地に帰ってくることを事後預言の形で述べたものです。出エジプトは、前十三世紀の出来事ですから、エロヒム資料が書かれた前八世紀にはもちろん著者のエロヒストは出エジプトのことを知っていました。その意味で、事後預言ということになります。

「四百年の間、奴隷として仕え」に関連して、出エジプト記には、「イスラエルの人々が、エジプトに住んでい

た期間は四百三十年であった」（出エジプト記一二・四〇）という記述があります。イスラエル人たちが最初にエジプトに移住した時には、まだイスラエル人ヨセフがエジプトの宰相であったので、宰相ヨセフが仕えた王（ファラオ）の時代（約三〇年間と考えられます）は、奴隷ではありませんでした。その後、「ヨセフを知らない新しい王がエジプトに立ち」（出エジプト記一・八）、エジプトにいたイスラエル人たちは、奴隷になりました。これにより、出エジプト記には、「エジプトに住んでいた期間は四百三十年であった」と書かれる一方、創世記には、「あなたの子孫は異国の地で寄留者となり、四百年の間奴隷として仕え、苦しめられる」（創世記一五・一三）と書かれている理由が理解できます。

なお「アモリ人」はカナンの原住民で、ヤハウェ資料はこれを「カナン人」といい、エロヒム資料は、「アモリ人」といいます(9)。

神は以上のように、アブラムに「あなたの子孫は、異国の地で寄留者となり、四百年の間、奴隷として仕え、苦しめられる。」（一五・一三）と厳しい言葉を伝えましたが、アブラム自身については、「あなた自身は良き晩年を迎えて葬られ、安らかに先祖のもとに行く」（一五節）とよい知らせを伝えました。

次の一七―一八節は再びヤハウェ資料です。

「一七日が沈み、暗くなった頃、煙を吐く炉と燃える松明がこれらの裂かれた動物の間を通り過ぎた。一八こ
うしてその日、主はアブラムと契約を結んで言われた。『あなたの子孫にこの地を与える。エジプトの川か

(6) Wenham, Word Biblical Commentary Genesis 1–15, p. 331.
(7)『旧約聖書創世記』関根正雄訳、一七五頁。
(8) 同右。
(9) 同右。

らあの大河ユーフラテスに至るまでの、』」（一五・一七―一八節）

ここで、「煙を吐く炉」は、主がシナイ山に降った時に全山が煙に包まれたこと（出エジプト記一九・一八）からくる、主の象徴です。また「燃える松明」も光を表すので、初めに光を創造された（創世記一・三）主を象徴しています。[10] 主が裂かれた動物の間を通ったことは、主が契約の当事者となったことを示します。「こうしてその日、主はアブラムと契約を結んで言われた」とあります。つまりヤハウェ資料は、儀式を伴う契約という法律用語を使って、神が「この地を与える」という約束をしたことを確認しています。一方、エロヒム資料では、神が与えた言葉をアブラムが信じれば、つまり、その言葉は必ず実現すると疑わなければ、それでアブラムを義としました（一五・六）。

その上で、主はアブラムに対して契約の内容を「あなたの子孫にこの土地を与える。エジプトの川からあの大河ユーフラテスに至るまで」（一五・一八）と述べました。この一八節もヤハウェ資料なので、カナンの地をアブラムの子孫に与える、という契約が繰り返されます。ここでエジプトの川というのはナイル川ではなくて、カナンとエジプトの境にある川（今のワディ・エル・ガリーシュ）を指します。[11] 主は契約の当事者として裂かれた動物の間を通ったとありますが、アブラムは通りません。ということで、この契約は主がアブラムに与えた一方的な契約（片務契約）であるとされています。

なお、一九―二一節は、『旧約聖書創世記』関根正雄訳では後の付加とされますが、[12] 別の注釈書では、ここもヤハウェ資料とされます。この注釈書は、ここに出て来る民の名前は、イスラエルが定着前にカナンに住んでいた民の名前のリストで、ヤハウェ資料以前の古い史料に基づくものをヤハウィストがここに取り入れたのではないか、とします。[13] というのは、ヤハウェ資料が成立した前一〇世紀にはもうカナンに住んでいたペリシテ人、モアブ人がリストに入っていないからです。

コラム 7-1

「それまでは、アモリ人の悪が極みに達していないからである」（一五章一六節）について

この一五章一六節の記述について、次の二つの補足及び感想を述べます。

一つ目は、ヤハウェ資料がカナンの原住民として多数をリストで示しているのに対して、エロヒム資料はアモリ人といっている、と関根正雄氏はいいます[14]。エロヒム資料は、カナンの原住民としてアモリ人を挙げただけで十分と考えたのだと思います。

二つ目は、一六節を言い換えれば、神がアブラムの子孫に、多くの先住民が住んでいる土地を与えるのは、アモリ人に代表される先住民たちの悪が極みに達してからだ、と言っていると解釈してよいとます。先住民たちの中にも善良な人間は少しはいたでしょうから、そのような時はいつ来るのでしょうか。というのは、後に一八章で、アブラハムが、ソドムの町を滅ぼそうとした主に執り成して、「ソドムに五十人の正しい者がいても滅ぼそうとするのですか」と問い、主から「その者たちのために町全部を赦そう」という答えを引き出します。アブラハムはさらに続けて、四十五人、四十人、三十人、二十人、十人と人数を減らしていきますが、主は最終的に、「その十人のために私は滅ぼさな

(10) 同右。
(11) 『旧約聖書創世記』関根正雄訳、一七六頁。
(12) 同右一七五頁。
(13) Wenham, Word Biblical Commentary Genesis 1–15, p. 332.
(14) 『旧約聖書創世記』関根正雄訳、一七五頁。

い」と言いました（一八章二二―三三節）。罪が蔓延していたソドムの町でさえ、正しい人が一〇人いれば、滅ぼさないと言われた主です。先住民の中にも一〇人でも正しい人がいる限りは、なかなか「悪が極みに達する」時は来ないのではないでしょうか。

そういう場合、考えられるのは、イスラエルの民と先住民が平和的に共存する方法を探すことしかないのではないでしょうか。先住民族がたくさん住んでいたカナンの地をアブラムとその子孫に与える、という主の約束をそのまま受けとめるとすれば、それはこの土地を占有させるという意味ではなく、主なる神について先住民に宣べ伝えるという意味ではないでしょうか。つまり、主なる神がアブラムとその子孫を選んで、ご自身を明かされたのだから、彼らには、「地上のすべての氏族は、あなたによって祝福される」（一二・三）と主が言われたとおり、自分たちに明らかにされた神であるヤハウェについて先住民に宣べ伝えるという使命を与えられた、と解釈するしかないのではないのでしょうか。そうすれば、彼らを通して、地上の諸民族が主を知り、それぞれの言葉で主を、ちょうど五旬節の時のように（使徒言行録二・六）、讃える時代が来て、諸民族が平和的に共存する、そのようなことを主は望まれた、と私は読みたいと思います。

なおキリスト教、イスラム教では約束の地は天国ですから、このような土地に関する問題はないはずです。しかし残念ながら実際には、キリスト教国といわれる国の間にも土地（領土）についての問題は絶えません。これはイエス・キリストや使徒パウロが語った精神によってキリスト教国といわれる国の人々が行動していないからだと思います。イエスやパウロが語った言葉をそのまま信じて、それに基づいて行動する人々はいつの世でも少数者です。ここでイエスの語った言葉とは、たとえば「あなたがたも聞いているとおり、『隣人を愛し、敵を憎め』と言われている。しかし、私は言っておく。敵を愛し、迫害する者のために祈りなさい」（マタイによる福音書五・四三）です。使徒パウロが語った言葉とは、たとえば「あなたの敵が飢えていたら食べさせ、渇いていたら飲ませよ。そうすれば燃える炭火を彼の頭に積むことになる。悪に負けることなく、善をもって悪に勝ちなさい」（ローマの信徒への手紙一二・二〇―二一）です。

イエスやパウロのこのような言葉を実行できる力は、私たちの約束の地は天国にあって、現実の地上の土地の所有や占有を第一義とは考えない、という信仰から出る、と私は考えます。

コラム 7-2

ヤハウェ資料とエロヒム資料の約束の違い

一五章に出てきたヤハウェ資料の特徴は、神が与える約束を「契約（ヘブライ語で「ベリート」）」という法律的な言葉で捉え、裂かれた動物の間を通るという儀式によって、その契約を形式的に確定しようとしていることです。

一方、エロヒム資料では、神が「あなたの子孫は天の星のようになる」という約束をアブラムに与え、その約束を真実であるとアブラムは疑いませんでした。この事情をエロヒストは、「アブラムは主を信じた。主はそれを彼の義と認められた」（一五・六）と書きます。アブラムが主を信じれば、主なる神はアブラムを義と認めました。つまり、神が与えた約束を人間が信じれば、それで十分で、契約を締結する儀式は不要ということになります。このようにエロヒム資料は、神の約束に対する人間の側の態度を問題にしています。

個々の節がヤハウェ資料、エロヒム資料のいずれに属するかという問題よりも、神の約束の言葉を儀式を伴う契約と言う形で確定するか、信仰だけで十分とするかという点で、ヤハウェ資料とエロヒム資料には違いがあると私は考えます。さらにヤハウェ資料で主がアブラムに与えた契約の内容は、カナンの土地を子孫に与えるという具体的な、目に見えるものでした。一方、エロヒム資料で神がアブラムに与えた約束は、神がアブラムを「義」と認めることでした。つまり、ヤハウェ資料で神がアブラムに与えると約束したものは、この世的な具体的な土地という所有物でした。そういう意味で、ヤハウェ資料の宗教は、ご利益宗教的な色彩が濃いといえなくもありません。一方、エロヒム資料は、神がアブラムに与えた報酬は、アブラムを「義」と認めて、彼を受け入れることでした。それによりアブラムには神に対する「信仰」が生まれ、「信仰」により「心の平安」や「安心」が得られ、さらには「将来への希望」という目に見えない精神的なものが約束されました。このように読むと、エロヒム資料の方が、より新約聖書の信仰に近いように、私には思われます。

7・2　ハガル（一六章一—一六節）

資料的には、一六章はヤハウェ資料がもとになっています。このもとの話を、これまでの話の流れの中に位置づけるために、編纂した祭司が、一節前半および三節を加えて物語としての枠組みを作っているので、その部分が祭司資料になります[15]。

一節前半の「アブラムの妻サライには、子どもが生まれなかった」というのが祭司資料です。この一節前半の祭司資料は、次に続く物語の背景を語るものです。

おそらくアブラムは妻サライに、「あなたの子孫にこの地を与える」（一二・七）、「あなたの子孫を地の塵のように多くする」（一三・一六）、「あなたの子孫はこのようになる」（一五・五）と語った神の言葉を伝えていたのだと思います。それを聞いていた妻サライは、自分に子どもが与えられないことが、とても辛かったに違いありません。そこで妻サライは一計を案じました。二―三節に次のようにあります（二節はヤハウェ資料、三節は祭司資料です）。

「二サライはアブラムに言った。『主は私に子どもを授けてくださいません。どうか私の女奴隷のところに入ってください。そうすれば私は彼女によって子どもを持つことができるかもしれません。』アブラムはサライの願いを聞き入れた。三そこでアブラムの妻サライは、エジプト人の女奴隷ハガルを連れて来て、夫アブラムに妻として差し出した。アブラムがカナンの地に住んで十年が過ぎた頃のことであった。」（一六・二―三）

女奴隷ハガルが、それこそ子どもを産む道具として差し出されています。ハガルは、アブラムたちが飢饉のためエジプトに移った時に、ファラオから与えられた男女の奴隷（一二・一六）の一人であったと考えられます。三節後半の「アブラムがカナンの地に住んで十年が過ぎた頃のことであった」というのは、祭司資料で、このことが起きたのはいつであるかを祭司資料らしく、きちんと記録します。アブラムが主の呼びかけに応じてハランを出てカナン地方に旅立ったのは七五歳の時でしたから（一二・四）、それからすでに一〇年経ってアブラムは八五歳になってましたが、まだ子どもが与えられませんでした。

妻に子どもが与えられない場合の古代オリエントの法習慣として、『旧約聖書創世記』関根正雄訳は、妻は夫

---

(15)　『旧約聖書創世記』関根正雄訳、一七六頁。

に側妻を与えねばなりませんが、生まれた子を妻が自分の膝の上におけば、その子は法的には、側妻ではなく、妻の子となった、とする文献を注釈であげます[16]。これに対して、月本昭男氏は、関根正雄氏の注釈の根拠となった文献を点検した上で、「子どものない夫妻に買い取られた娘を夫の『妻』、妻の『仕え女』とする」と明記するアッカド語の契約文書をあげるべきであろう」、とします[17]。

いずれにせよ、妻サライは人間としてできるだけのことをしてアブラムに神が与えた約束を成就するのを手伝おうとして、自分の女奴隷ハガルをアブラムに与えたのだと思います。神の計画の成就には、そのために行動する人間を必要とします。ですから、サライは、彼女なりに主の器としての役目を果たしたかったのだろうと思います。それにしても、かわいそうなサライよ。そしてその道具として使われた、かわいそうなハガルよ。人生は、多くの人を悲惨な状況に追い込みながら展開するようです。

これまで一三章から一五章までは、物語の主題は子孫に与えられる対象となる土地でしたが、一六章以降、二一章まではその土地を受け継ぐ子に主題が移ります。

こうして妊娠したハガルは、「身ごもったのが分かると、彼女は女主人を見下した」とあります（四節）。女にとって妊娠して子供を産むことが大切なつとめであった当時、このハガルの態度も想像がつきます。同時に、夫に与えた女奴隷であるハガルがすぐに妊娠したことについての、不妊のサライの悲しみ、苦悩、さらに嫉妬も理解できます。サライは夫アブラムに、「あなたのせいで私はひどい目に遭いました。あなたに女奴隷を差し出したのはこの私ですのに、彼女は身ごもったのが分かると、私を見下すようになりました。主が私とあなたとの間を裁かれますように」（五節）と言いました。

妻サライは、一族を治める立場にある族長としての夫アブラムがハガルに対して、女主人を見下すことをせず、尊敬の念をもってふるまうようにと、きちんと注意することを期待して、この言葉を発したのではないでしょうか。

しかし次の六節は次のとおりです。

「アブラムはサライに言った。『女奴隷はあなたのものだ。好きなようにするがよい。』サライは彼女につらく当たったので、彼女はサライの前から逃げて行った。」（一六・六）

これは族長としては、無責任な答えです。創世記では、このアブラムの答えについて何のコメントもありません。しかし、ユダヤ教やキリスト教の註解書は、このアブラムの態度にきわめて批判的です。

コラム 7-3

サライの苦情に対するアブラムの態度

アブラムにより妊娠した後、女奴隷ハガルは、妻サライを見下すようになりました。その結果、サライがアブラムに苦情を言いました。その苦情に対してアブラムは、「女奴隷はあなたのものだ。好きなようにするがよい」（六節）と答えました。

このアブラムの答えは、族長として一族を統率する立場にあるアブラムとしては無責任ではないでしょうか。それに「女奴隷は」と言って、ハガルの名前も言わないのは、やはりアブラムも当時の人間として、奴隷に人格を認めておらず、単なる道具としか見ていないからのようです。アブラムはま

(16) 同右。
(17) 月本昭男「聖書は読者の価値観を映し出す—新共同訳から共同訳へ」『福音と世界』二〇一九年七月号、特集「聖書聖書協会共同訳を読む」所収、一〇頁。

ずハガルに対して女主人サライを尊重するように厳しく言い、妻サライに対しても自分の後継ぎとなる子を妊娠したハガルをなんとか受け入れて優しく接するように言う、というようなことをすべきだったと思います。というのも、アブラムには、「地上の氏族はすべてあなたによって祝福に入る」(一二・三)という、すべての人に祝福を与える権威と義務が神によって与えられているのですから、それだけの責任を感じるべきでした。

英語の註解書 The New Interpreter's Bible も次のように書きます[18](原文英語、日本語訳筆者)。

「この話は族長制(patriarchal system)の中で起こった家庭問題(family problem)なのだから、直接かかわっている男性が特に非難されるべきである。(the males involved deserve special blame)」

The males と一般的に複数で書かれていますが、ここではアブラムを指していることは明らかです。このアブラムの態度については、ユダヤ教のラビであるサックス氏も著書で、この箇所について、次のように言います[19](原文英語、日本語訳筆者)。

「この部分は、不思議な記述で三人の登場人物の態度は、それぞれほめられたものではない。(This is a strange passage that portrays all three protagonists in a less-than-good light.)ハガルは人を尊敬しないし(disrespectful)、サラはぶつぶつ文句を言い(querulous)、アブラムは無関心である(indifferent)。」

さらに続けて、次のようにサックス氏は言います(原文英語、日本語訳筆者)。

「ユダヤ教の伝統的な註解者たちもすべて、始祖アブラハムおよびその妻サラのハガルに対するこの態度については、否定的(negative)であって、そのために、神がハガルの苦難の声を聞いて彼女に男子を授け、その後、アブラハムとサラの子孫に対してあらゆる種類の苦難を引き起こすに至った。」

このようにアブラハムを、イスラエル民族の始祖であっても、すべてにおいて立派な人物とは書かないで、時には批判されるべき面をもつ一人の人間として冷静に記述する創世記の書き方は、注目すべきだと思います。新約聖書にも、「誇る者は主を誇れ」（コリントの信徒への手紙一　一・三一）と書いてあります。このように旧約聖書も新約聖書も、人間を神格化することはしません。主だけが聖なるもので誇りにすることができると考えているからであり、その結果として民族的にはどんな英雄でもよい点と批判すべき点を率直に書けることができるのだと思います。

次の七—九節は次のとおりです。

「七すると、主の使いが荒れ野にある泉のほとり、シュルへの道沿いにある泉のほとりで彼女を見つけ、八
尋ねた。『サライの女奴隷ハガル。あなたはどこから来て、どこへ行こうとしているのか。』彼女が、『私は
女主人サライの前から逃げているところです』と答えると、九主の使いは言った。『女主人のもとに戻り、
そのもとでへりくだって仕えなさい。』」（一六・七—九）

女主人サライのもとから逃げだしたハガルは、故郷エジプトに通じる道であるシュル街道を歩き出しました。途中、泉のほとりで休んでいたハガルに、主の使いが現れて、「サライの女奴隷ハガル。あなたはどこから来て、どこへ行こうとしているのか」（八節）と聞きます。この「どこから来て、どこへ行こうとしているのか」という

(18) The New Interpreter's Bible Volume 1, p. 451.
(19) Rabbi Jonathan Sacks, p. 91.

質問は、私たちにとっても基本的な問いです。私たちもこの質問にいつでも答えられるようにしたいものです。ハガルは、「私は女主人サライの前から逃げているところです」（八節）と答えました。どこから来たかは答えましたが、どこへ行くのかは答えていません。ハガルは実際、どこに行くあてもなく、ともかく辛く当たってきた女主人のもとから逃げだしただけだったのですから、答えられなかったのは当然で、とりあえず故郷エジプトに通じる道であるシュル街道をあてどもなく歩き出したのだと思います。

このハガルに対して、主の使いは、「女主人のもとに戻り、そのもとでへりくだって仕えなさい」（九節）と言いました。そして、「私は、あなたの子孫を大いに増やす。それはあまりに多くて数えきれないほどになる」（一〇節）とハガルを力づけました。主の使いはさらに続けて「あなたは身ごもっており、やがて男の子を産む。その子をイシュマエルと名付けなさい。主があなたの苦しみを聞かれたからである」（一一節）と言いました。イシュマエルという言葉の意味は、「神（エル）は聞きたもう（シャーマー）」です。神がハガルの苦しみの声を聞いたことをハガルに伝え、主がいつでも聞いていてくださることをハガルが生涯忘れないために、その子に神が付けた名前だと思います。ハガルが、わが子イシュマエルの名前を呼ぶたびに、「神が聞きたもう」ていることを思い出すようにされたのだと思います。女主人に子を産む道具として利用された上に、いじめられた女奴隷ハガルの苦しみを、神が見て憐れまれたことがよくわかります。主は、弱い者、虐げられている者の苦しみをよく見ておられ、その声を聞いてくださっているのです。

続いて、主の使いは、「彼は野ろばのような人となり、その手はすべての者に逆らい、すべての者の手は彼に逆らう。彼はすべての兄弟と対立して、暮らすようになる」（一二節）と言いました。後に二五章一八節に、「イシュマエルの子孫は、エジプトに近いシュルに接したハビラからアシュル方面に向かう道筋に沿って宿営し、互いに敵対しつつ生活していた」とある記事を先取りして書いたものと、推測されます。

次の一三―一六節は次のとおりです。

「一三ハガルは、自分に語りかけた主の名を、『あなたはエル・ロイです』と呼んだ。『私はここでも、私を見守る方の後姿を見たのでしょうか』と言ったからである。一四そこでその井戸は、ベエル・ラハイ・ロイと呼ばれるようになった。それはカデシュとベレドの間にある。一五ハガルはアブラムに男の子を産み、アブラムはハガルが産んだ男の子をイシュマエルと名付けた。一六ハガルがイシュマエルを産んだとき、アブラムは八十六歳であった。」（一六・一三―一六）

ハガルの話に戻ります。「ハガルは、自分に語りかけた主の名を、『あなたはエル・ロイです』と呼んだ」（一三節前半）とあります。「エル・ロイ」というのは、ヘブライ語で「私を見守る神」という意味です。ハガルは自分に語りかけた主を「あなたはエル・ロイです」といって、主が彼女を見守ってくださっていたことを実感したのです。主がハガルの苦しみの一部始終を見守っていてくださったことを知って、ハガルはどんなに安心し、感謝したことでしょう。神のやさしさの本質は、苦難にある人、虐げられた人によって、よりよく理解されるのでしょう。一三節後半には、『私はここでも、私を見守る方の後ろ姿を見たのでしょうか』と言ったからである」とあります。ハガルは彼女を見守る主の後姿を見た、つまり実感したということだと思います。主が彼女を見守ると同時に、彼女も主の後姿を見ることができたと思ったのです。双方向性を感じさせる生き生きとした描写です。なお後姿というのは、旧約聖書では、主の顔を見ることは死を意味したから、単に主を見たとは書いていないのだと思います。

一四節で、その泉のもとになっていた井戸について、聖書は次のように書きます。

「そこでその井戸は、ベエル・ラハイ・ロイと呼ばれるようになった。それはカデシュとベレドの間にある。」

ここで、ベエル・ラハイ・ロイの意味は、ベエル（＝井戸）、ラハイ（＝生ける者の）、ロイ（＝私を見る）ですから、「私を見守る生ける者の井戸」となります。「生ける者」というのは主のことで、主は生きておられて、ずっと見守ってくださっていることを示します。この井戸は、「カデシュとベレドの間にある」（一四節）とあります。カデシュの位置は分かっていて、ネゲブ地方の南部にあり、一四章七節にも出てきました。しかし、ベレドの位置は不明なので、ベエル・ラハイ・ロイの位置も不明です。[20] しかし、ネゲブ地方の南部にあったことは確かです。

一五―一六節には、「一五ハガルはアブラムに男の子を産み、アブラムはハガルが産んだ男の子をイシュマエルと名付けた。一六ハガルがイシュマエルを産んだとき、アブラムは八十六歳であった」と祭司資料らしく、ここまでのハガルの話をまとめ、かつその時のアブラムの年令を書き加えます。このことから、ハガルが主の使いの言葉どおりに、アブラムのもとに戻り、無事に男子イシュマエルを出産したことがわかります。ハガルがアブラムのもとに戻り無事イシュマエルを出産したこの話にサラが出てこないのは、多分アブラムがハガルをサラから守ったのであろうと、一つの註解書に書いてありました。[21] 自分の子を宿し、ついには出産したハガルをアブラハムは愛しいと思って守ったことはあり得ることだと思います。

なお、一一節（ヤハウェ資料）では、主の使いがハガルにイシュマエルと名付けなさい、と言ったとあります。一方、一五節（祭司資料）ではアブラム自身が、ハガルが彼に産んだ男の子の名をイシュマエル（神は聞きたもう）と名付けたとあります。すなわち祭司資料では、アブラム自身が、自分の後を継ぐ子が欲しいという祈りを主が聞いてくださった、と考えて、感謝とともにこの名を付けたとしています。

コーランにおけるイスマイールに関する記述

イシュマエルは、『コーラン』では、イスマイールとして出てきます。創世記ではアブラハムの嫡男はイサクですが、イスラム教ではアブラハムの嫡男はイサクではなく、イスマイール（=イシュマエル）とされています[22]。

そのイスマイールについては、『コーラン』で以下のように述べられています[23]。

「それから、この啓典（『コーラン』）の中でイスマイールの話をすることも忘れないように。あれは、約束をよく守る男、使徒であり、預言者であった。彼は自分の一族に礼拝と喜捨をよく勧めた。主のおぼえめでたき男であった。」

一方、創世記では、以下のように書かれています。

「彼は野ろばのような人となり、その手はすべての者に逆らい、すべての手はかれに逆らう。彼はすべての兄弟と対立して暮らすようになる。」（一六・一二）

イシュマエル（イスマイール）の人となりに関する書き方は、以上のように「コーラン」と「創世記」で対照的です。私には、創世記の側に多少の偏見があるように感じられます。

(20) 『旧約聖書創世記』関根正雄訳、一七六頁。
(21) Wenham, *Word Biblical Commentary Genesis* 16–50, p. 11.
(22) 月本昭男『物語としての旧約聖書　上』一二九頁。
(23) 井筒俊彦訳『コーラン中』岩波文庫、一九五八年、一三二頁。

7・3　契約と割礼（一七章一―二七節）

資料的には、一七章全体が祭司資料です。[24] 一七章には、神がアブラムに与える契約が一五章と同様に出てきます。一五章の契約の記述では、ヤハウェ資料とエロヒム資料が混在して用いられているのに対して、一七章の契約はすべて祭司資料からです。一節から一六節まで、神がアブラムに畳みかけるように語り掛ける形になっていて、いかにも祭司資料的です。

一七章は、次の言葉で始まります。

「[一]アブラムが九十九歳の時、主はアブラムに現れて言われた。『私は全能の神である。私の前に歩み、全き者でありなさい。[二]そうすれば、私はあなたと契約を結び、あなたを大いに増やす。』」（一七・一―二）

「全能の神」は、原語のヘブライ語では、「エル・シャッダイ（El Shaddai）」です。意味は不明ですが、多分、「山々の神（God of the Mountains）」であろうと言われています。[25] この言葉は、ギリシャ語やラテン語に翻訳された時に、「全能の神」と訳されたので、その後、日本語や英語でも、「全能の神」や「God Almighty」と訳されるようになりました。

なお、祭司資料では、神の固有名詞がヤハウェであることを知ったのは、モーセが初めてで、それまでは、神はご自分を「エル・シャッダイ（El Shaddai）」と呼んだとしています。

それは、出エジプト記六章二―三節に出てくる、次の祭司資料の記述でわかります。

「[二]また、神はモーセに告げた。『私は主（ヘブライ語でヤハウェ）である。[三]私は、アブラハム、イサク、そしてヤコブに全能の神（ヘブライ語でエル・シャッダイ）として現れたが、主という私の名前は彼らに知らせなかった。』」

つまり、祭司資料では、主（ヤハウェ）という神の固有名詞を知ったのは、モーセが初めてで、それまでは人々は神を、「全能の神（エル・シャッダイ）」と呼んでいたことになっています。一方ヤハウェ資料では、すでに創世記四章二六節に、「セトにも男の子が生まれた。彼はその子をエノシュと名付けた。その頃、人々は主（ヘブライ語でヤハウェ）の名を呼び始めた」とあるように、イスラエルの民が神の名を主（ヤハウェ）であることを知ったのはエノシュの時代であるとします。エノシュは、人類の祖とされるアダムとエバの孫であり、モーセよりはずっと前の時代の人物です。

「全能の神」は契約をアブラムに与える前に、「私の前に歩み、全き者でありなさい」（一七・一）と言いました。これは、いかにも祭司資料的だと思います。というのは、アブラムが神の前に歩み、全き者であれば、「そうすれば、私はあなたと契約を結び、あなたを大いに増やす」（二節）と言うからです。

ヤハウェ資料による一五章の契約の場面では、そのような条件なしに、いきなり主の言葉がアブラムに臨んで、「恐れるな、アブラムよ。私はあなたの盾である。あなたの受ける報いは非常に大きい」（一五・一）と言いました。

このヤハウェ資料と祭司資料の違いは、ノアの選びの場合と全く同じです。すなわち、ヤハウェ資料の六章八節では、「しかし、ノアは主の好意を得た」（新共同訳）とノアが前提条件なしに選ばれているのに対して、祭司資料の六章九節では、「その時代の中で、ノアは正しく、かつ全き人であった」とノアが正しく、全き人であったから、ノアが選ばれた、と条件ないし根拠を示しています。

このように神がアブラムに与える契約について、条件付きの場合（祭司資料）と無条件の場合（ヤハウェ資料）が

---

(24)『旧約聖書創世記』関根正雄訳、一七六頁。
(25) 同右および The New Interpreter's Bible Vol. 1, p. 458.

あり、その両者の間に異なる考えがあることは、注目される点です。神の選びが一方的な神の恩寵によるものか、選ばれるためには正しく全き人であったという条件が必要か、すでに創世記の中でも両方の考え方が混在しています。

祭司資料の一七章で、神がアブラムに契約を与えるにあたって、ヤハウェ資料とエロヒム資料からなる一五章の契約にはないことを神はアブラムに言います。それは、「あなたは、もはやアブラムではなく、アブラハムと名乗りなさい。あなたを多くの国民の父とするからである」（五節）というところです。アブラムとはヘブライ語で、アブ＝父、ラム＝高い、なので「高くあげられた父（exalted father）」です。一方、アブラハムとはヘブライ語で、アブ＝父、ラハム＝多くの民の、なので「多くの民の父（father of many nations）」です。こうしてアブラムの名前は、現在世界でよく知られているアブラハムとなりました。

コラム 7-5

「国民」という訳語について

聖書協会共同訳で、「多くの国民の父」と訳されている「国民」の原語は、ヘブライ語で、「ゴーイ」の複数形の「ゴーイーム」です。これは、「国民」というより「民族（nations）」、と訳した方がよい語です。というのは、日本語で「国民」というのは、統治組織が明確な「国家（state）」に住む人々のことです。したがって、一つの国民は、多くの場合、複数の民族からなります。また一つの民族が一つの国家に属するわけではなく、複数の国家に属することもあります。さらに国家の盛衰と共に、一つの民族がどの国家に属するかは変化します。ですから日本語の「国民」は誤解を招きやすい訳です。ですから、「多くの国民の父」と訳すよりは、「多くの民族の父」と訳す方がよいと思います。

英語では、ヘブライ語の「ゴーイ」または「ゴーイーム」は、それぞれ nation または nations と訳されています。[26] nation は、Oxford Dictionary of English によれば、「共通の歴史、文化、言語を持ち、特定の地域に住む人々」（原文英語、日本語訳筆者）と説明されており、国家（State）とは別の独立の概念です。

なお、一七章一六節に、サラについて、神が「私は彼女を祝福し、彼女は諸国民の母となる。こうして彼女からもろもろの民の王たちが生まれる。」とあります。この場合、前半の諸国民は、ヘブライ語で「ゴーイーム」なので、諸民族と訳した方がよいと思います。後半の「もろもろの民」に出て来る「民」は、人（ヘブライ語アム）の複数形の「アミーム」です。これは英語では「peoples」と訳されていて、日本語なら「人々」という意味で「民」という訳でよいと思います。

続いて神はアブラハムに、「私はあなたが身を寄せている地、カナンの全土を、あなたとあなたに続く子孫にとこしえの所有地として与える。こうして私は彼らの神となる」（八節）と言います。この言い方では、神はアブラハムとその子孫の部族神になったようで、天地万物を創造し、限定詞のつかない「人」を創造した神の言葉とはとても思えません。カナンの土地を与えるというこの契約（祭司資料）は、一五章における契約（一五・一八 ヤハウェ資料）と同じです。
次の九—一四節で、神はまた一五章になかった、アブラハムとその子孫が守る契約として、男子はすべて割礼

（26） The Hebrew English Concordance To The Old Testament, pp. 1568–1582.

を受けるようにと、次のように言いました。

「九神はアブラハムに言われた。『あなたと、あなたに続く子孫は、代々にわたって私の契約を守らなけれ
ばならない。一〇私とあなたがた、およびあなたがたに続く子孫との間で守るべき契約はこれである。すな
わち、あなたがたのうちの男子は皆、割礼を受けなければならない。一一包皮に割礼を施しなさい。これが
私とあなたがたとの間の契約のしるしとなる。一二あなたがたのうちの男子は皆、代々にわたって、生後八
日目に割礼を受ける。家で生まれた者、また、あなたの子孫ではないが、外国人から銀で買い取ったすべて
の者がそうである。一三あなたの家で生まれた者、またあなたが銀で買い取った者は必ず割礼を受けなけれ
ばならない。私の契約は、あなたがたの体に記された永遠の契約となる。一四包皮に割礼を施さない無割礼
の男子、その者は民の中から絶たれる。その者は私の契約を破ったからである。』」（一七・九―一四）

この部分もすべて祭司資料からです。

神がアブラハムと結ぶ契約として、神はアブラハムとその子孫にカナンの土地を永久の所有地として与える一方、アブラハムとその子孫の男子はすべて家で生まれた奴隷も、買い取った奴隷も含めて、すべて男子は割礼を受けなければならない、と神は言いました。

一五章のヤハウェ資料の場合の契約は、神が一方的に裂かれた動物の間を通って契約を与えました。そこには人間の側の義務は書かれていませんでした。しかし、ここ一七章（祭司資料）では、契約のしるしとして男子がみな割礼を受けなければならないと、人間が義務を負うことになっています。

この契約のしるしとしての割礼は、ユダヤ教徒の間で、ずっと守られて、現在に至っています。安息日の順守と共にユダヤ教を特徴づけるものです。

しかし、キリスト教では、信者になる男性が割礼を受ける必要はないとされました。ユダヤ人である使徒ペト

ロとパウロは自分自身は割礼を受けていましたが、割礼を大切だと考えたユダヤ人クリスチャンたちと激論の末、割礼を受けていない異邦人でも、キリストを信ずれば、クリスチャンになれるとしました。このあたりの経緯は、使徒言行録一一章一―一八節、および使徒言行録一五章に書かれています。キリスト教が割礼の義務を廃したことが、当初はユダヤ教の一分派と考えられていたキリスト教が、ユダヤ教から独立して世界の人に普遍的に受け入れられる宗教になっていく契機のひとつとなりました。

使徒パウロは言いました。「実に、神は唯一だからです。この神は、割礼のある者を信仰のゆえに義とし、割礼のない者をも信仰によって義としてくださるのです」（ローマの信徒への手紙三・三〇）。またパウロは別の箇所で次のように言いました。「そこには、もはやギリシア人とユダヤ人、割礼のある者とない者、未開の人、スキタイ人、奴隷、自由人の違いはありません。キリストがすべてであり、すべてのものの内におられるのです。」（コロサイの信徒への手紙三・一一）。

割礼は、古代のエジプトをはじめとして太平洋・オセアニア、アフリカの多くの諸民族に見られる男性の包皮を切除する手術です。成年男子が結婚に先立って成人式の儀礼として行われる例が多いとのことです[27]。これらの諸民族では、割礼は包皮を切ったことによる苦痛に耐えた勇気の証しであり、また血を流すことにより氏族神との神秘的結合が成立し、氏族の一員になったしるしとなります。それは結婚適齢者および戦闘適齢者として、氏族の政治的宗教的行事に参加する資格を認められたことになります。

しかし、イスラエルの場合の割礼は、成人の儀礼としてではなく、生後八日目に行われます。同じ祭司資料でも、ノアの洪水の後で神から与えられた契約のしるしは雲の中の虹でしたが、今度は人間の体に残る割礼が、人間の側からの神に対する契約のしるしとなりました。割礼はユダヤ教徒にとって、安息日を守ることとともに、最も大切な律法の一つとなっています。

割礼には精神的な意味が持たされています。旧約聖書に、「心の割礼」という言葉が出てくることからもわかります。心を神に対して鈍くしないで、敏感にしておくという意味です。たとえば次のような言葉があります。

「だから、あなたがたの心の包皮に割礼を施し、二度とかたくなになってはならない。」（申命記一〇・一六）

「ユダの人、エルサレムに住む人々よ。割礼を受けて主のものとなり、心の包皮を取り除け。」（エレミヤ書四・四―五）

以上のように、単に体に割礼を受けたから十分と考えている人たちに対して、それでは不十分と考えた記述が、すでに旧約聖書にもあることは注目に値します。

創世記一七章に戻ります。一五―一六節です。

「一五神はまたアブラハムに言われた。『あなたは妻のサライを、サライという名で呼ばず、サラと呼びなさい。一六私は彼女を祝福し、彼女によって、あなたに男の子を与える。私は彼女を祝福し、彼女は諸国民の母となる。こうして彼女からもろもろの民の王たちが生まれる。』」（一七・一五―一六）

まず神は、アブラハムに妻サライの名前をサラと変えなさいと言います。サライというのは、「わたしの女王」という意味で、「サラ」は単に「女王」という意味になります[28]。アブラムがアブラハムとなって、「多くの民の父」となるとされたのと同じように、「サライ」という「わたしの女王」という狭い意味から、「多くの民の母」（一六節）となるために、「サライ」から「わたしの」という意味を持つ「イ」を取って、「サラ」（「女王」）と名前を変えるように言われました。なおこの節に出てくる訳語「諸国民」と「もろもろの民」については、「コラム7-5　「国民」という訳語について」を参照してください。

つづく一七節は次のとおりです。

「アブラハムはひれ伏して笑い、心の中で言った。『百歳の男に子どもが生まれるであろうか。九十歳のサ

ラが子どもを生めるだろうか。』」（一七・一七）

神がサラによって男の子を与えると言ったのを聞いて、アブラハムはひれ伏しながらも笑いました。彼の笑いはどこから来るのでしょうか。神がおっしゃることはとても信じられない、冗談でおっしゃっているのでしょう、という気持ちではないでしょうか。アブラハムは、この時点ではまだ主の言葉を完全に信じていません。なお、「(彼は) 笑って」というヘブライ語は、「イツハーク」です。この言葉こそ、後に妻サラから産まれる男の子「イサク」の名前のもとになります。

その上で、アブラハムは、神に言いました。「どうかイシュマエルがあなたの前に生き長らえますように。」(一八節) アブラハムは、まさか妻サラに子供が産まれるとは思っていませんから、前の一六章で女奴隷ハガルがアブラハムに産んだ男の子イシュマエルが、その約束の子だと考えて、この言葉を神に発したのです。しかし、神は言いました。「いや、あなたの妻であるサラがあなたに男の子を産む。その子をイサクと名付けなさい。私は彼と契約を立て、それをその後に続く子孫のために永遠の契約とする。」(一七・一九)。

その後、神はイシュマエルについても、「イシュマエルについてのあなたの願いは聞き入れた。私は彼を祝福し、子孫に恵まれる者とし、その子孫を大いに増やす。彼は十二人の族長をもうけ、私は彼を大いなる国民とする」(二〇節) と言いました。実際、イシュマエルは、カナン地方の東南部にいるベドウィンの祖先となり、彼の一二人の息子が、それぞれの部族の首長になったことが、後に出てきます (二五・一二―一六)。

こうして神はアブラハムに語り終えると、「アブラハムを離れて昇って行かれた」(二二節) とあります。その

(27)　割礼の記述に関する出典は次の二つです。(一) 岩波キリスト教辞典、岩波書店、二〇〇二年、(二) 聖書事典、日本基督教団出版局、一九六一年。

(28)　『旧約聖書創世記』関根正雄訳、一七七頁。

後、アブラハムは、息子のイシュマエルおよびアブラハムの家のすべての男子を集めて包皮に割礼を施しました(二三節)。

次の二四―二五節は祭司資料で、「二四アブラハムが包皮に割礼を受けたのは、九十九歳の時であり、二五その子イシュマエルが包皮に割礼を受けたのは十三歳の時であった」と祭司資料らしく、このことがなされたアブラハムとイシュマエルの年令を記します。

ここでアブラハムも初めて割礼を受けたわけですから、彼の出身地であるカルデアのウルや途中で滞在したハランでは割礼は行われていなかったことがわかります。つまりアブラハムの代になって初めて割礼がアブラハムの一族に入ってきたことになります。

コラム 7-6

一五章の契約と一七章の契約の比較

資料的には、一五章の契約はヤハウェ資料を中心としてエロヒム資料が付加された形で書かれています。これに対して一七章の契約はすべて祭司資料です。

アブラハムが選ばれたことについて、一五章のヤハウェ資料では、まったく理由をあげないで、「これらのことの後、主の言葉が幻の中でアブラムに臨んだ。『恐れるな、アブラムよ。私はあなたの盾である。あなたの受ける報いは非常に大きい。』」(一五・一)と、神が一方的にアブラハムを選んだことになっています。

一方、祭司資料では、一七章一―二節で、「一アブラムが九十九歳の時、主はアブラムに現れて言われた。『私は全能の神である。私の前に歩み、全き者でありなさい。二そうすれば、私はあなたと契約を結び、あなたを大いに増す』」と言っています。つまり、神はアブラハムが神の前に歩み、全き者であれば、と前提条件をつけています。

つまり一五章（ヤハウェ資料）では無条件の選びであり、一七章（祭司資料）では、条件付きで、その条件を満たせば選ぶという違いがあります。

次に契約を結ぶための儀式については、一五章（ヤハウェ資料）では、犠牲となる動物を二つに裂いて両側に置き、その間を契約の当事者（この場合は神）が通ることによって、もし契約を破ったら、これらの動物のように二つに裂かれても構わないという昔の原初的な契約の式が行われました（一五・九―一七）。一五章で、二つに裂かれた動物の間を通るのは、「煙を吐く炉と燃える松明」（一五・一七）だけです。これらは神を象徴するものなので、神だけが契約の当事者となるいわゆる片務契約となります。つまり神がアブラムに対して自分が与えた契約を固く守ると誓っているわけです。

一方、一七章（祭司資料）では、神が一方的に契約の内容（アブラハムの子孫を多くする、またカナンの全土をアブラハムとその子孫にとこしえの所有地として与える）を述べた後、この契約が守られるために、人間の側が守る条件として、男子が割礼を受けることが命令されます。一五章（ヤハウェ資料）のように、人間神が契約の当事者として契約の儀式の対象になることはありません。また当時は男性だけが人間を代表するものと考えられていたので、男性だけが割礼を受けるように命令されました。

次に契約の内容ですが、一五章と一七章で共通なのは、神がアブラハムに子孫、およびカナンの地を永久の所有地としてアブラハムとその子孫に与えると約束していることです。

しかし、ヤハウェ資料による神のアブラムの子孫への土地の約束の記事は、「あなたの子孫」（一二・七、一五・五、一五・一八）、あるいは「あなたから生まれる者」（一五・四）となっていて、イシュマエル系の子孫（アラブ人）とイサク系の子孫（イスラエル人）を区別していません。一方、祭司資料による十七章では、イサクと契約を立てると言っています（一七・一九、一七・二一）。

この違いの原因は、ヤハウェ資料が成立した紀元前一〇世紀頃には、アブラハムの子孫として、イシュマエルの子孫もイサクの子孫も区別せずに考えていたのではないかと思います。

一方、バビロン捕囚の最中（前六世紀）に編集された祭司資料を書いた祭司は、イサク系の子孫、つまりイスラエル人で、その中のユダ族に属していました。ですから、捕囚中の祭司は、同胞の捕囚中のユダヤ人に、神はこのようにカナンの土地を与えると言っているのだから、神は必ずわれわれをカナンの地に返してくださる、だから神を信じて希望を失わずに待とうではないか、というメッセージを伝え、励ますために書いたのではないでしょうか。しかし、それは必ずしもイシュマエル系の子孫を排除する意図はなかったとみてもよいのではないでしょうか。というのは、神はイシュマエルについても「私は彼を祝福し、子孫に恵まれる者とし、その子孫を大いに増やす。彼は十二人の族長をもうけ、私は彼を大いなる国民とする」（一七・二〇）と言っているからです。

以上のようにヤハウェ資料も祭司資料もともにカナンの土地をアブラムの子孫に与えると言っているので、イシュマエル系の子孫であるアラブ人もイサク系の子孫であるイスラエル人も、カナンの土地で平和的に共存することを両資料とも想定していると考えてよいのではないでしょうか。この原点に戻れば、同じアブラハムの子孫としてアラブ系の人々とイスラエル系の人々がカナンの地で平和的に共存することもできるのではないしょうか。

第八章　アブラハム物語（その三）（創世記一八章―二〇章）

一八章で、三人の旅人の形をとった主とその天使二人がアブラハムの天幕に来て、イサクが来年誕生すると予告します。イサクの誕生はその後二一章になって実現します。その間に、一九章（ソドムの滅亡）、および二〇章（アブラハムのゲラル滞在）の話が入ります。

8・1 三人の客によるイサク誕生の予告（一八章一―一五節）

資料的には、一八章はヤハウェ資料です。一八章は一―五節で次のように始まります。

「[一]主はマムレの樫の木のそばでアブラハムに現れた。昼の暑い頃のことで、彼は天幕の入り口に座っていた。[二]ふと目を上げると、三人の人が近くに立っていた。それを見ると、アブラハムは彼らを迎えようと天幕の入り口から走り出て、地にひれ伏して、[三]言った。『ご主人様、もしよろしければ、どうか僕のところを通り過ぎて行かないでください。[四]水を少しばかり持って来させますから、足を洗って、木陰でお休みください。[五]またパンを幾らか持って来ますので、元気をつけ、それからまたお出かけください。せっかく僕の近くを通られたのですから。』すると彼らは、『分かりました。それではあなたの言うとおりにしてください』と答えた。」（一八・一―五）

アブラハムは、一三章でロトと別れた後、天幕を移して今はヘブロンにあるマムレの樫の木のところに住んでいます（一三・一八）（図6―2を参照）。暑い真昼に、アブラハムが天幕の入り口に座っています。きっと天幕の中より外の方が涼しかったのでしょう。ふとアブラハムが目を上げると、三人の人が彼に向って立っていました。

当時のアブラハムのような遊牧民の間のならわしによれば、旅人が天幕に向かって立つということは、「もてなしを求めていることを意味し、もてなしは神聖な義務とみなされていた」そうです。[1]

三節のアブラハムが、三人のうちの一人に呼びかけた言葉、『ご主人様』は、ヘブライ語で「ＡＤＮＹ（アドナイ）（私の主人の意味）」です。この語は単数形なので、アブラハムは三人のうちの一人が主人で他の二人は従者ということがわかったのだと思います。またアブラハムは、この時点では、三人が普通の旅人だと考えていたこともわかります。というのは、彼は「ＹＨＷＨ（ヤハウェ）」とは呼びかけていないで、「ＡＤＮＹ（アドナイ）」と呼びかけているからです。なおイスラエル人は、文字としての「ＹＨＷＨ」が出てきたら、「アドナイ」と発音することになっているので[2]、この部分の朗読を聞いたイスラエル人には、最初から三人のうちの「アドナイ」と呼びかけられた人が神である主（ヤハウェ）であると考えたと思います。しかし、文字の上では、ここに出てくるのは「ＡＤＮＹ」であり、「ＹＨＷＨ」ではありません。

なお、一節で、「主はマムレの樫の木のそばでアブラハムに現れた」に出てくる主は、ヘブライ語でヤハウェです。物語の語り手であるヤハウィストは初めから、この三人の内の一人が主であるとしています。しかし、アブラハムはこの時点では、まだこの旅人が主であることを知りません。

コラム 8-1

旅人をもてなすこと

一八章は冒頭で、アブラハムが彼の天幕のところに来た見ず知らずの三人の旅人を心をこめてもて

（１）『フランシスコ会訳聖書』（旧）三七頁。

（２）モーセの十戒のうちの第三戒「あなたの神、主の名をみだりに唱えてはならない」（出エジプト記二〇章三節）に従い、イスラエル人は今でも「YHWH」が出てくると「ヤハウェ」とは言わず、「アドナイ」と発音する。

なす情景から始まります。このように旅人をもてなすことは、当時のアブラハムのような遊牧民の間では、大切なこととされていました。それはわずかな草を求めて荒れ野や砂漠を遊牧する人々の間の厳しい生活を反映して、互いに助け合わなければいけない状況に由来していたのではないでしょうか。

現代の日本でも、二〇二〇年のオリンピック・パラリンピック東京大会の開催を機に、「おもてなし（ホスピタリティ hospitality）」という言葉がキーワードとなって、来日する外国人旅行者をもてなそうという機運となりました。昔の日本でも「旅人をもてなす」という習慣はあったようです。たとえば仏僧は、全国を托鉢しながら旅をして仏の道を説くことができました。

新約聖書でも、使徒パウロは、「聖なる者たちに必要なものを分かち、旅人をもてなすよう努めなさい」と言っています（ローマの信徒への手紙一二・一三）。また、「旅人をもてなすことを忘れてはなりません。そうすることで、ある人たちは、気付かずに天使たちをもてなしました」とあり（ヘブライ人への手紙一三・二）、創世記一八章でアブラハムが見知らぬ三人の旅人をもてなしたことを暗示しています。

イエスもまた、単に「旅人」に限らず、「最も小さい者」たちまでをもてなしの対象に含めるように、次のように言いました。

「そこで、王は答える。『よく言っておく。この最も小さい者の一人にしたのは、すなわち、私にしたのである。』」（マタイによる福音書二五・四〇）。人は神の似姿として造られたのですから、最も小さい者も神の似姿であり、神の似姿である人をもてなすことは、結局神をもてなすことにもなるという意味です。

ミャンマーでモバイル・クリニックの活動を一二年間続けた廣瀬誠という医師がおられました。この方は、死の直前にミャンマーでのモバイル・クリニックの朝の礼拝で、上記のマタイによる福音書二五章四〇節を読んだ上で、「これらのいと小さき者」という題で話をされました。彼は、「医師を必要とするミャンマーの人々に奉仕したのは、主に仕えるためであった。それを一二年間（一三回）に亘って出来たことは感謝であった」と述べられたのでした。(3)

客人を迎えた後、アブラハムは急いで天幕に戻り、妻サラに、「急いで、上質の小麦粉を三セアこねて、パン菓子を作りなさい」（六節）と言いました。三セアは約一三リットルですから、(4)一升瓶（容量一・八リットル）で約七本分となり、相当な量です。これだけの上等の小麦粉を使い、また「柔らかくておいしそうな子牛を選んで」（七節）料理をさせました。さらにアブラハムは凝乳と乳も用意して、彼らの前に出し、「木陰で彼らが食事をしている間、彼はそばで給仕をした」（八節）と書かれています。アブラハムが丁重なもてなしをしたことがわかります。

続いて九―一五節は次のとおりです。

「九彼らはアブラハムに『あなたの妻のサラはどこですか』と尋ねた。アブラハムが『その天幕の中にいます』と答えると、一〇彼らの一人が言った。『私は必ず来年の今頃、あなたのところに戻って来ます。その時、あなたの妻サラには男の子が生まれているでしょう。』サラは、その人の後ろにある天幕の入り口で聞いていた。一一アブラハムとサラは多くの日を重ねて年を取り、サラには月経がなくなっていた。一二サ

（3）本間勝「平和への方向転換―復讐願望から償い志向へ」加納貞彦他編著『平和と国際情報通信―『隔ての壁』の克服』早稲田大学出版部、二〇一〇年、四五頁。

（4）『旧約聖書創世記』関根正雄訳、一七七頁。

ラは心の中で笑って言った。『老いてしまった私に喜びなどあるだろうか。主人も年を取っているのに。』
一三主はアブラハムに言われた。『どうしてサラは、自分は年を取っているのに本当に子どもを産むことなど
できるのか、と言って笑ったのか。一四主にとって不可能なことがあろうか。私があなたのところに戻って
来る来年の今頃には、サラに男の子が生まれている。』一五サラは怖くなり、打ち消していった。『いえ、私
は笑っていません。』主は言われた。『いや、あなたは確かに笑った。』」（一八・九―一五）

ここで、一三節、一四節に「主」と出てきますが、これはヘブライ語で「ＹＨＷＨ（ヤハウェ）」で主なる神を表します。つまり、ここからアブラハムとサラが、この旅人が主なる神であると認識したということを示しています。なお、一五節にある「主」はヘブライ語では単に「彼」という三人称単数の代名詞が使われています。このように神である主（ヤハウェ）を擬人化して、主が直接人間に語りかけるのがヤハウェ資料の特徴です。

サラは怖くなり、打ち消して言いました。「いえ、笑っていません」（一五節）。これに対して主は、「いや、あなたは確かに笑った」（一五節）と言いました。主の前で、うそをつくことはできないとヤハウェ資料は言います。

サラは自分が子を産むという言葉を聞いて、「老いてしまった私に喜びなどあるだろうか、主人も年を取っているのに」と心の中で笑いました。

この時、サラはいくつだったのでしょうか。結論を先取りすれば、現代で言えば四九歳だったと言えるでしょう[5]。

だからサラが笑うのも無理はないと思います。サラのこの笑いは、神さまの言葉を冗談とする、あきらめに似た「笑い」だと言えると思います。

このように主なる神がサラに子供が生まれると言われたのに対して、アブラハムも笑い（一七・一七）、またサラも笑いました（一八・一二）。彼らの笑いは、主が語った言葉を信じないで冗談ではないか、という人間の考え

に基づいたあきらめの笑いでした。ここではアブラハムもサラも主の言葉を全面的には信じていないのです。

以上のように、主なる神はサラによって男の子を与えようという約束（一七・一六）が実現されるのは、来年であると具体的な時期を示して、アブラハム・サラ夫妻に告げました。

コラム 8-2

「主にとって不可能なことがあろうか」（一八章一四節）

高齢のアブラハム・サラ夫妻に子供が与えられるということはないと思って笑ったサラに対して、主は言います。「主にとって不可能なことがあろうか」（一四節）。

この言葉を聞いて、アブラハム・サラ夫妻は、この言葉を話した人を主だと初めて認識したのではないでしょうか。

アブラハムとサラには、これは奇蹟のように聞こえたでしょう。聖書に出てくる奇蹟は、いつも奇蹟の対象となった人への神の愛の発露として行われます。ここでは、「アブラハムは主を信じた。主はそれを彼の義と認められた」（一五・六）という言葉に基づく、約束を守る神のアブラハム・サラ夫妻への愛の発露のたまものだと考えてよいと思います。

（5）というのは、一年後にサラがイサクを産んだ時にアブラハムは百歳でした（二一・五）。ですから一八章でアブラハムが三人の客人を天幕に迎えた時、アブラハムは九九歳、サラは八九歳でした。アブラハムがカナンの地を目指して父の家を離れたのは七五歳でした（一二・四）。それが現在の年齢からすれば三五歳程度であろうという推測は、6・2節で述べました。とすればサラはこの時、現代で言えば四九歳であった、ということができます。

人の目には不思議に見えますが、主に不可能なことはないのです。この考え方は新約聖書にも受け継がれます。たとえばマタイによる福音書一九章二三節以下で、イエスが、「金持ちが神の国に入るよりも、らくだが針の穴を通るほうがまだ易しい」と言ったことに対して、弟子たちが「それでは、誰が救われることができるのでしょう」と言った時に、「イエスは彼らを見つめて、『それは人にはできないが、神には何でもできる』と言われた。」（マタイによる福音書一九・二八）とあります。

8・2　ソドムのための執り成し（一八章一六―二二節）

一六節―二一節は、以下のとおり三人の旅人が食事を終えた後のことについて述べます。

「一六その人たちはそこをたって行き、ソドムの方面を見下ろした。アブラハムは彼らを見送るために一緒に出かけて行った。一七その時、主は言われた。『私は、これから行おうとしていることをアブラハムに隠しておいてよいだろうか。一八アブラハムは必ずや大いなる強い国民となり、地上のすべての国民は彼によって祝福される。一九私がアブラハムを選んだのは彼がその子らとその後に続く家族の者たちに命じて、彼らが正義と公正を行い、主の道を守るようにするためであり、主がアブラハムに約束されたことを成就するためである。』二〇そして主は言われた。『ソドムとゴモラの叫びは実に大きく、その罪は極めて重い。二一私は降って行って、私に届いた叫びのとおり、彼らが確かに行っているのかどうか見て確かめよう。』」（一八・一六―二一）

読んでわかるとおり、一七節に「主は言われた」とあるのに、その主の言葉の中にまた「主」という言葉が三人称で出てくるのは変です。これは、一八―一九節がヤハウェ資料ではなく、捕囚時代の加筆とされるからです。[6]

一七節の終わりの「私は、これから行おうとしていることをアブラハムに隠しておいてよいだろうか」に続くヤハウェ資料は、二一節の「そして主は言われた『ソドムとゴモラの叫びは実に大きく、その罪は極めて重い』」以降に続きます。その方が話の展開としては自然なので、次の一八―一九節が後の加筆であろうことは容易に想像できます。一八ー一九節の内容は、一二章、一三章、一五章、一七章で主がアブラハムに何回か告げた約束の内容の繰り返しです。特に、一九節の「彼らが正義と公正を行い、主の道を守るように」という表現は、申命記的史家が使う神学的な言葉です。素朴に人間を描く文学的なヤハウェ資料では、使われない表現です。ということで一八―一九節は、捕囚期の申命記的史家の加筆であろうとされています[7]。

申命記的史家は、バビロンで苦難の中にある捕囚中の同胞に対して、「アブラハムは必ずや大いなる強い国民となり、地上のすべての国民は彼によって祝福される」（一八節）と、自分たちに課せられた世界史的な使命を自覚させ、その上で、粛々として「正義と公正を行い、主の道を守るように」（一九節）と述べます。だから、やけを起こさず忍耐強く、「主がアブラハムに約束されたことを成就する」（一九節）ことを信じて待つようにと呼びかけているのだと思います。

（６）『旧約聖書創世記』関根正雄訳、一七七頁。
（７）同右。

コラム 8-3

申命記的史家について

「申命記的史家」とは、祭司たちが編纂したモーセ五書（創世記、出エジプト記、レビ記、民数記、申命記）に、後から加筆を行ったとされる人たちです。その加筆は、捕囚時代からカナンへ帰還後の前五世紀に行われたと考えられています（表一―一参照）。「申命記的」史家と呼ばれる理由は、その表現および精神が「申命記史書」と呼ばれる申命記・ヨシュア記・士師記・サムエル記（上下）、列王記（上下）と同じだからです。[8]

コラム 8-4

「アブラハムは必ずや大いなる強い国民となり」（一八章一八節）

後に二五章で見るように、アブラハム自身は、当時の年令の数え方で一七五歳で、「老いた後、生涯を全うして息絶え、死んだ」（二五・八）とあります。彼の子供はイシュマエルとイサクの二人で、彼が所有した土地は、二三章で妻サラの埋葬のために購入したマクペラの洞穴の墓だけでした。とても彼自身が生前に大きな強い国民になったとは言えません。しかし、よく考えると、彼の死後約二五〇〇年経って、東洋の日本にも聖書に心引かれる人がいて（私もその一人ですが）、彼の生涯と信仰をこのようにして学んでいること、そして世界中の多くの民族[9]が彼の信仰を学んでいることから、やはり彼は大きな強い民族になったということができると思います。その強さは、古代のアッシリアやバビロンの国のような軍事的な強国という意味ではありません。これらの国はいずれも滅び、歴史の上から姿を消しました。しかし、アブラハムの名は今でも、私を含む多くの人々にインスピレーションを与え続けています。

コラム 8-5

「私がアブラハムを選んだのは、彼がその子らとその子孫に」（一八章一九節）

この一九節は、本文中で述べたように捕囚時代の申命記的史家の加筆とされています。ここで注目されるのは、「その子ら」と複数形が使われていることです。つまり、アブラハムの二人の息子イシュマエルとイサクを示しています。

実際、イシュマエルは一六歳になるまで、アブラハムのもとで育ちました（9・2節参照）。ですから、イシュマエルにもアブラハムは「正義と公正を行い、主の道を守るように」教え、諭したに違いありません。

「コーラン」では、アブラハムは、イブラヒームと訳出され、預言者として高い位置を与えられています。[10] さらにイスラム教では、アブラハムの嫡男は、イサクではなく、イスマイール（＝イシュマエ

（8）山我哲雄『一神教の起源』二九二頁および三二五頁。
（9）「国民」と訳されているヘブライ語は、「ゴーイ」であり、「国民」というよりは「民族」と訳した方がよいことはすでに述べました（七章の「コラム7-5「国民」という訳語について」）。
（10）例えば、井筒俊彦訳「コーラン上」岩波文庫、一九五七年、三三頁ほか。

ル）とされています。[11]「コーラン」ではまたイスマイールについて、以下のように述べられていることはすでに述べました。[12]

「それから、この啓典（『コーラン』）の中でイスマイールの話をすることも忘れないように。あれは、約束をよく守る男、使徒であり、預言者であった。彼は自分の一族に礼拝と喜捨をよく勧めた。主のおぼえめでたき男であった。」

つまりアブラハムが、イサクだけでなくイシュマエルにも「正義と公正を行い、主の道を守るように」教え、諭したことが推測されます。

その結果、アブラハムは、ユダヤ教・キリスト教だけでなく、イスラム教でも信仰の祖と位置付けられています。

最後に、「主がアブラハムに約束したことを成就するためである」とありますが、主がアブラハムに約束したことが成就されるためには、代々、子どもたちに、「正義と公正を行い、主の道を守るように」教え、諭していかなければなりません。イスラム教系の人、およびユダヤ人が子供の教育に熱心なことは有名です。特に宗教教育において、親は子供たちに熱心に神について教えています。キリスト教も教会の日曜学校などで同じように子どもたちに熱心に伝えています。

話をヤハウェ資料による一八章一七節に戻します。一七節の「その時、主は言われた。『私は、これから行おうとしていることをアブラハムに隠しておいてよいだろうか。』」に続くのは、すでに述べたように二〇—二一節で、次のとおりです。

「二〇そして主は言われた。『ソドムとゴモラの叫びは実に大きく、その罪は極めて重い。二一さあ、私は降っ

て行って、私に届いた叫びのとおり、彼らが確かに行っているのかどうか見て確かめよう。」（一八・二〇—二一）

ソドムとゴモラは、前にロトが選んだ土地で、ヨルダン川流域のよく潤っていた土地でした。しかし、「ソドムの人々は主に対して、極めて邪悪で罪深かった」（一三・一三）と書かれたところでありました。「ソドムとゴモラの叫びは実に大きく」とありますが、一体誰が叫んでいるのでしょうか。ソドムとゴモラの人々のうちで悪を黙って見過ごせない人々、あるいはその悪によって苦しめられている人々、あるいは、ソドムとゴモラの土地（すなわち自然[13]）が叫んでいるのかも知れません。

「私に届いた叫びのとおり、彼らが確かに行っているのかどうか見て確かめよう」（一八章二一節）

この二一節で注目に値する第一の点は、私たちの祈りや叫びを主は聞いてくださっているということです。さらに自然が人の罪のためにうめき叫ぶ時も、主は聞いてくださっています。カインがアベルを殺した時に、主が「あなたの弟の血が土の中から私に向かって叫んでいる」（四・一〇）と言ったように、流された血の叫びを主はお聞きになっていました。これまでも戦争で多くの人の血が流され

(11)　月本昭男『物語としての旧約聖書　上』一二九頁。
(12)　井筒俊彦訳『コーラン中』岩波文庫、一九五八年、一三二頁。
(13)　古代ヘブライ語には、「自然」を表す言葉はなく、「地」ないし「大地」（ヘブライ語アダマー）が、自然全体をも表すと考えてよいことはすでに述べました（2・2・1項を参照ください）。

ました。さらに最近は核爆弾のような大量破壊兵器で何万、何十万という多くの非戦闘員の血までもが地に流されました。これらの血の叫びを主はお聞きになっていると思います。

注目に値する第二の点は、主がご自分に届いた叫びの声が実際に本当なのか、行って見て確かめようとされる、という現場重視の姿勢です。主は、町とそこに住む人を滅ぼすという、とてつもなく重大な決定をするのですから、人からの話やうわさをそのまま信じるのでなく、自分で現場に行って、自分の目と耳で確かめようとされています。私たちも大切な決定を下すときには、自分で現場に行って、自分の目と耳で確かめることをしたいものです。

次の二二節は、次のとおりです。

「その人たちはそこからソドムの方へ向かって行った。しかしアブラハムはなお主の前に立っていた。」（二二節）

ここに、「その人たち」という言葉と「主」という言葉が出てきます。一九章一節に、「二人の御使いが夕方ソドムにやって来た」とありますから、「その人たち」は、ソドムに行った「二人の御使い」であることがわかります。一方、「しかしアブラハムはなお主の前に立っていた」とありますから、アブラハムが主に何か言いたそうにしていたのを察知して、主はそれを聞くために残ってくださったことが読み取られます。

次の二三―二五節は、以下のとおりです。

「二三アブラハムは進み出て言った。『あなたは本当に、正しい者を悪い者と共に滅ぼされるのですか。二四も
しかすると、あの町の中には正しい人が五〇人いるかもしれません。その中に五〇人の正しい人がいても、
その町を赦さず、本当に滅ぼされるのでしょうか。二五正しい者を悪い者と共に殺し、正しい者と悪い者が

同じような目に遭うなどということは、決してありえません。全地を裁かれる方が公正な裁きを行わないことなど、決してありえません。』」（一八・二三―二五）

これは相当強いアブラハムの主に対する質問です、ユダヤ教のラビであるジョナサン・サックス氏は、「このような主に対するアブラハムの抗弁は、これまでのユダヤの伝統の中にはなく、私（サックス氏）の知る限り他の宗教にもない。正義のために、あえて神と議論をするという伝統は、このアブラハムに始まり、ユダヤの偉大な伝統の一つとなった。」と言います[14]（原文英語、日本語訳筆者）。

私も、二〇一一年三月一一日の東日本大震災などの自然災害で、多数の方が亡くなったのを知り、同じように主に質問をし議論をしたい気持ちになりました。

アブラハムの質問に対して、主は答えて言いました。

「もしソドムの町の中に五〇人の正しい者がいるならば、その者のために、町全体を赦すことにしよう。」

（二六節）

続く二七―三三節では、アブラハムは引き続き主に執拗に食い下がります。

「二七アブラハムは答えた。『塵や灰に過ぎない私ですが、あえてわが主に申し上げます。二八もしかすると、五〇人の正しい者に五人足りないかもしれません。それでもあなたはその五人のために、町全体を滅ぼされるのでしょうか。』すると主は言われた。『もしそこに四五人いるとすれば、私は滅ぼしはしない』。二九彼はなおも重ねて主に語りかけて言った。『もしかすると、そこには四〇人しかいないかもしれません。』すると主は答えられた。『その四〇人のために、私は何もしない。』三〇彼は言った。『わが主よ、こう申し上げても

(14) Rabbi Jonathan Sacks, p. 103.

どうかお怒りになりませんように。もしかすると、そこには三〇人しかいないかもしれません。』すると主は答えられた。『もしそこに三〇人いるなら、私は何もしない。』三一彼は言った。『あえてわが主に申し上げます。もしかすると、そこには二〇人しかいないかもしれません。』すると主は答えられた。「その二〇人のために、私は滅ぼしはしない。」三二彼は言った。『わが主よ。もう一度だけ申し上げても、どうかお怒りになりませんように。もしかすると、そこには一〇人しかいないかもしれません。』すると主は答えられた。『その一〇人のために、私は滅ぼしはしない。』三三主はアブラハムと語り終えると、去って行かれた。アブラハムは自分の住まいに帰って行った。」（一八・二九―三三）

このやり取りでわかるように、アブラハムは、邪悪な町と言われたソドムに住む、正しい者のために、主に対して必死に執り成しをしました。このアブラハムの熱心さはどこから来るのでしょうか。直接的には、甥ロトを救おうとしているのだと思いますが、同時に一人でも正しい人がいれば、その人が異邦人であっても悪人とともに滅ぼされることがないという形で、神の義が貫徹されるように、神の義のために、神に要求しているのだと思います。一方、主も忍耐強くアブラハムに答えています。

ユダヤ教のラビであるジョナサン・サックス氏は、「ここでアブラハムはソドムのための弁護人になっている。人を裁くにはたとえ相手が神であっても弁護人を立てることを神は許しておられる」と言います[15]（原文英語、日本語訳筆者）。

アブラハムの質問は一〇人で終わりますが、エレミヤ書五章一―二節では、主は、「エルサレムの通りを行き巡り、見渡して知るがよい。町の広場で探せ、一人でも見つかるだろうか。公正を行う者、真実を探求する者が。もしいるなら、私はエルサレムを赦そう」と言っておられます。エゼキエル書二二章三〇節でも同じく一人でもいれば赦したが、一人もいなかったので滅ぼす、と主は言いました。

これらの言葉は、大勢の人間が賛同しなくても、たとえ少数であっても、あるいは一人になっても、正義と公正を行い主の道を守る勇気を私たちに与えてくれます。イザヤ書に出てくる「残りの者」の考え方はここに由来すると思います。イザヤ書一章九節に次のようにあります。

「もし万軍の主が、私たちのために残りの者を少しも残さなかったなら、私たちはソドムのようになり、ゴモラと同じようになったであろう。」（イザヤ書一・九）

たとえ少数でも、あるいは一人になっても、正しい人がいれば、主はその人がいる町を滅ぼさないと言っているのです。私たちは他の人を救うためにも、正義と公正を行い主の道を守ることが、同じ町や国に住む他の人への真の愛の行為であることを知ります。

このような考え方は新約聖書のイエスのたとえ話である「麦と毒麦のたとえ」の次のような文章の中にも引き継がれています。

「二九主人は言った。『いや、毒麦を集めるとき、麦まで一緒に抜くかもしれない。三〇刈り入れまで、両方とも育つままにしておきなさい。刈り入れの時、『まず毒麦を集め、焼くために束にし、麦の方は集めて倉に納めなさい』と刈り取る者に言いつけよう。』」（マタイによる福音書一三・二九―三〇）

ここで刈り入れの時というのは、最後の審判の時です。最後の審判の時まで、麦と毒麦は共存する、すなわち毒麦だけを引き抜くことはしないというのです。ですから、麦の側は、たとえ毒麦が共存していても、またそれがどんなに多くなっても、よい麦のままでいて忍耐して終わりの時を待ち続けなさいということです。

一八章は、三三節の次の言葉で終わります。

---

(15)　Rabbi Jonathan Sacks, p. 107.

「主はアブラハムと語り終えると、去って行かれた。アブラハムは自分の住まいに帰っていった。」

前述したようにヤハウェ資料では、主が直接人間であるアブラハムに語りかけ問答をしています。主が擬人化されています。

コラム 8-7

「その一〇人のためにわたしは滅ぼさない」（一八章三二節）

主は正しい人を喜ばれ、尊重します。一九章では、ソドムにただ一人いた「正しい人」ロトとその家族を救います。ただ一人だけでも、「正しい人」になることを主は勧めています。

新約聖書では、「正しい者」とは、自らを正しいとする人でなく、自分の罪を認めて悔い改め、罪人を救う神さまの愛を受け入れた人のことを指します。イエスは、「言っておくが、このように、悔い改める一人の罪人については、悔い改める必要のない九九人の正しい人についてよりも大きな喜びが天にある」と言います（ルカによる福音書一五・七）。ですから、周りの人に流されることなく、自分一人だけでも、主に与えられた良心に従って、正しいと思うことをしましょう。さらに同じ志を持つ仲間がいれば、素晴らしい祝福です。

8・3　ソドムの滅亡とロト（一九章一―二九節）

この部分も、ヤハウェ資料からです。

一三章でアブラハムと別れた甥ロトは、ヨルダン川流域のよく潤っていた地域を選び、天幕をソドムに移しました（一三・一二）。

一九章は一―二節の次のような言葉で始まります。

「二人の御使いが夕方ソドムにやって来たとき、ロトはソドムの門のところに座っていた。ロトは彼らを見ると、立ち上がって出迎え、そして地に顔を付けてひれ伏して、言った。『皆さま、どうぞ僕の家に立ち寄り、足を洗ってお泊り下さい。そして明日の朝早くに起きて、旅をお続けください。』ところがかれらは、『いえ、私たちは広場にて夜を過ごします』と答えた。」（一九・一―二）

二人の御使いが、主とアブラハムを残して夕方ソドムに着いた時、ロトはソドムの門の所に座っていました。町の門のところに座るというのは、その町の「裁き人」に選ばれたということで、ロトがソドムの町の人に同化して、それなりの有力者になっていたことを示します。ユダヤ教のラビであるサックス氏は以下のように言います[16]（原文英語、日本語訳筆者）。

「『ロトが町の門の所に座る』というのは、彼が町の「裁き人（Judge）」に任命されていたことを意味する。古代のこの地方では、町の「裁き人」や長老が町の門の所に座って、争いを裁いていた。」（列王記上二二・一、詩編六九・一三など）

ソドムの町の門のところに座っていたロトは、二人の旅人を立ち上がって迎え、地にひれ伏して、どうぞ今夜は自分の家に泊まって行くように、と言いました。アブラハムの甥ロトも、アブラハムが三人の旅人をもてなしたように、二人の旅人をもてなしました。ロトも長い間アブラハムと一緒にいたので、伯父アブラハムの普段か

(16)　Rabbi Jonathan Sacks, p. 113.

らの生活態度が身に着いていたのだと思います。なおこの時、ロトが二人の旅人に呼びかけたのは「皆さま」と訳されていますが、原文のヘブライ語では「ＡＤＮＹ（アドナイ）」の両数形（二人を示す形、英語で言えば a couple of）です[17]。ですから、まだロトは二人の旅人が主のみ使いであるとは、この時点では気づいていません。前にも言いましたが、ヤハウェ資料では、主なる神だけでなく、そのみ使いたちも擬人化しています。

二人のみ使いたちは、「ロトがしきりに勧めるので彼らはロトのところに立ち寄ることにして、家に入り」（三節）ました。彼は、種なしパンを焼いて彼らに食事を用意しました。「種なしパン」の「種」というのは、パンを膨らませるための酵母のことです。パンはふつう小麦粉に酵母を入れてこねた後、しばらく寝かしてふっくらとしてから焼くのですが、この場合は予期しない客人だったので、小麦粉をこねて急いでそのまま焼いたということです。いわばお煎餅のような、あるいはクレープのようなパンだったということです。

食事の後、「彼らが休む前に、町の男たち、ソドムの者が若者から老人までこぞって押し寄せ、家の周りを取り囲んだ。そしてロトに向かって叫び立てて言った。『今夜、お前のところにやって来た男たちはどこにいる。ここに出せ。我々は連中を知りたいのだ。』」（四―五節）

ここで「こぞって」と訳されているヘブライ語「ミカツェー」は、最後の一人まで、という意味です。英語訳の聖書（Revised Standard Version）では、「all the people to the last man」と訳されています。また「我々は連中を知りたいのだ」で「知りたい」と訳されたヘブライ語「ヤーダー」は、「アダムは妻エバを知った」（四・一）にある「知った」と同じ性的行為を表す言葉です。つまり、ソドムの男たちが一人残らず、二人のみ使いを輪姦しようというのです。この行為は、旅人をもてなすこととは正反対の行為です。ソドムの男たちが最後の一人まで押しかけて、このようにロトに言ったということは、ソドムの男たちには一人の正しい者も、ロトを除いてはいなかったということになります。ソドムの町に一〇人正しい者がいれば、主は滅ぼさないといったのですが（一八・三二）、二人の天使たちは、まさに現場で一〇人の正しい人がいなかったということを見聞きしました。ですから、ソドムの滅亡は免れないことになりました。

なお、男性同士の性行為をこの話をもとに、ソドミー（sodomy）と英語では言います。しかし、ソドムの男たちの態度は、二人の男性の間の話ではなく、集団で二人のみ使いを強姦しようとしているのですから、二人の男性間の合意による性行為とは全く異なります。相手の合意なく、大勢の男性が集団で二人の旅人を強姦しようというのですから、悪質です。

コラム 8-8

ソドムの罪の内容

ソドムの町の罪とは何でしょうか。一般的には、ソドミー（sodomy）という英語の言葉にあるように、男性間の同性愛のこととされているようです。古来、それは不道徳なこととされてきました。しかし、現代では、一人の男性と一人の男性の行為なら、個人的なことで、他人に迷惑は及ばさず、市民として普通に生きている限りにおいて、多くの国で認められ始めているところです。

ソドムの男たちの罪の内容は、男たちが一人残らずロトの家に来て、二人のみ使いに対して集団で性的な暴行、つまり強姦をしようとしたことです。

（17）　なお一八章三節のアブラハムが呼びかけた「ご主人様」の原文のヘブライ語は、「ADNY（アドナイ）」の単数形でした。

エゼキエル書一六章四九―五一節には次のようにあります。

「妹ソドムの過ちはこれである。彼女とその娘たちは高慢で、食物に飽き、安閑としていながら、苦しむ者や貧しい者を助けなかった。彼女たちは高ぶり、私の前で忌むべきことを行った。そこで、私は、あなたが見たとおり、彼女たちを取り除いた。」

ここで「私の前で忌むべきことを行った」とは、二人のみ使いの前で、ロトの家に老いも若きも一人残らず集団で押し寄せて、二人の天使を集団で強姦しようとしたことを指すと思います。

このエゼキエル書の指摘にあるように、ソドムの人たちが、神の前に正しく歩まず、食物に飽き、安閑としていながら、苦しむ者や貧しい者を助けなかったことも、主が罰を下されるもう一つの要因となったようです。

この男たちに対して、ロトは次のように言いました。

「[六]ロトは戸口を出て彼らのところに行き、後ろの戸を閉めて、[七]言った。『兄弟たちよ、どうか、ひどいことはしないでください。[八]聞いてください。私には男を知らない二人の娘がいます。その娘たちを皆さんに差し出しますから、好きなようにしてください。ただ、あの人たちには何もしないでください。この家の屋根の下に身を寄せたのですから。』[九]だが彼らは言った。『引き下がれ。こいつはよそからやって来ていながら、取り仕切ろうとしている。それならあの連中より先にお前のほうをいたぶってやろう。』」（一九・六―九）

ロトはソドムの町の人たちに、「兄弟たちよ、どうかひどいことはしないでください」と言いました。ここまではよかったのですが、ロトは続けて、「聞いてください。私には男を知らない二人の娘がいます。その娘たちを皆さんに差し出しますから、好きなようにしてください。ただ、あの人たちには何もしないでください。この家の屋根の下に身をよせたのですから」（八節）と言いました。

ロトは、旅人を守るための「もてなし」のつもりかも知れませんが、これはもう「もてなし」でなく、娘たちの人身御供です。ロトは、「兄弟たちよ、ひどいことはしないでください」（七節）で、きっぱりと止めるべきでした。八節の言葉を出すべきではなかったと思います。

これに対して、ソドムの男たちは、ロトの言うことは聞かず、かえって、『引き下がれ。こいつはよそからやって来ていながら、取り仕切ろうとしている。それならあの連中より先にお前のほうをいたぶってやろう。』そして、ロトの身に激しく迫り、近寄って戸を破ろうとした」（九節）とあります。

ロトは移住したソドムの町に溶け込もうと一生懸命、町の人のために尽くし、娘を町の男の嫁にして（一四節）、町の門のところに座る「裁き人」になっていました。しかし、町の人は、ロトのことを相変わらず「よそ者」としか見ていなかったことがわかります。

続く一〇―一一節には次のようにあります。

「〇すると、あの二人の男たちが手を伸ばして、ロトを家の中の自分たちのもとへ引き入れて戸を閉めた。

二そして家の戸口にいる男たちの目をくらませ、子どもから大人まで打ったので、彼らは戸口を見つけるのに疲れ果てた。」（一九・一〇―一一）

ここで「目をくらませ」というのは、たとえば突然強い光を彼らにあてて、一時的な盲目状態にしたということではないでしょうか。[18]

二人のみ使いは、ロトの言動を見て、アブラハムの言う「正しい人」と考えたのでしょう。彼と彼の家族を救

（18）The New Interpreters Bible Vol. 1, p. 475.

おうと、ロトに次のように言いました。（一二―一三節）

「一二二人はロトに言った。『まだほかに誰か身内の者、婿や息子や娘がここにいますか。町にいる身内の者は皆、ここから連れ出しなさい。一三私たちはこの町を滅ぼそうとしているのです。彼らの叫びが主の前に大きくなり、主はここを滅ぼすために私たちを遣わされたのです。』」（一九・一二―一三）

ここで初めて二人は主の使いであることを明かし、主がこの町をその罪のために滅ぼそうとしていることをロトに伝えます。そこでロトは嫁いだ娘たちの婿のところに行って言いました。「さあ、すぐにこの場所から出なさい。主はこの町を滅ぼそうとされているのです。」しかしそれは、「ロトの婿たちには馬鹿げたことのように思われた」（一四節）とあります。婿たちは取りあいませんでした。

ここに「婿たち」とあります。この「婿たち」の解釈には二説あって、一つは、まだ嫁いでない二人の娘たちの婚約者という解釈です。もう一つの解釈は、ロトにはすでに嫁がせた娘が複数いたという解釈です。ヘブライ語では、どちらもあり得る解釈だそうです[19]。いずれにせよ、この婿たちはソドム生まれの男たちであったことでしょう。ですから、彼らにとっては義父のロトが言うことを、「馬鹿げたことのように思われた」のだと思います。ロトは主の言葉を信じて、婿たちも含めて家族全員で助かろうと考えていたことがわかります。しかし結局、婿たちはついてきませんでした。

次の一五―一七節には次のようにあります。

「一五夜が明ける頃、御使いたちはロトをせきたてて言った。『さあ、すぐにあなたの妻とここにいる二人の娘を連れて行きなさい。さもないと、この町に下される罰によって滅ぼされてしまうでしょう。』一六しかしロトはためらっていた。そこで二人の男たちは、主の憐れみによってロトと妻と二人の娘の手をつかんで連れ出し、町の外に置いた。一七彼らを外に連れ出したとき、主は言われた。『生き延びるために逃げなさい。

振り返ってはならない。低地のどこにも立ち止まってはならない。山へ逃げなさい。滅ばされないためです。』」（一九・一五―一七）

夜が明ける頃になると、二人のみ使いたちはロトに、この町に下る罰の巻き添えにならないように、妻と二人の娘を連れてこの町から早く逃げなさい、とせき立てます。しかし、ロトはためらい、ぐずぐずしていたので、二人のみ使いは、ロトと妻と娘二人の手を取りました。二人のみ使いがそれぞれ両手で、合計四人の手を引いたのでしょう。

ロトがここでためらったことについて、ユダヤ人ラビのサックス氏は、「ロトの心の中には、一生懸命これまで町に溶け込もうとして努力した結果、町の『裁き人』にまで任命されて、それなりの地位を築き、娘たちも町の男に嫁がせた。そうしたこれまでの生活を捨てる決心がつかなかったからだろう」と言います[20]（原文英語、日本語訳筆者）。

それは、ロトの妻についても全く同じだったと思います。

ためらっているロトとその妻、そして二人の娘の手をとって、二人のみ使いは、町の外へ連れ出しました。その時、主は、「生き延びるために逃げなさい。振り返ってはならない。低地のどこにも立ち止まってはならない。山へ逃げなさい。滅ばされないためです」（一七節）と言いました。

これに対してロトは、山までは逃げることができないので、あの小さな町に逃げることにしてください、と頼みました。そのロトの願いを主は聞き入れて、その町を滅ぼさず、ロトたちがその小さい町に着くまでは災害を

（19）『旧約聖書創世記』関根正雄訳、一七八頁。
（20）Rabbi Jonathan Sacks, p. 114.

下さない、と約束しました。主はなんとやさしいのでしょう。「それで、その町の名はツォアル（小さい）と呼ばれた」（二二節）というヤハウェ資料特有の民間伝承にもとづく原因譚の文が付け加えられます。

その後、ロトがツォアルに着くとすぐに主がソドムとゴモラの町を滅ぼした記述が次のように続きます（二三―二五節）。

「[二三]日が地上に昇ったとき、ロトはツォアルに着いた。[二四]主は、ソドムとゴモラの上に、主のもとから、すなわち天から硫黄と火を降らせ、[二五]これらの町と低地一帯、町の住民のすべてと、土地に芽生えるものを滅ばされた。」（一九・二三―二五）

実際に起こったことを想像すると、天から降ったのは硫黄の火ではなく、雷の稲妻で、落雷によりこの地に多かった天然アスファルト（一四・一〇）が燃えたのではないかと思います。地中にあった天然アスファルトが燃え尽きたので、地面が下がり、その結果、死海脇の低地にあったソドムとゴモラの町は、死海の底に沈んだと言われています。

一方、ロトの妻に関して、続く二六節は次のように言います。

「ロトの妻は振り向いたので、塩の柱になった。」（一九・二六）

後ろを振り返ってはいけないという主の言葉を忘れ、ロトの妻は夫ロトとともに一生懸命に根を下ろそうと努力したソドムの町が懐かしくて、思わず後ろを振り向いてしまったのでしょう。この地に多い岩塩の柱の一つに、「ロトの妻」と呼ばれる岩塩の柱があります（図8-1）。

続く二七―二八節は、アブラハムについて次のように述べます。

「[二七]アブラハムは翌朝早く起きて、かつて主の前に立った場所に行った。[二八]彼がソドムとゴモラ、および低地一帯を見下ろしてみると、地の煙が、まるでかまどの煙のように立ち上っていた。」（一九・二七―二八）

図8-1　「ロトの妻」と呼ばれる岩塩の柱
［出典：著者撮影（2018年4月3日）］

このときアブラハムは、ソドムとゴモラの町が主が言われたように滅ぼされたことは確認できました。しかし、主がロトとその家族を救い出されたことをアブラハムが知ったかどうかは書いてありません。後に知ることになったかも不明です。

このためでしょうか。後の編纂者が以下のような加筆をしました（二九節）。

「神は、低地の町を滅ぼされたとき、すなわちロトが住んでいた町を滅ぼされた際、アブラハムのことを忘れず、ロトをその滅亡のただ中から救い出された。」（二九節）

この文章で大切なことは、ロトが救い出されたのは、ロトを主が選んだからでも、ロトが主の前に歩む正しい人であったからでもなく、アブラハムの執り成しの祈りを主が忘れなかったため、としていることです。これは同じ滅亡から救われたノアの場合とは異なります。主のために執り成したアブラハム自身がそのことを知ったか否かは書いてありませんが、少なくともアブラハムの執り成しの祈りが聞かれたことを、後の編纂者は書き加えたかったのでしょう。

コラム 8-9

アブラハムの執り成し

アブラハムは、ソドムとゴモラが滅亡した朝、早く起きて、さきに主に面と向かって執り成した場所に行って、ソドムとゴモラが滅亡したことを確認しました。しかし、創世記には、アブラハムがロトとその家族が助けられたことを知った、という記述はありません。私は、ロトが救い出されたことを、アブラハムは遂に知らなかったのではないかと思います。アブラハムは知らなくても、彼が執り成したことを主は聞き入れてくださったのです。このように私たちも執り成しの祈りをよくしますが、その結果がどうなったのかは知らないことが多くあります。その場合でも、主がなんらかの形で、聞き入れてくださっている、と考えてもいいのではないかと、このアブラハムの例から力づけられます。

コラム 8-10

ソドムに移住したロトの人となり――どっちつかずの優柔不断さ

一三章で、ロトは、アブラハムと別れる時に、よく潤い栄えていたヨルダン川低地を選び、ソドムの地に住みました。そこでロトは町の人に受け入れられるように一生懸命に努力したのだと思います。その結果、町の人にある程度は受け入れられて、町の門のところに座ることができる「裁き人」にもなりました。娘たちをソドムの男に嫁にもやりました。

一方で、遊牧民の間のよい習慣である旅人をもてなすというアブラハムと共通する性格も持っていました。町の人には、このようなよい習慣はなく、ソドムの町にきた旅人を性的に暴行しようとするという、およそもてなしとはかけ離れた恥ずべき行為をしようとしました。旅人をもてなすというロトの態度も気に食わなかったのでしょう。

町の人がみ使いである旅人二人を性的に暴行しようとした時に、ロトは、町の人の感情を害さないように旅人の代わりに自分の娘たちを好きなようにしてください、とソドムの暴徒らに差し出そうとしました。ロトは旅人を人間として尊重しますが、自分の娘たちを人間として尊重していません。男尊女卑の面もあるでしょうし、それ以上にロトが町の人にへつらっています。もしロトがそれをしなければ、暴徒と化した町の男全員が、彼を町から追い出すだろうと恐れたのかも知れません。しかし、この窮状からロトはみ使いの関与で救われました。

次に、み使いたちがロトに、さあ早くこの町から逃げ出しなさい、と言ったとき、ロトはためらって動きませんでした。町に同化しようと一生懸命に努力し、「裁き人」にまでなり、娘たちも町の男に嫁がせたロトは、決心のつかない状況に追い込まれていました。このロトの気持ちは人間的にはよくわかります。しかし結局は、天使に強引に手を引かれて、逃げ出すことになりました。ロトのこの思い切りの悪さは、ロトの妻にも通じます。彼女は振り返ったため、塩の柱となってしまいました。

こうして豊かな土地を求めてソドムに移住したロトは、ツォアルに娘二人と逃げ込みました。しかし、ツォアルの町もおそらく堕落していたのでしょう。ロトは、結局娘二人を連れて山の中の洞穴に逃げ、住むことになりました。これはロトがソドム的生き方とアブラハム的生き方の間で、どっちつかずの生き方をした結果である、と言えるのではないでしょうか。

アブラハム的な生き方とは、アブラハムが、カナンの隣人のために祈り、隣人を救うために戦ったことがありましたが、戦に勝利しカナン人のサレムの王メルキゼデクの祝福を受けた後も、あくまでカナン人とは離れてマムレに戻り、そこにある天幕に住み続けた、という生き方です（一四章）。その結果、アブラハムは、異邦人であるペリシテ人の王アビメレクおよびその軍隊の長ピコルから、「あなたが何をなさっても、神はあなたと共におられます」と言われました（二一・二二）。ヘト人からも、「あなたは私どもの中で神のように優れたお方です」と言われました（二三・六）。アブラハムは以上のように、カナンに住む先住民族の人々と一緒に平和的に共存して生活しましたが、決して同化することなく一時滞在する寄留者（二三・四）として生き続けました。そしてカナン人から一目置かれる人物になりました。

新約聖書のヘブライ人への手紙一一章九節に、「信仰によって、アブラハムは、他国人として約束の地に寄留し」とあるとおりです。私たちもこの世に他の人たちと平和的に共存する一方、この世の普通の人と同化して同じような生活を望むのでなく、あくまでも天に国籍がある者にふさわしく生活するように、と言われています（フィリピの信徒への手紙三・二〇）。

ユダヤ人ラビのサックス氏も、この点について、ユダヤ人の立場から以下のように言います[21]（原文英語、日本語訳筆者）。

「ユダヤ人以外の人が、ユダヤ人を尊敬するのは、そのユダヤ人がユダヤ教に則った生活をしているからである。ユダヤ教をないがしろにするユダヤ人を、ユダヤ人以外の人が尊敬することはありません。自分が誰であり、何者であるかについて、決してどっちつかずにはならないように(Never be ambivalent about who and what you are.)。」

新約聖書でもイエスは、言います。

「あなたがたは地の塩である。だが、塩に塩気がなくなれば、その塩は何によって塩味が付けられようか。もはや、塩としての力を失い、外に投げ捨てられ、人々に踏みつけられるだけである。」（マタイによる福音書五・一三）

また、ヨハネの黙示録には以下の記述があります。

「私はあなたの行いを知っている。あなたは、冷たくもなく熱くもない。むしろ、冷たいか熱いかであってほしい。熱くも冷たくもなく、なまぬるいので、私はあなたを口から吐き出そう。」（ヨハネの黙示録三・一五―一六）

人間が、人から尊敬される人生を送るには、アブラハムのように迷いながらも一つの信念を貫いた生活を送ることが必要です。ロトのようなどっちつかずの優柔不断な生き方では、結局自分も幸福にならず、人からも尊敬されず、信頼もされない、ということになってしまうのではないでしょうか。

コラム 8-11

「ロトの妻は後ろを振り向いたので、塩の柱になった」（一九章二六節）

ロトがどっちつかずの生き方をしたように、ロトの妻も主が導いてくださった道を一途に歩むということをしませんでした。折角主が、「生き延びるために逃げなさい。振り返ってはならない」と言われたのに、ロトの妻はツォアルまで逃げ延びて一息ついた時に、後ろを振り返ってしまいました。

(21)　Rabbi Jonathan Sacks, p. 115.

自分が長年過ごした土地に対するいろいろな思い出や未練があるのは、人間的にはよくわかります。出てきた町がその後、どうなったかを見てみたいのは人間の自然の心理です。しかし、主の言葉を信じて、歩み出したものには、過去を懐かしむ思いや態度はふさわしくないのです。

新約聖書にも、以下のようなイエスの言葉があります。

「鋤に手をかけてから、後ろを振り返る者は、神の国にふさわしくない。」（ルカによる福音書九・六二）

また、使徒パウロも言います。

「なすべきことはただ一つ、後ろのものを忘れ、前のものに全身を向けつつ、キリスト・イエスにおいて上に召して下さる神の賞を得るために、目標を目指してひたすら走ることです。」（フィリピの信徒への手紙三・一三―一四）

8・4 ロトの娘たち（一九章三〇―三八節）

資料的には、この部分もヤハウェ資料からです。

まず三〇節は次のとおりです。

「ロトはツォアルから上って行って、二人の娘と一緒に山地に住んだ。ツォアルに住むのを恐れたからである。彼と二人の娘は洞窟に住んだ。」（一九・三〇）

ロトはツォアルの町に逃げて、命は救われました。しかしツォアルの町の人もソドムやゴモラの人々と同じように悪い人だったのでしょう。この町も滅ぼされるのではないかと恐れたロトは、二人の娘を連れて山の中の洞窟に住みました。かつてアブラハムと別れて緑豊かな低地の町を選んだロトは、結局山の中の洞窟に住むようになりました。

次の三一—三八節は以下のように続きます。

「三一あるとき、姉は妹に言った。『お父さんは年を取ってきましたし、この辺りには、世の習わしに従って、
私たちのところに来てくれるような男の人はいません。三二さあ、お父さんにぶどう酒を飲ませ、一緒に寝
ましょう。そうして、お父さんの子孫を残しましょう。』三三その夜、彼女たちは父にぶどう酒を飲ませた。
姉が父のところに入って一緒に寝たが、父は娘が寝たことも起きたことも知らなかった。三四次の日になって、
姉は妹に言った。『私は夕べお父さんと寝ました。今夜もまたぶどう酒を飲ませましょう。あなたはお父さ
んのところに入って一緒に寝なさい。そうしてお父さんの子孫を残しましょう。』三五娘たちはその夜もまた、
父にぶどう酒を飲ませた。妹は父のところに行って一緒に寝たが、父は娘が寝たことも、起きたことも知ら
なかった。三六こうしてロトの二人の娘は、父によって身ごもった。三七姉は男の子を産み、その子をモアブ
と名付けた。彼が今日のモアブ人の先祖である。三八妹もまた男の子を産み、その子をベン・アミと名付けた。
彼が今日のアンモン人の先祖である。」（一九・三一—三八）

以上のように二人の娘が、父ロトをぶどう酒で酔わした後、父によって妊娠し子を産む話が続きます。姉の子はモアブ（ヘブライ語で「父親より」）という名がつけられ、モアブ人の祖先になり、妹の子は、ベン・アミ（ヘブライ語で「わたしの肉親の子」）と名付けられ、アンモン人の祖先となったと書いてあります。この名前の付け方は、ヤハウェ資料独特のヘブライ語による言葉遊びです。実際のモアブ人やアンモン人の先祖の話ではありません。

コラム 8-12

ロトの娘たちの行動について

ロトの娘たちが、父をぶどう酒で酔わせた上で、父と寝て妊娠したことに対して、古来から二つの正反対の評価があります[22]。

否定的な評価は以下のとおりです。ロトがアブラハムと別れて、この世的に豊かに見えたソドムの町の傍に住むことを選んだ時に堕落が始まっており、その行き着く先がこのようなことになった、というものです。ロトは、ソドムの町の男たちが客人となった二人のみ使いを性的に集団暴行しようとしたときに、娘たちを差し出そうとしました。そのつけが今度は娘たちから性的に使われたという形で戻ってきた、とも言えます。ロトにとって唯一よかったのは、ぶどう酒で酔わされてしまったので無意識であったということです。

もう一方の肯定的な評価は以下のとおりです。ロトはアブラハムの執り成しにより、娘たちと共に命を救われ、ツォアルの町に逃げますが、その町も堕落していたので娘たちを守るために、山の中の洞窟に住みました。こうしてロトは、娘たちをツォアルの堕落の影響から守りました。娘たちは命をつなぐために、一計を案じて父により子を授かります。このように娘たちが命をつなぐ工夫をしたために、子を授かったことは評価できます。後に三八章で、ユダの長男エルの嫁タマルが、自分の夫エルが亡くなったので、子を得るために、娼婦の身なりをして義父のユダにより妊娠します。このように女性が子を得るための工夫をして命をつなぐことはよいことだと考える伝統がイスラエルにあるようです。というのは、新約聖書のマタイによる福音書の一章にあるアブラハムからダビデに至る系図の中に、「ユダはタマルによってペレツとゼラをもうけ」と書いてあるからです。タマルのこの行為は、ダビデに至る系図の中で大切な役割を果たしています。その意味では、タマルの行為は認められたわけです。

ロトの娘の子たちは、後のモアブ人、アンモン人の祖先となって、イスラエル人とは敵対します。しかし、たとえばモアブ人の女性ルツは、後のイスラエル王国を栄えさせたダビデ王の曾祖母となります(23)。こうして誕生したダビデはイスラエルの繁栄に貢献し、さらにはその子孫からイエス・キリストが誕生しました。

以上が、ロトの娘たちの行動に関する二つの相反する評価です。前者の否定的な見方は、主にロトの態度・行動についてです。一方、後者の肯定的な見方は、娘たちの子を得ようとする行動についてです。関根正雄氏は、このロトの娘たちの話は、もともと民族の血の純潔を誇る意味があったのだろうと言います(24)。父がダメでも、娘たちは立派に行動したという評価になります。

後にイスラエルで近親相姦を禁じる律法ができてから（レビ記一八・六―一八）、ロトの娘たちの行為を否定的に捉える考え方が出てきたようです。その結果、「アブラハムの甥ロトと二人の娘の近親相姦にヨルダン川東岸の民であったモアブ人とアンモン人の起源をみるこの逸話は、イスラエルの民にとって、この二つの民が歴史的・民族的に近いと同時に、宗教的に忌避すべき存在であったことを示す」と月本昭男氏は言います(25)。

(22)　The New Interpreter's Bible Volume 1, pp. 475-476.
(23)　ルツ記、四章一六節。
(24)　『旧約聖書創世記』関根正雄訳、一七八頁。

8・5　アブラハムとサラのゲラル滞在（二〇章）

二〇章全体は、エロヒム資料からです。

二〇章の一—二節は次のように始まります。

「[一]アブラハムはそこからネゲブの地に移って行き、カデシュとシュルの間に住んだ。ゲラルに滞在していたとき、[二]アブラハムは自分の妻サラのことを、『彼女は妹です』と言っていた。それでゲラルの王アビメレクは人を遣わしてサラを召し入れた。」（二〇・一—二）

かつてエジプトでアブラハムは、妻サラを妹であると言いました（一二・一〇—一三）。今またゲラルの地でも同じことを言いました。このため、ゲラルの王はサラを召し入れました。

しかし、この章が一八章の後ろに来ていることは不思議です。というのは、一八章一一節に、「アブラハムとサラは多くの日を重ねて年を取り、サラには月経がなくなっていた」とあるからです。そのように年を取ったサラのことを妹だと言って偽る必要があったでしょうか。また異邦のゲラルの王がわざわざ人を遣わして年を取ったサラを召し入れただろうか、という疑問があるからです。さらにそれ以上に、一八章で、「来年の今頃には、サラに男の子が生まれている」（一八・一四）と言った主の約束を危うくする行為をアブラハムがしただろうかという疑問もあります。この疑問に対する私なりの答えを後の「コラム8‐13　二〇章が置かれた位置について」で述べます。

この二〇章はエロヒム資料ですが、同じような話がヤハウェ資料である一二章一〇—二〇節で、アブラハムとサラがエジプトに行ったときにありました。また同じヤハウェ資料の二六章一—一一節に、息子イサクが自分の妻リベカを妹と偽る話が出てきます。

関根正雄氏は、この二〇章のエロヒム資料の記事を、同じような話を書いた一二章および二六章のヤハウェ資料と比較して、「エロヒム資料の特徴を豊かに示す」とします。[26] 具体的に、どのようなことがエロヒム資料の特徴であるかを、以下の説明の中で示します。

一節に「そこから」とありますが、この「そこ」は、前の一八―一九章でアブラハムが住んでいた土地、すなわち、ヘブロンのマムレの樫の木の傍らということになります（図6-2の⑦）。アブラハムがなぜ祭壇まで築いたその地を離れたか、は書いてありません。しかし以下の理由で、飢饉があったためと推測されます。前回エジプトに移住した時は飢饉があったためと明記されています（一二・一〇）。二六章で、イサクがゲラルに移ったのも飢饉のためと書いてあります（二六・一）。さらに四六章で、ヤコブが一族を連れてカナンの地を離れてエジプトに下った時もやはり飢饉があったからとされています（四三・一）。「約束の地」は、しばしば飢饉に見舞われました。決して「エデンの園」のような楽園ではなかったのです。

ゲラルというのは、カナン地方の西南部に位置していた町で、ペリシテ人の町でした。[27] 後にイスラエル人は、ペリシテ人と対立して戦いを交えることになります。[28]

アブラハムはゲラルに移ったとき、妻サラを妹だと言いました。一二章でエジプトに移住した時と同じです。そこで、ゲラルの王アビメレクは、使いをやってサラを召し入れました（二〇・二）。再びアブラハムは、自分の命を助けるために、妻サラの貞操を、また人格を犠牲にしたので、どの註解書もその行いはよくない行為だと言

(25)『旧約聖書1　創世記』月本昭男訳、五七頁。
(26)『旧約聖書創世記』関根正雄訳、一七九頁。
(27) 二一章三二、三四節、および二六章八節を参照。
(28) たとえば、サムエル記上一七章を参照。

います。特に、The New Interpreter's Bible は、アブラハムが前のエジプトでの経験から学んでいないと、次のように非難します[29]（原文英語、日本語訳筆者）。

「エジプトで主から守られたにもかかわらず、その主に信頼せず、すでに一七章一六節で神からサラについて、『私は彼女を祝福し、彼女によってあなたに男の子を与える』と言われたのに、その約束を危うくする不信仰な行為である。アブラハムがこのような不信仰な行為をしたことが、後に二二章（筆者注　同じエロヒム資料）で、神がアブラハムに大きな試練を与えることとなった背景ではないか。」

アブラハムについては二度、イサクについても一度同じようなことがあったということは、美しい妻を持ち、たった一人で行動しつつ他人の領地で放牧を重ねる小家畜飼育者にとって、よくあることだったのでしょう[30]。しかし、どうみても恥ずべき行為です。サラも、夫アブラハムに自分の女奴隷を与えたり、また追い出したりするなど、そうした面をみれば自分の意志をはっきり持つ女性ですが（一六章）、こういう場合は文句も言わずにアブラハムに従い、アビメレクの宮廷に召し入れられました。サラも当時の遊牧の小家畜飼育者のやむを得ない習慣として、夫アブラハムの行為を受け入れていたのでしょうか。

続く三―五節は次のとおりです。

「するとその夜、サラを召し入れた夜、「神が夢の中でアビメレクのもとに来て言われた。『あなたは、召し入れた女のゆえに死ぬことになる。彼女は夫のある身なのだ。』しかし、アビメレクは彼女に近づいていなかったので言った。『主よ、あなたは正しい民でも殺されるのですか。『彼女は妹です』と言ったのは彼ではありませんか。また彼女自身も『彼は兄です』と言いました。それで、私は、正しい心と汚れのない手で、このことを行ったのです。』」（二〇・三―五）

このように、異邦人の夢の中にも神が現れ、問答することがエロヒム資料の特徴です。ヤハウェ資料では、ヤハウェがユダヤ民族の部族神的であるのに対して、エロヒム資料では、神は異邦人に対しても神であるとされます。

確かに、同じような出来事を書いたヤハウェ資料では、主はファラオの宮廷の人々に恐ろしい病気を送り、その結果ファラオは自分で病の原因は召し入れたサラのゆえであると自分で気が付いたように書かれています（一二・一〇―二〇）。同じヤハウェ資料の二六章七―一一節のイサクと妻リベカの記事では、「ペリシテ人の王アビメレクがふと窓ごしに下を見るとイサクが妻リベカと戯れていた」（二六・八）ので、リベカがイサクの妻であることを悟ります。つまり、ヤハウェ資料では、エジプトの王ファラオや、ゲラルの王アビメレクは、自分でサラやリベカを召し入れたことが原因であると気付きました。主が異邦の王ファラオやアビメレクに直接語りかけるとは書いてありません。しかしエロヒム資料では、神は直接異邦人にも表れ、語りかけるのです。

夢の中に現れた神に対してアビメレクは、「主よ、あなたは正しい者でも殺されるのですか」（四節）と抗弁しました。ここでアビメレクが「主よ」といった「主」はヘブライ語で「ＡＤＮＹ（アドナイ）（主人）」であって、神の名前である「ＹＨＷＨ（ヤハウェ）」ではありません。ここはエロヒム資料ですから、神については「エロヒム」を使っています（例えば六節）。ですから、アビメレクは、彼に語りかけてきたのは、誰か偉大なご主人さまであるとは思っていますが、イスラエルの神（ヤハウェ）とは認識していません。

アビメレクの神に対する抗弁は、かつてアブラハムがソドムのために執り成しのために質問したことを思い出させます（一八・一六―三二）。アビメレクの神に対する抗弁はエロヒム資料で、アブラハムがソドムのために執

(29)　The New Interpreter's Bible Volume 1, p. 481.
(30)　『旧約聖書創世記』関根正雄訳、一七二頁。

り成して主に質問した記事はヤハウェ資料です。神は人間に自由意志を与えました。自由意志を持った人間が、自分で考えて、正義のために神に抗弁したり質問をすることを神は許されている、ということが両方の資料に共通しています。すでに8・2節で述べたように、ユダヤ人のラビ・サックス氏は、正義のためなら神に対してでも抗弁したり質問をするというのは、イスラエルの重要な伝統である、と言っています。[31]

アビメレクの良心（道徳）の中では、夫ある女性を宮廷に召し入れることは罪である、とされていたようです。アビメレクは、アブラハムがサラを妹だと言い、サラもアブラハムを兄と言ったから、「それで、私は、正しい心と汚れのない手で、このことを行ったのです」（五節）と抗弁しました。これに対して、エロヒム資料らしく、「すると神は夢の中で言われた。『私も、あなたが正しい心でこのことを行ったのを知っている。だから私も、あなたが私に対して罪を犯すことのないように引き止めて、彼女に触れさせなかったのだ』」（六節）と、神はアビメレクの正しさのゆえに、彼を守ったことを伝えました。どのようにして守ったかというと、アビメレクに病を送ったことが、後の一七節の言葉から推測できます。[32]

「アブラハムが神に祈ると、神はアビメレクと妻、および侍女たちを癒されたので、彼女たちは子を産むようになった。」（二〇・一七）

すなわち神が癒された人たちの中に、アビメレク自身も含まれていることから、神がアビメレクに何らかの病を送って、彼がサラに触れさせないようにしたことがわかります。

神は続けてアビメレクに、「さあ、あの人の妻を返しなさい。彼は預言者であるから、あなたのために祈り、命を救ってくれるであろう。しかし、もし返さなければ、あなたとあなたに連なる者は皆、必ず死ぬと覚悟しなさい」（七節）と言いました。

ここで神がアブラハムを「預言者」と言ったのは、「預言者」が神の言葉を預かって、「執り成し」の祈りをする人であることを強調したためであると、The New Interpreter's Bible は説明します(33)。

アブラハムは自分の妻を妹だとしか言わなかったことによって、アビメレクに罪を犯させることになったのですから、殺されてもやむを得ない状況にありました。そのアブラハムを神は、アビメレクに直接語り掛けることによって守ったのです。アブラハムは、このことを知らなかったと思います。私たちが知らなくても、神はご自分が義とした者（一五・六、エロヒム資料）を守ってくれるのではないでしょうか。

次の朝、アビメレクは家来たちを残らず集めて、一切の出来事を語り聞かせたので、一同は非常に恐れました（八節）。

続く九―一〇節は次のとおりです。

「九アビメレクはアブラハムを呼んでいった。『あなたは何ということをしたのか。私があなたにどんな罪を犯したというのか。あなたは私と私の王国に大きな罪をもたらした。あなたはしてはならないことを私にしたのだ。』一〇アビメレクはさらに、『一体あなたは何を考えて、このようなことをしたのか』とアブラハムに向かって言った。」（二〇・九―一〇）

これはアビメレクのアブラハムに対する強い非難の言葉です。

これに対して、アブラハムは詫びるのではなく、言いわけとしてアビメレクの「一体あなたは何を考えて、このようなことをしたのか」という質問だけに以下のように答えます。

「一一するとアブラハムは言った。『この地には、神を畏れるということが全くありませんので、人々は妻の

(31) Rabbi Jonathan Sacks, p. 103.
(32) Wenham, Word Biblical Commentary Genesis 16–50, p. 74.
(33) The New Interpreter's Bible Volume 1, p. 482.

ゆえに私を殺すだろうと思ったのです。一二それに実際、彼女は私の父の娘で、妹でもあるのです。ただ母の娘ではないので、彼女は私の妻になることができたのです。一三神が私を父の家からさすらいの旅に出されたとき、私は彼女に、『こうしてくれると助かる。行く先々で、私のことを兄と言ってくれないか』と頼んだのです。』」（二一・一一―一三）

初めの言いわけは、アブラハムは勝手に自分の恐怖心から、この地には神を畏れるということが全くない、とまさに独断と偏見に満ちています。「独断と偏見」と言ったのは、実際には、アビメレクは神を畏れる人であり、自信をもって神に抗弁し、神も「正しい心と汚れのない手で、このことを行ったのは知っている」とアビメレクが正しいことを認めているからです。さらに家来たちもアビメレクの言うことを信じて、アブラハムを預言者と考えました。この時点でのアブラハムは、「神が備えて下さる」（二二・八）という神への信頼が全くないので、自分の才覚で、サラの貞操を犠牲にして自分の命を助けようとし、また言いわけをしてこの場を逃れようとする人間でした。

二つ目の言いわけは、「それに実際、彼女は私の父の娘で、妹でもあるのです」（一二節）という、彼がゲラルに移ったときに言った「彼女は妹です」（二節）は嘘ではなかった、というものです。しかし一二節の最後で、「彼女は私の妻となることができたのです」と、アブラハム自身がサラが妻であると言っているのですから、これでは少しも言いわけになっていません。このように、アブラハムは言いわけにもならない言いわけに終始して、一言も詫びの言葉を言っていません。これは人間的に問題がある、と思わざるを得ません。

以上のように、エロヒム資料は、イスラエル人でない異邦のペリシテ人の王アビメレクにも神が現れ、対話し、ペリシテ人の王が神に抗弁することも聞き入れ、かつ彼を正当に評価する記述をしています。これは驚くべきことです。というのはこの話はエロヒム資料であり、前八世紀にエロヒストが書きました（表1-1参照）。書かれたペリシテ人とは、その約三〇〇年前の前一一世紀のダビデ王の時代に敵対関係にありました。有名な少年ダビデがペリシテ人の巨人ゴリアテを倒した話[34]などは、当然エロヒストは知っていたでしょうから、イスラエル人から見て敵であったペリシテ人の王に対して寛大な見方をして正当に評価しているから驚くのです。

エロヒストは、一方でイスラエル人にとっての祖であり信仰の父とされるアブラハムを、強さと弱さ、正しさとずるさを持った一人の人間として客観的に描き、英雄視して手放しで褒めてはいません。このあたりがユダヤ民族中心主義のヤハウェ資料とは一線を画す特徴になっていると思います。

アビメレクは、寛容にもそれ以上アブラハムを責めることをせず、羊、牛、男女の奴隷などをアブラハムに与えました。さらに、アビメレクはアブラハムに、妻サラを返した上に、「あなたの前に広がっているのは私の土地だ。好きな所に住みなさい」（一五節）と言いました。このアビメレクの行為は、もちろん神が彼に夢の中で、「彼は預言者であるから」と語った言葉に基づいた行為とも言えますが、自分の土地に寄留してきた人に対するもてなし（ホスピタリティ）とも理解することができるでしょう。寛大なもてなしです。

さらにサラに対して、次のように言いました。

「私は銀一千シェケルをあなたの兄に与える。それは、あなたと一緒にいるすべての人に対してあなたの無罪の証しとなり、これであなたの疑いはすべて晴れる。」（二〇・一六）

このように、アビメレクはアブラハムだけでなく、当時一段と低い立場にあった女性のサラにまで、その身が潔白であることを証明し、サラの名誉を回復するために、銀一千シェケルという大金をアブラハムに与えました。[35]

(34)　サムエル記上、一七章。

(35)　この銀一千シェケルがいかに大金であるかは、後にアブラハムが妻サラの埋葬のために購入したマクペラの洞穴とその畑地の値段の交渉において最初に相手が吹っ掛けてきた値段が銀四〇〇シェケルであることからもわかります。

一八章で描かれている異邦であるペリシテ人の王アビメレクは、寛大で、かつ正々堂々と相手のことをよく考える人として描かれています。このようにイスラエル人以外の人でも、正当に評価する記述をするのが、エロヒム資料の特徴です。

次の一七―一八節は次のとおりです。

「一七アブラハムが神に祈ると、神はアビメレクと妻、および侍女たちを癒されたので、彼女たちは子を産むようになった。一八主は、アブラハムの妻サラの件で、アビメレクの家の女たちの胎をすべて堅く閉ざしておられたからである。」（二〇・一七―一八）

一七節は、アブラハムが預言者として執り成しの祈りをし、神がそれを聞き入れたので、アビメレクの家の女たちの子を産むようになったと書いてあります。すでに述べたように、神はアビメレク自身にも病を送っていたのでした。アブラハムはかつて主が彼について言われた「地上のすべての氏族はあなたによって祝福される」（一二・三）という言葉どおりの働きをしたわけです。

一八節では、「主は」と書き始められており、神の名としてエロヒムを使うエロヒム資料とは異なることから、後からの加筆であるとされます[36]。なぜ二〇章の最後にこの加筆がされて、二一章のイサクの誕生の物語に入るのかについては、次の「コラム8―13　二〇章が置かれた位置について」で、私の考えを述べます。

二〇章が置かれた位置について

創世記を編纂した人が、この二〇章をなぜここに置いたのかについては本文で述べたようにいくつか疑問が残ります。一二章ではアブラハムとサラが、主からの召命を受けてカルデアのウルを出た直後だったので、まだサラも若く美しかったでしょう。ですから、カナンが飢饉でエジプトの地に滞在した時に、アブラハム（当時はアブラム）がサラ（当時はサライ）に妹と言ってくださいと頼んだこと、そしてファラオが彼女を宮廷に召し入れたことはわかります。編纂者が、起こった時間的順序で記事を並べるならば、二〇章は一二章の近くに置かれるのが適当でした。一つの註解書は、二〇章と一二章一〇―二一節の記事の関係について、同じ事件をヤハウェ資料とエロヒム資料が別の記事として書いたのだ、という説がある、と述べています(37)。

このことから、創世記の記事は、必ずしも時間的な順序で並べられているのではなく、むしろ内容や意味を中心に順序が決められているのだろうと推測されます。では二〇章がこの位置におかれた理由は何でしょうか。

The New Interpreter's Bibleで、最後の一七節の「アブラハムが神に祈ると、神はアビメレクと妻、および侍女たちを癒されたので、彼女たちは子を産むようになった」の註釈として、「癒された対象にサラも入っていたのだろうか」という疑問が述べられていました(38)。また別の註解書には、「アビメレクの家の女たちの不妊のために執り成しの祈りをしたアブラハムの祈りが、どうしてサラの不妊にも及ばないことがあろうか？」と述べた後、「このようにしてこの章は、わずかな望みの光で終る。その望みは次の二一章で突然叶えられる」と、次の章で、神がサラの胎を開かれて子供が与えられた

(36)　Wenham, Word Biblical Commentary Genesis 16–50, p.68.
(37)　同右 pp. 68–69.
(38)　The New Interpreter's Bible Volume 1, p.483.

ことに言及しています[39]。

これらをもとに、私は以下のように推測します。

この章の最後の一八節は、次のとおりです。

「主は、アブラハムの妻サラの件で、アビメレクの家の女たちの胎を堅く閉ざしておられたからである。」

この章全体はエロヒム資料なのに、ここでは神の名として「主（ヤハウェ）」が使われています。その理由は、この一八節が後からの追加だからであるとされます[40]。ではなぜわざわざこの節を後から追加したのでしょうか。それは編纂者が、次の二一章のサラが奇蹟的に身ごもった記事につなげるために、後から挿入した、からではないでしょうか。

つまり、アブラハムが異邦の民の女性のために、執り成しの癒しの祈りをしたからではないでしょうか。これにより、「地上のすべての氏族はあなたによって祝福される」（一二・三）と言われたことが成就しました。これを神はよしとされて、サラは身ごもることができるようになった、と二一章につなげたのではないでしょうか。

ちょうどアブラハムが異邦のソドムとゴモラの人のために執り成したように、ここではアブラハムは異邦のペリシテ人のために執り成しの祈りをしました。その執り成しの祈りが、アブラハム自身に還ってきて、サラが身ごもったと考えることもできるのではないでしょうか。

こうして、二〇章は終わり、二一章のサラが身ごもり男の子を産んだ記事につながります。このため、編纂者は二〇章をこの位置に持って来たのではないか、と私は思います。

なお、この創世記では、アブラハムは、カナンのソドムの王、サレムの王、さらにヘブロンのマムレたち三兄弟と平和的に共存しました（一四章）。彼は、ソドム・ゴモラの民のためにも主に訴えて執り成しをしました。このように創世記の時代には、カナンの地でアブラハムは、すべての民と平和的に共存し、その民たちのために執り成しの祈りをしました。このような時代のことを、現代のイスラエル人も思い起こしてほしいと思います。

コラム 8-14

アブラハムは主が介入されたことに気付いていたか

アブラハムは、一度ならず、二度までも、自分の命を救うために、妻であるサラを妹と偽って、エジプトのファラオの宮廷（一二章）、およびゲラルの王アビメレクの宮廷に召し入れられるようにしました（二〇章）。確かに、自分の土地を持たずに、遊牧しながら他人の土地に入るしかない弱い立場にある当時の小家畜飼育者としてはやむを得ないことかもしれません。後にイサクも、愛妻リベカに対して同じようなことをします。現代の道徳基準で安易に批判はできないかも知れませんが、褒めるべきことでないのは確かです。

二回とも主なる神の介入により、サラは返されました。しかし二回とも、主の介入（守護）にアブラハムが感謝したという記述が創世記にはありません。主が介入したことにアブラハムは気づいてお

(39)　Wenham, Word Biblical Commentary Genesis 16–50, p.76.
(40)　同右 p. 68.

らず、自分の才覚でこの難局を切り抜けることができたと考えたかも知れません。私はこのことが後に二二章の神がアブラハムに与えた試練につながるような気がしております。私たちも同じように、私たちが気付いていないところで、何回も主が介入して、守ってくださっているのかも知れません。

アブラハムが信仰の父と言われるのは神の恵みによる

アブラハムは、小家畜飼育者として遊牧を行いつつ、他人の領地に移り住まざるを得ませんでした。その場合、一度ならず二度までも、美しい妻サラを妹といって、それぞれの土地の権力者（王）の宮廷にサラを召し入れさせて、自分の命をつないだばかりか、結果的に多くの財産を得ました。実際にサラは、アブラハムの異母妹であったので嘘ではないのですが、自分の妻であるという事実を隠すという、この世的な知恵を働かせます。それでは、創世記はこのように、この世的な知恵を働かせて、賢く（というかずる賢く）生きよと教えているのでしょうか。

私はそうではないと思います。創世記が伝えたいのは、神がご自分が義とした者を、たとえどんなに弱く、ずる賢く立ち回ろうとも、守り、自分に対する信仰を失わせないようにしてくださっていることを、後世の人たちに伝えたかったのだ、と思います。

アブラハムが信仰の父と言われるのは、彼が人間的な努力と知恵により信仰を貫いたからではなく、神が彼を彼の知らないところで守ったという恵みの結果なのです。

私たちが信仰を貫くことができるのは、実に神の恵みと守りによるものなのではないでしょうか。

コラム 8-16

異邦の民に対する創世記の書き方

ユダヤ中心主義の色濃いヤハウェ資料においても、アブラハムの妹とされたサラが実は妻であることがわかった時に、エジプトの王ファラオは、アブラハムの不真実を責めますが、サラをアブラハムに返しただけでなく、与えた財産を持たせたまま立ち去らせるという、道徳的で寛大な立派な人物として描かれています。エロヒム資料は、神は世界全体を統べ治める神という捉え方をしていて、異邦のゲラルの王アビメレクに夢の中に現れ、アビメレクが自分は全くやましい考えも不正な手段も使っていないと抗弁をした時に、その言い分を聞き、アビメレクを守ったことを伝えます。その上で、アビメレクもアブラハムに多くの財産を与えて、自分の領内に住むことを許しました。

以上のように、創世記では、ヤハウェ資料であれエロヒム資料であれ、異邦の民でも、「すべて真実なこと、すべて気高いこと、すべて正しいこと、すべて清いこと、すべて愛すべきこと、すべて名誉なこと、徳や称賛に値すること」を心に留めて[41]、正当に評価しています。この態度は、二一世紀の多宗教、多民族が互いに協力して共存していかなければいけない時代に、とても大切なことだと思います。

一方、アブラハムはといえば、「この地には、神を畏れるということが全くありませんので、人々は妻のゆえに私を殺すだろうと思ったのです」（二〇・一一）と、自分が知らない、自分と信仰を同じ

（41）新約聖書フィリピの信徒への手紙四章八節。

にしない民に対する露骨な偏見に満ちた発言をしました。このような偏見は、日本に来た外国人宣教師の一部にもありました。しかし実は、日本人には、日本の伝統的な道徳観があり、決して神を畏れないということはありませんでした。それを認めた多くの外国人がいたことも事実です。

このように互いに知らない国の民同士の相互理解や交流は難しいものです。このような場合、宗教や伝統は違っていても、神は天地万物の創造主であって、私たちには未知の世界にあっても統べ治めておられるということ、そして神はそれぞれの社会で異なった名前で知られているかも知れませんが、人間相互の関係を規定する道徳的な面ではほぼ同じだと考えてよいのではないでしょうか。ですから、知らない国の民と会っても、使徒パウロが言うように、「すべて真実なこと、すべて気高いこと、すべて正しいこと、すべて清いこと、すべて愛すべきこと、すべて名誉なこと、徳や称賛に値することがあれば、それを心に留めて」[42]、相手に謙虚に、しかし自らの価値観に自信をもって接することができるのではないでしょうか。

コラム 8-17

神の名前について

二〇章は全体がエロヒム資料からとされています。[43] しかし、一八節で「主は、アブラハムの妻サラの件で」とあるように「主（ヤハウェ）」が神を指す言葉として使われています。このことについて、一つの註解書は次のように言います。[44] すなわち、編纂者は、神がイスラエル人以外（ここではアビメレク）に現れるときには、普通名詞である「神（エロヒム）」を使っている（三節、六節など）。一方、一八節で、イスラエル人であるアブラハムの妻サラについて語るときは、「主（ヤハウェ）」を使っている、とこの註解書は指摘します。この傾向は、後に三九章から始まるヨセフ物語でも、イスラエル人に関しては「主（ヤハウェ）」を使い、エジプト人に対しては「神（エロヒム）」を使うところからも言える、と同じ註解書の同じページで述べられます。たとえば、三九章は全体としてヤハウェ資料ですが、九節でヨセフがエジプト人であるポティファルの妻に語るときには、「神（エロヒム）」が使われています。

このことは、神の名である主（ヤハウェ）は、天地万物の創造主である神のイスラエル人に示された固有名詞としての名であると考えた方がよいことを示唆しています。その他の民には、それぞれの名前で神は現れたと考えることもできるのではないでしょうか。

たとえば、サレムの王メルキゼデクが祭司として仕えていた「エル・エリヨン（日本語訳「いと高き神」）」をアブラハムが主（ヤハウェ）と呼んだとあります（一四・二二）。すなわち、天地万物の創造主である神は、サレムの人々には「エル・エリヨン」という名で知られていたということです。同じヤハウェ資料の二一章三三節では、「アブラハムはベエル・シェバに一本のタマリスクの木を植え、そこで永遠の神、主の名を呼んだ」とあります。ここで「永遠の神」のヘブライ語は、「エル・オーラム」であり、その地方のカナン人の神の名前でした。[45] また祭司資料は、創世記の中では、神の固有名詞として「エル・シャッダイ（日本語訳は「全能の神」）」を合計六回使っています（一七・一、二八・三な

(42) 同右。
(43) 『旧約聖書創世記』関根正雄訳、一七九頁。
(44) Wenham, Word Biblical Commentary Genesis 16–50, p. 69.
(45) 『旧約聖書１　創世記』月本昭男訳、六二頁。

ど)。祭司資料では、神の名がヤハウェであることを初めて示されたのはモーセに対してであるとするからです。それは出エジプト記六章三節(祭司資料)の次の文を読むとわかります。

「私は、アブラハム、イサク、そしてヤコブに全能の神(注 ヘブライ語「エル・シャッダイ」)として現れたが、主(注 ヤハウェ)という私の名は彼らにしらせなかった。」

すなわち、祭司資料では、創世記においては神の固有名詞は、「エル・シャッダイ」だったのです。昔から世界各地の人々は自分たち人間を越えた何らかの存在があると考えてきました。最近では、そのような存在をサムシング・グレート(Something Great 何か偉大なるもの)と呼ぶ人もいるようです[46]。

そのサムシング・グレートを創世記では天地万物を創造した神としました。このサムシング・グレートにヤハウェ資料は「ヤハウェ」という固有名詞を与えた上で、その存在がどのような方であるかを自分たちの歴史や体験を通じて明らかにしようとしました。エロヒム資料、祭司資料では、その存在に神(エル)の尊称の複数形エロヒムという名を与えました。祭司資料は、さらにこの存在である神(エロヒム)は、アブラハム・イサク・ヤコブには「エル・シャッダイ(日本語訳「全能の神」)の名で現れたとします。サレムの王メルキゼデクもその方を「エル・エリヨン(日本語訳「いと高き神」)」と呼び、アビメレクがいたゲラルの地では、その方を「エル・オーラム(日本語訳「永遠の神」)」と呼びました。

すなわち、創世記の中に限定しても神にはいくつかの名前があります。さらに広く世界を見てみれば、人々が真摯な態度で真理を求める限り、神はそれぞれの名で、それらの人々に現れると考えてよいのではないでしょうか[47]。

交通と情報通信が発達した二一世紀において、世界の色々な人々が平和的に共存するためには、自分が心の内に信じている神は、他の人々には他の顕現形態で現れていると謙虚に考えて、相手の考える「神」をすぐに否定するのでなく、対話を重ねることが必要だと思います。

(46) たとえば、矢作直樹・村上和雄『神（サムシング・グレート）と見えない世界』祥伝社、二〇一三年。
(47) たとえば、John Hick, *God has many names*. Papermac, 1980 を参照してください。日本語訳は、間瀬啓允『神は多くの名前をもつ―新しい宗教的多元論』一九八六年。

第九章　アブラハム物語（その四）（創世記二一章―二三章）

二一章では、神から長らく約束されていた男の子イサクが、ようやくアブラハム・サラ夫妻に与えられます。二二章では、神はアブラハムに、そのようやく与えられた、愛する独り子イサクを犠牲としてささげなさいと命令をします。二三章で、妻サラは死に、彼女の遺体を埋葬するための墓地をヘテ人から購入する話が述べられます。

9・1 イサクの誕生（二一章一―七節）

資料としては、ヤハウェ資料、祭司資料、エロヒム資料が組み合わせて用いられています。ヤハウェ資料の部分だけを書き出してみると、以下のようになります。

「主は、言われたとおり、サラを顧みられた。彼女は身ごもり、年老いたアブラハムに子どもを産んだ。彼女は言った、『サラが子どもに乳を飲ませるなどと、誰がアブラハムに言うことができたでしょう、しかし実際、私は年取った夫に子どもを産んだのです。』」

これで十分意味は通るのですが、編集にあたった祭司が祭司資料を加えたため、一―五節は繰り返しが多い文章になりました。

「一主は言われたとおり、サラを顧みられた。そして主は、語られたとおり、サラのために行われた。二彼
女は身ごもり、年老いたアブラハムに子どもを産んだ。それは、神がアブラハムに語った時期であった。
三アブラハムは、サラが産んだ自分の子どもをイサクと名付けた。四そして神が命じられたとおり、アブラ
ハムは生後八日目の息子イサクに割礼を施した。五息子イサクが生まれたとき、アブラハムは百歳であっ
た。」（二一・一―五）

祭司資料独特の部分は、「アブラハムは、サラが生んだ自分の子どもをイサクと名付けた」（三節）こと、「そして神が命じられたとおり、アブラハムは生後八日目の息子イサクに割礼を施した」（四節）こと、「息子イサクが生まれたとき、アブラハムは百歳であった」（五節）と彼のその時の年令を書き加えたことです。いかにも祭司資料らしい情報の追加です。

六節の「サラは言った。『神は私を笑わせてくださいました。このことを聞く人は皆、私を笑うでしょう』」はエロヒム資料とされます。[1] この六節は、「神（エロヒム）」という言葉が使われているので、ヤハウェ資料でないことはわかります。しかし、なぜ祭司資料でなくて、エロヒム資料なのかは私にはわかりません。先に一七章で、神がアブラハムに、サラから生まれる男の子をイサクと名付けなさい、と言った時に、アブラハムは笑ったという記事がありましたが、その部分は祭司資料でした。

さて内容を説明します。二一章一―二節で、ようやく神は長年アブラハム・サラ夫妻に約束されていた男の子イサクを授けました。アブラハムは、七五歳のときに、神の召しを受けて父の家を出てカナンの地に来たのですが、そのとき、「私はあなたの子孫にこの地を与える」（一二・七）と神から約束されました。アブラハムはイサクが生まれたときに百歳でしたから、二五年間、子どもの誕生を忍耐強く待ったことになります。アブラハムの喜びの言葉は直接には記されていません。しかし、サラが代わりに、「神は私を笑わせてくださいました。このことを聞く人は皆、私を笑うでしょう。サラが子どもに乳を飲ませるなどと、誰がアブラハムに言うことができたでしょう。しかし、実際、私は年取った夫にこどもを産んだのです」（六―七節）と、感謝と喜びの声をあげたことが書かれています。不妊の苦しみ、悩みは女性であるサラの方が大きかったので、編纂者はサラの喜びの声

（1）『旧約聖書創世記』関根正雄訳、一八〇頁。

だけを取り上げたのでしょう。

前に神が、アブラハム・サラ夫妻に子どもを与える、と告げたとき、アブラハムは笑い（一七・一七）、サラもまた笑いました（一八・一二）。そのときの二人の笑いは、神さまの言葉を信じられない、冗談ではないか、というあきらめに近い「笑い」でした。しかし、今やその「笑い」は、心の底からの本当に嬉しい喜びの「笑い」となって、アブラハム・サラ夫妻の心に涌き出てきたのです。かつてはあきらめに似た「笑い」をしたアブラハム・サラ夫妻ですが、今や二人は、神が真実な方でその約束を必ず成就してくださる方ということを学び、心の底から感謝して笑ったのでした。

世の中には、神がいるとかいないとか、あるいは天国があるとかないとか、そんなことはとても信じられないと、軽い「笑い」で受け流して、真剣に受け取らない人も多いでしょう。アブラハムやサラもかつてはそうでした。そういう人たちへの一つの「ヒント」としてこの話を理解してもよいのではないでしょうか。

9・2 ハガルとイシュマエル（二一章八―二一節）

この部分は、すべてエロヒム資料からです。

八節には次のようにあります。

「子どもは大きくなって乳離れした。アブラハムはイサクの乳離れの日に盛大な祝いの席を設けた。」

アブラハムの喜びと感謝は、言葉によってではなく、「この盛大な祝いの席を設けた」という行為の記述から伝わってきます。サラの喜びと感謝の言葉はすでに六―七節にありました。

イサクの乳離れが何歳で行われたかは不明ですが、『旧約聖書創世記』関根正雄訳には、「乳離れはオリエントでは少なくとも三歳位になってからされる」あります。[2]さらに『フランシスコ会訳聖書』の注にも、「乳離れは通常、生後約三年かかった」（マカバイ記二　七章二七節参照）とあります。[3]古代では、乳児死亡率が高かったので、乳離れする三歳まで待って初めて子が無事に育ったということになり、乳離れの儀式を盛大に祝ったのではないでしょうか。

つづいて九―一〇節は次のとおりです。

「九エジプトの女ハガルはアブラハムに子を産んでいたが、サラは、その子が遊び戯れているのを見て、一〇アブラハムに言った。『この女奴隷とその子を追い出してください。この女奴隷の子が、私の子、イサクと並んで跡を継ぐことはなりません。』」（二一・九―一〇）

同じ九節を『旧約聖書１　創世記』月本昭男訳は、以下のように括弧をつけて訳し、注をつけています。

「サラはエジプト人ハガルがアブラハムに生んだ息子が（彼女の息子イサクと（注））戯れるさまを見た。」

（注）七十人訳による補足

つまり「彼女の息子イサク」というのは、七十人訳による補足だということがわかります。新共同訳、口語訳、関根正雄訳、フランシスコ会訳および英語の Revised Standard Version（RSV）では、いずれもこの七十人訳による補足を加えた形になっています。一方、私がこの本で引用している聖書協会共同訳、英訳の King James Version（KJV）および New Internatioanl Version（NIV）では、この補足の部分は訳されていません。

意味は、七十人訳の補足を加えると「サラはイシュマエルがイサクと遊び戯れていたのを見て」となりますが、

（２）同右。
（３）『フランシスコ会訳聖書』（旧）四五頁。なお、マカバイ記二の七章二七節には、「わたしはお前を九か月も胎内に宿し、三年もの間乳を与え」とあります。

この補足を加えないと「サラはイシュマエルが遊び戯れていたのを見て」となり、イサクは出てきません。どちらでも意味はそう変わりはありませんが、確かに補足を加えた方が、サラは自分が産んだ大事な息子イサクが、女奴隷ハガルの産んだ子イシュマエルとともに遊ぶ姿を見て、将来、イサクにアブラハムの跡継ぎとなるようにしておきたい、と思ったのではないでしょうか。そこでサラは、次の一〇節で以下のように言いました。

「この女奴隷とその子を追い出してください。この女奴隷の子が、私の子、イサクと並んで跡を継ぐことはなりません。」

ところで、イサクが乳離れした時を三歳とすると、イシュマエルは、すでに一六歳になっていたはずです。[4] 一六歳の男の子が三歳の男の子と遊び戯れている、というのはありえないことではないですが、少し不思議な気もします。それ以上に不可解なのは、サラの訴えによってアブラハムはハガルを追い出しますが（一四節）、その時、ハガルが連れていったイシュマエルが幼児として描かれていることです。たとえば、一八節に「さあ、子どもを抱え上げ」とありますが、一六歳の息子をハガルは抱え上げることができたでしょうか。

この矛盾を『旧約聖書創世記』関根正雄訳は、「二十一章八節以下のエロヒム資料が、創世記編纂時に、二十一章一―五節の『ヤハウェ資料＋祭司資料』と結びつけられたための不整合であろう」と説明します。[5] 一〇節で、サラは、ハガルとイシュマエルを名をもって呼ばず、「女奴隷とその子」と言っています。人間として見ていません。

サラは、以前には自分の考えで、自分の女奴隷であるハガルをアブラハムに与えて子を産ませたのに（一六・二）、ハガルに辛くあたり、ハガルは逃げ出しました（一六・六）。荒野に逃げたハガルに、主のみ使いが現れて、「女主人のもとに帰り、従順に仕えなさい」と言いました（一六・一）。そこでハガルはアブラハムのもとに帰り、イシュマエルを産んだのでした（一六・一五）。ハガルは、神の言うことに従順に従いました。戻ったハガルが、サラにいじめられずに出産することができたのは、アブラハムが彼女をサラから守ったためであろう、ということはすでに一六章一五―一六節への説明で述べました。

サラは自分の息子イサクが無事成長し、乳離れの日を迎えたので、あらためてイシュマエルの存在が気になったのでした。そこで、サラはハガルとイシュマエルを追い出すように、アブラハムに迫りました。跡継ぎを誰にするかは、今でなくても、イシュマエルとイサクが共に成人した後に決めればよいことです。イサクが無事成人するか否かもその時点ではわからなかったはずです。たとえば、この後の創世記に出てくるイサクの息子ヤコブは、彼の二人の妻とそれぞれの仕え女たちの計四人の女たちが産んだ一二人の息子を共に成人させました（三五・二三―二八）。

ですから、このようなサラの態度は、やはり褒めたものではありません。The New Interpreter's Bible もサラのこうした態度を、「不必要なまでに厳しい（unnecessarily harsh）」と言います[6]。

一一節に、「この言葉はアブラハムにとって大変つらいことであった。その子も自分の子だったからである」とあります。ここで「つらいことであった」と訳された原文のヘブライ語は「ワイエラー・ベエネー」で、文字どおりに訳すと、「（アブラハムの）目には悪く映った」です。つまり、「アブラハムは間違っていると判断した」という意味です。同じヘブライ語の言い方は、「主の目に悪とされることであった」（創世記三八・一〇）や「サム

（4）というのは、ハガルがイシュマエルを生んだ時、アブラハムは八六歳でした（一六・一六）。イサクが産まれた時、アブラハムは百歳でした（二一・五）。ですから、イサクが産まれた時、イシュマエルは一四歳となります。イサクの乳離れが三歳であるとすれば、イシュマエルはすでに一六または一七歳になっていたはずです。そこでここでは一六歳としました。
（5）『旧約聖書創世記』関根正雄訳、一八〇頁。
（6）The New Interpreter's Bible Vol. 1, p. 488.

エルの目に悪と映った」(サムエル記上八・六)などにも出てきます。[7] つまり、「ハガルとイシュマエルを追い出して下さい」というサラの言葉は、アブラハムの目には悪と映った、すなわちサラの言い分を正しくないと考えた、ということです。

聖書協会共同訳の訳文に戻ると、アブラハムはサラのこの言葉を聞いて、非常に悩みました。しかし、この場合、アブラハムは悩んでいないで、家長として、「跡継ぎを誰にするか、また財産をどう分配するかは、時が来たら、自分の責任で考えて決めるから、幼児とハガルを今荒れ野に追い出すことは出来ない」とサラに対してきちんと言うこともできたはずです。アブラハムはソドムのために神に執り成しの訴えをしました(一八章)。しかし、自分の息子を産んだハガルとその息子イシュマエルについて、二人の命を守ろうと、妻サラに執り成しの反論をしないで、「好きなようにするがいい」(一六・六)と言ったり、「大変つらいこと」(二一・一一)と一人で悩んだりしています。アブラハムは族長として、自分の子どもを産んだハガルに関して、妻サラに執り成しの反論をする気はなかったようです。

そのとき、神はアブラハムに言います。

「あの子と女奴隷のことでつらい思いをすることはない。サラがあなたに言うことは何でも聞いてやりなさい。イサクから出る者があなたの子孫とよばれるからである。しかし私は、あの女奴隷の子もまた一つの国民とする。彼もあなたの子孫だからである。」(二一・一二―一三)

神が直接アブラハムに語り掛けているので、非常にエロヒム資料的な表現です。この神の言葉が、ヤハウェ資料の言葉なら、ユダヤ中心の国粋主義が出た表現である、と言えるでしょう。しかし、ここはエロヒム資料なので、イサクこそが、長い待ち望みの信仰の末に与えられた、神から約束された「約束の子」であるという点を強調しているのではないか、と私は考えます。一方、イシュマエルは、サラの発案になる人間の思いによって産まれた『人間の思いによる子』です。アブラハムの人間的な思いとしては、同じ自分の子として人間的に悩むのは当然ですが、神は「約束の子」を、神の約束を担う子孫として選びました。しかし、イシュマエルについても神は、「しかし、あの女の息子も一つの国民の父とする。彼もあなたの子であるからだ」（一三節）と言って、イシュマエルを守り一つの民とすることを約束します。アブラハムは自分で悩まず、神にハガルとイシュマエルをゆだねればよいのでした。この神の言葉を聞いて、なんとアブラハムは安心したことでしょう。

なお、イスラム教では、イスマイール（すなわちイシュマエル）をアブラハムの正当な跡継ぎとしています。[8] ですから、ここの記述はイスラエルに伝えられた伝承であると見てよいと思います。

神の言葉を聞いて安心した「アブラハムは朝早く起きて、パンと水の革袋を取ってハガルに与え、肩に負わせ、子どもとともに送り出した。彼女は出て行って、ベエル・シェバの荒れ野をさまよった」（一四節）とあります。

そのうち「[一五]革袋の水がなくなると、彼女は子どもを一本の灌木の下に行かせ、[一六]自分は矢の届くほど離れた所に行き、彼の方を向いて座った。子どもが死ぬのを見るのは忍びないと思ったからである。彼女は彼の方を向いて座り、声を上げて泣いた」とあります（二一・一五—一六）。

すると「[一七]神は子どもの泣き声を聞かれ、神の使いが天からハガルに呼びかけて言った。『ハガルよ、どうしたのか。恐れることはない。神はあそこにいる子どもの泣き声を聞かれた。[一八]さあ、子どもを抱え上げ、あなたの手でしっかりと抱き締めてやりなさい。私は彼を大いなる国民とする』」と続きます（二一・一七—一八）。

神が聞かれたのは、子どもの泣き声だけでなく、ハガルが「声を上げて泣いた」というその泣き声でもあった

（7）　月本昭男「アブラハム物語—創世記を読む（2）」講義資料（二〇一九年七月一六日）。

（8）　月本昭男『物語としての旧約聖書　上』一二九頁。

のだと思います。イシュマエルの名の意味は、ヘブライ語で「神は聞きたもう」です。神がハガルに産まれてくる子を「イシュマエルと名付けなさい、主があなたの苦しみを聞かれたからである」（一六・一一）として名付けられたものです。

このように、イサクの子孫であるエロヒストの神は、イシュマエルとその母親ハガルの苦しみの声を聞く神を描いています。エロヒストの神は、イスラエル人だけの神でなく、異邦人の神でもあります。

ハガルはなんと力づけられたことでしょう。すぐにハガルは神の言葉に従いました。すると、「神がハガルの目を開かれたので、彼女は井戸を見つけた。彼女は行って、革袋に水を満たし、子どもに飲ませた」（一九節）とあります。今まで見えていなかったものが見えるようになったのです。

コラム 9-1

人事を尽くした後は、天命を静かに待つ

ハガルは幼子イシュマエルを連れてベエル・シェバの荒野をさまよい、水を探してできるだけのことをしたのでしょう。しかし、水は見つからなかったので、イシュマエルから矢の届くほど離れた所に行き、「彼女は彼の方を向いて座り、声を上げて泣いた」（一六節）とあります。これは、人事を尽くした後、万策尽きたハガルの祈りだったと思います。このように彼女は座り、声を上げて泣きました。その泣き声、すなわち祈りを神は聞かれました。イザヤ書に次の言葉があります。

「主なる神、イスラエルの聖なる方はこういわれる。

『立ち帰って落ち着いていれば救われる。

> 静かにして信頼していることにこそ、
> 　あなたがたの力がある。』」（イザヤ書三〇・一五）
>
> ハガルは、すべてを神に任せるしかない状況に陥りました。しかし、そのような時こそ、「静かにして信頼」していれば、神は助けてくださいます。人事を尽くした後は、泣いてもよいですから、座って「静かにして」神に祈れば、神は聞いてくれるということをこの部分は教えてくれているように思います。

つづいて二〇―二一節は次のとおりです。

「二〇神が子どもと共におられ、その子は大きくなって、荒れ野に住み、弓を射る者となった。二一彼はパランの荒れ野に住み、母はエジプトの地から彼のために妻を迎えた。」（二一・二〇―二一）

神が子ども、すなわちイシュマエルと共におられ、その子が無事成長したとエロヒストは言います。ハガルは自分の出身地であるエジプト（一六・一）から息子イシュマエルのために妻を迎えました。旧約聖書の記事の中で、母親が息子の妻を世話をするのは、この記事だけだと The New Interpreter's Bible は言います。[9]「パランの荒れ野」とは、シナイ半島の北部の荒れ野のことです。[10]

神は「約束の子」であるイサクだけでなく、選ばれなかったイシュマエルをも守り、導いてくださったことを伝える素晴らしい記事だと思います。しかし、この言い方は、あくまでイスラエルの民に伝えられた言い方です。

（９）　The New Interpreter's Bible Vol. 1, p. 489.
（10）　『旧約聖書創世記』関根正雄訳、一八〇頁。

一方、イシュマエルにも子孫がおり、前述のように、『コーラン』では、イシュマエルがアブラハムの正当な跡継ぎとなっているので、イシュマエルの子孫の間で伝えられた話がどうなっているのか知りたいところです。

なお創世記で、イシュマエルが次に出てくるのは、アブラハムの死後、息子イサクとイシュマエルが父アブラハムの遺体をマクペラの洞窟の墓に葬った記事においてです（二五・九）。さらにイシュマエルの系図が、二五章一二―一八節に出てきます。

コラム 9-2

ハガルについて

アメリカの女性神学者フィリス・トリブル（Phyllis Trible, 一九三二年―）は、女性の観点から聖書を読む神学者（フェミニスト神学者）として有名です。彼女は、ハガルについて、あらゆる種類のはじきだされた境遇にある女性（all sorts of rejected women）を代表している、といいます[11]。

実際、ハガルの話によって、神の大切な本質が示されている、と私は考えます。それはまず第一に、創世記でアブラハム・サラそしてイサクという本流でない、つまり本流から外れた人たちにも神が心配りをして見守ってくださっていることを教えてくれています。次に二つ目として、人が悩みの中から声を上げたり、泣く時、神は聞いてくださることも教えてくれています。このことは、後に、イスラエルの民がエジプトで、奴隷となって苦役の重労働にあえいでいるときに、神は、「エジプトにおける私の民の苦しみをつぶさに見、追い使う者の前で叫ぶ声を聞いて、その痛みを確かに知った。」（出エジプト記三・七）と言って、民を救い出すことを決心される記事にも通じます。

つまり、イスラエル民族にとっての「約束の子」であるイサクとその子孫だけでなく、人から退けられた子（イシュマエル）とその母親をも、神はしっかり見守り、必要な助けを送ってくださっていることが書かれています。ここにはイスラエル民族中心主義が残っていますが、神の本質がきちんと捉えられていることがわかります。

この必要な助けを、神は、今まで見えていなかったものを見えるようするという形で送られました。たとえば、荒れ野で途方にくれていたハガルが泣き声をあげたときに、「神がハガルの目を開かれたので、彼女は行って革袋に水を満たし、子どもに飲ませた」（二一・一九）とあるように、苦難の中で見えていなかった苦難からの出口を、神は見えるようにしてくださったのです。

これは二二章で、イサクを犠牲としてささげようとしたときに、アブラハムが「目を上げてみると」（二二・一三）、後ろの木の茂みに一匹の雄羊が角をとられていたのを発見したのと同じでした。

これらのことは、人が悩むときに、悩みの中に沈んでいないで、祈りつつ周りをよく見ることを私たちに教えてくれています。

（11）　Phyllis Trible, *Texts of Terror: Literary-Feminist Readings of Biblical Narratives*, pp. 9–35.

コラム
9-3

約束の子イサクとその子孫が受け継ぐもの

神はアブラハムに、「イサクから出る者があなたの子孫とよばれるからである」（二一・一二）と言われました。すなわち、創世記では、イサクこそが「約束の子」とされ、アブラハムの祝福と使命を受け継ぐことになりました。それは、「地上のすべての氏族はあなたによって祝福される」（一二・三）という祝福であり使命です。この観点から、アブラハムの信仰の子孫を自認するユダヤ教徒もキリスト教徒も、そしてイスラム教徒も、党派的な動きをするのでなく、すべての人の祝福の源になるように祈り考えて、行動したいものです。

コラム 9-4

名をもって呼ぶ

ハガルとイシュマエルを、サラは「この女奴隷とその子」（一〇節）と言いました。名をもって呼んでいません。サラは、相手を人間として見ていないで、「もの」として見ていることがよくわかります。一方、神は「ハガルよ、どうしたのか」（一七節）と名をもって呼びました。神は、ハガルを人間として見て、名をもって呼んでいます。名をもって人を呼ぶことは、相手を人間として見て、人格を尊重することです。聖書には、「人を名をもって呼ぶ」ことがよく出てきます。以下、旧約聖書および新約聖書からそれぞれ一例をあげます。

「あなたがたの目を高く上げ
誰がこれらを創造したかを見よ。
万象を数えて導き出される方は
すべてを名前で呼ばれる。」

（旧約聖書　イザヤ書四〇章二六節）

「門番は羊飼いには門を開き、羊はその声を聞き分ける。羊飼いは自分の羊の名を呼んで連れ出す」（新約聖書　ヨハネによる福音書一〇章三節）

実際、欧米の人々は、人をその人の名前（特に姓名のうちの名）で呼びます。きっと聖書の伝統が、そうさせているのだと思います。私も人をその名でもって呼ぶように心がけています。

9・3　アビメレクとの契約（二一章二二―三四節）

資料的には、この部分は、エロヒム資料とヤハウェ資料が入り組んで使われています。二〇章のゲラルの王アビメレクの話はすべてエロヒム資料でした。ベエル・シェバの語源について、エロヒム資料とヤハウェ資料が異なる理解を持っており、二つの話が錯綜していて「理解が困難である」と関根正雄氏は言います。[12]

そこで、以下では、エロヒム資料とヤハウェ資料による二つの話を分けて説明します。

まずエロヒム資料の二二―二四節、二七節、三一節だけを抜き出して書くと次のようになります。

「[二二]その頃、アビメレクと将軍ピコルはアブラハムに言った。『あなたが何をなさっても、神はあなたと共におられます。[二三]さあ今ここで、私も、子や孫も欺かないと神にかけて誓ってください。私があなたに誠意を尽くしてきたように、あなたは、私にも、またあなたが滞在しているこの地にも同じように誠意を尽くしてください。』[二四]アブラハムは、『私は誓います』と答えた。[二七]アブラハムは羊と牛を用意してアビメレ

(12)　『旧約聖書創世記』関根正雄訳、一八〇頁。

クに贈り、二人は契約を結んだ。三一それゆえ、この場所はベエル・シェバと呼ばれるようになった。そこ
で二人が誓いを交わしたからである。」（二一・二二—二四、二七および三一）

ゲラルの王アビメレクの地に住むことを許されたアブラハムが（二〇・一五）、神に恵まれて勢力を増したので、アビメレクはアブラハムと契約を結んで両者が平和的に共存することになった、という美しい話をエロヒム資料は伝えています。アブラハムとしてもゲラルの王に恩義を感じていたので喜んでこの契約を結んだのだと思います。ここで、「ベエル・シェバ」とは、ヘブライ語で「ベエル（＝井戸）」＋「シェバ（誓い）」と理解されます。

一方、ヤハウェ資料（二五—二六節、および二八—三一節）には、アブラハムが掘った井戸をアビメレクの僕たちが奪ったので、そのことでアブラハムがアビメレクをとがめるという趣旨の記事が次のように出てきます。

「二五しかしアブラハムは、アビメレクの僕たちが奪った井戸のことで、アビメレクをとがめた。二六アビメ
レクは言った。『誰がこのようなことをしたのか、私は知りませんでした。あなたも私に告げませんでした
し、私も今日まで聞いていませんでした。』二八それからアブラハムは羊の群れから七匹の雌の小羊を別に分
けた。二九アビメレクはアブラハムに尋ねた。『この七匹の雌の小羊を別に分けたのは、何のためですか。』
三〇アブラハムは答えた。『私がこの井戸を掘ったという証拠となるようにです。私の手から七匹の雌の小羊
を受け取ってください。』」（二一・二五—二六および二八—三〇）

ヤハウェ資料の場合、「ベエル・シェバ」の意味は、ヘブライ語で「ベエル（＝井戸）」＋「シェバ（七つの）」雌の小羊の井戸、となります。同じヘブライ語の言葉「シェバ」でもヤハウェ資料は、「七つ」という意味の面を強調して、「七つの（雌の小羊の）井戸」と理解します。エロヒム資料は「誓い」の側面を強調し、ヤハウェ資料は「七つの」側面を強調するのが、違いです。なお、牧羊者にとって、雌の小羊は将来、子どもをたくさん産むので、大切な資産であり、その大切な資産である七匹を、自分が井戸を掘ったことの証拠として、私の手から

受け取ってくださいと、アブラハムはアビメレクに言った、というのがヤハウェ資料の書き方です。このようにヤハウェ資料では、アブラハムのような牧羊者にとって必須のベエル・シェバの井戸は、アブラハムの所有であることをアビメレクに契約で認めさせたということを主張する記事となっています。この後、ヤハウェ資料は、「三二彼らはベエル・シェバで契約を結び、アビメレクと将軍ピコルは立ってペリシテ人の地へと戻っていった。三三アブラハムはベエル・シェバに一本のタマリスクの木を植え、そこで永遠の神、主の名を呼んだ」（三二—三三節）と続きます。

以上のように、エロヒム資料では、アビメレクとアブラハムは平和的に共存した模様が描かれますが、ヤハウェ資料ではベエル・シェバの井戸はアブラハムがアビメレクをとがめてアブラハムに属するという契約をしたという記録を残しました。ヤハウェ資料の方が、自己主張性が強いと言えます。

いずれにしてもアブラハムは、ようやくゲラルの地で、安心して住める土地と牧羊者にとって必須の井戸を得ることができたのでした。

三二節に「アビメレクと将軍ピコルは立ってペリシテ人の地へと戻っていった」とありますが、ペリシテ人がカナン地方に来たのは、前一二世紀ですから、アブラハムが生きたとされる前一六—一八世紀には、まだペリシテ人はカナン地方に来ておらず、前八世紀にこれを書いたエロヒストの時代錯誤（アナクロニズム）であるとされます。[13]

三三節に出てくる「タマリスクの木」は、新共同訳聖書では、「ぎょりゅうの木」と出てきます。「ぎょりゅう」は漢字で「御柳」と書きます。広辞苑には「落葉小高木で乾燥に強い。高さ七メートルに達し、枝は赤褐色

(13)『旧約聖書創世記』関根正雄訳、一八一頁、および The New Interpreter's Bible Vol. 1, p. 492など。

でやや下垂し密に分岐。葉は細小、針形でとがり、枝をおおって生ずる」とあります（図9-2の写真参照）。

三三節に出てくる「永遠の神」は、ヘブライ語で「エル・オーラム」です。これは当時、この地ゲラルに住んでいたカナン人の神の名前でした。[14] 同時に「永遠の神」という名は、神のアブラハムに対するいつくしみが永遠であることを表現するものと考えてよいと思います。アブラハムは、「そこで永遠の神、主の名を呼んだ」（三三節）と今住んでいる地の神を彼の信じる神である主（ヤハウェ）であるとして礼拝したのでした。

図9-1　ベエル・シェバにある井戸
［出典：筆者撮影（2018年4月2日）］

同じような思想が、一四章二二節のアブラハムの言葉「私は天と地の造り主、いと高き神、主に手を上げて誓います」に出てきます。この場合、「いと高き神（エル・エリヨン）」は、地元カナン人たちのサレムの王メルキゼデクが祭司として仕えていた神の名前でした。[15] それをアブラハムが、「いと高き神、主」として主（ヤハウェ）の別名であるとしたのでした。すなわち、ヤハウェ資料では、地元の人たちの神の名である、「エル・エリヨン（いと高き神）」や「エル・オーラム（永遠の神）」を、主（ヤハウェ）の別名であるとしています。このことについては、すでに八章の「コラム8-17　神の名前について」で述べました。

二一章の最後である三四節には、次のようにあります。

「アブラハムは長い間、ペリシテ人の地に滞在した。」

図9-2　ベエル・シェバの井戸の傍の「タマリスクの木」
［出典：筆者撮影（2018年4月2日）］

アブラハムは、この地の王アビメレクからこの地に住むことを許され、また牧羊者にとって必須の井戸が自分のものであることも契約の形をとって、明らかに確定したので、安心して、「長い間、ペリシテ人の地に滞在した」わけです。後に、アブラハムの子イサクもこの地に長く住んでいたので（二六・一および八を参照）、この三四節は、その部分と話を合わせるための後からの加筆であろうとされます。[16]

いずれにせよ、約束の地に、自分の所有ではないにせよ、井戸の水の権利も確保して、ようやくアブラハムは安心して住める場所を得たわけです。神の約束の成就は、一歩ずつであり、期待している人間の目には遅いものです。アブラハムは忍耐して待つことを学んでいるのだと思います。

なお三四節に、「ペリシテ人の地」とあるのは、時代錯誤（アナクロニズム）であろうということはすでに三二節に関連して述べました。

以上のように、この部分では、編纂者がエロヒム資料とヤハウェ資料の話を組み合わせたために、話の筋が入り組んでおり、「誓い（ヘブライ語「シェバ」）」と「契約（ヘブライ語「ベリート」）」という、似てはいるものの違っ

（14）Wenham, Word Biblical Commentary Genesis 16–50, p. 94.
（15）『旧約聖書１　創世記』月本昭男訳、六二頁。
（16）『旧約聖書創世記』関根正雄訳、一八〇頁。

た言葉が出てきたり、ベエル・シェバの語源が二つ出てくるなど、わかりにくくなっています。しかし、編纂者があまり手を加えなかったために、聖書文献学の進展に役立つと同時に、聖書文献学の結果、聖書がただ一つの考えのもとに書かれたのではなく、異なる考えを共存させていることを明らかに示すこととなりました。

この場合の異なる考えというのは、エロヒム資料は、異邦の王アビメレクは神がアブラハムとともにいることを認めて、アブラハムと平和のうちに共存の誓いを交わしたとしました（三一節）。したがって井戸の名は、「誓いの井戸」と説明されます。一方、ヤハウェ資料では、アブラハムがアビメレクをとがめ（二五節）、アブラハムの自己主張によってベエル・シェバの井戸が契約によってアブラハムのものとなったとしています。したがって井戸の名は、アブラハムがこの井戸を掘ったことを認めさせる証拠としてアビメレクに贈った「七匹の雌の小羊」にちなんだ「七つの井戸」と説明されます。

コラム 9-5

アブラハムと異邦の王アビメレク

アビメレクは、先にアブラハムがサラを自分の妻と言わなかったため、あやうく罪を犯しそうになりました。しかし、アビメレクはアブラハムを許しただけでなく、多くの財産を与え、アブラハムとサラに自分の領地内に住むことを許しました（二一・一四―一六）。

その結果、アブラハムは恐れなくアビメレクの領地に住み、次第に富んで強くなっていきました。それを見たアビメレクはアブラハムに言います、「あなたが何をなさっても、神はあなたと共におられます」（二二節）。このように、異邦の民でも、信仰をもった人間には、神が共にいることを感じ取ることができる、とエロヒム資料は書いています。また、このように感じ取ることができるアビメレクを、エロヒム資料は非常に好意的に描いています。

　領内でアブラハムが益々富んで強くなっていくのを見たアビメレクは、軍隊の長ピコルを連れてアブラハムに、お互いに平和的に共存していこう、と提案しました（二三節）。アブラハムもこれを承知し、「私は誓います」（二四節）と答えました。こうして、二人は共に富みながら、長い間平和的に共存しました（三四節）。これは実に素晴らしいことです。アブラハムを信仰の祖とするイスラエル人もアビメレクの子孫であるパレスチナ人[17]もこの故事に、是非学んで欲しいと思います。

　このような美しいエロヒム資料の話に、ユダヤ民族中心主義の強いヤハウェ資料が、アブラハムが自分が掘った井戸を自分のものだと自己主張して、契約により自分のものとして認めさせた、という話を付け加えます。わざわざ付け加えなくてもよいと思いますが、ヤハウェ資料は恐らく両方の子孫にまでこの井戸がアブラハムのものであることを明確にするために、二人が契約したことを記したのでしょう。

9・4　アブラハム、イサクをささげる（二二章一―一九節）

この部分はすべてエロヒム資料からです。この章は、次の一―五節で始まります。

(17)　本文中で述べたように、三二節の「ペリシテ人の地」および三四節の「ペリシテの地」とあるのは、エロヒストの時代錯誤で、アビメレクをカナン人の祖先の一人と考えてよいと思います。

「一これらのことの後、神はアブラハムを試みられた。神が、『アブラハムよ』と呼びかけると、彼は、『は
い、ここにおります』と答えた。二神は言われた『あなたの息子、あなたの愛する独り子イサクを連れて、
モリヤの地に行きなさい。そして私が示す一つの山で、彼を焼き尽くすいけにえとして献げなさい。』三ア
ブラハムは朝早く起きて、ろばに鞍を置き、二人の従者と息子イサクを連れ、焼き尽くすいけにえに用いる
薪を割り、神が示した場所へと出かけて行った。四三日目になって、アブラハムが目を上げると、遠くにそ
の場所が見えた。五アブラハムは従者に言った。『ろばと一緒にここにいなさい。私と子どもはあそこまで
行き、礼拝をしてまた戻って来る。』」（二二・一―五）

神は、アブラハムを試すために、アブラハムに呼びかけ、「あなたの息子、あなたの愛する独り子イサクを連れて、モリヤの地に行きなさい。そして私が示す一つの山で、彼を焼き尽くすいけにえとして献げなさい」（二節）と言いました。これは大変な命令です。

神は、何度も約束した上で[18]、アブラハムに妻サラを通して息子イサクをようやく与えました（二一・二）。しかしこの神の命令は、そのイサクを焼き尽くすいけにえとしてささげなさい、と言うものです。しかも神はイサクがアブラハムにとって、「あなたの愛する独り子」であることを知っています。さんざん約束し、待たせた上で、ようやく与えた愛する独り子イサクを、神は焼き尽くすいけにえとして献げなさいと言うのです。何と矛盾した理不尽な神の命令でしょう。

二節の「モリヤの地」は、ヘブライ語で「エレツ（地）・ハモリヤ（主が示す）」と表されますから、「主が示す地」という意味になります。「モリヤの地」の位置は不明ですが、歴代誌下三章一節に「ソロモンは、エルサレムのモリヤ山で、主の神殿の建築を始めた」とありますから、後にソロモンが神殿をその上に建てたエルサレムの山であるということに、伝統的になっています。実際、エルサレムそのものも山の上にあり、ソロモンが建て

た神殿もその山の上に立っています。これはアブラハムが住んでいたベエル・シェバから旅立って「三日目になって、アブラハムが目を上げると、遠くにその場所が見えた。」（四節）ということとも矛盾しません。

この神の命令に対して、不思議なことに、「アブラハムは朝早く起きて、ろばに鞍を置き、二人の従者と息子イサクを連れ、焼き尽くすいけにえに用いる薪を割り、神が示した場所へと出かけて行った」（三節）とあります。不思議なことに、と私が言うのは、神がソドムを滅ぼすことを予めアブラハムに告げた時に、アブラハムは何度もソドムのために執り成しのための反論を神にしたのですが（一八・二二―三二）、神が何度も約束しやっと与えてくださった自分の愛する独り子イサクを焼き尽くすいけにえとしてささげなさい、という理不尽な神の命令に対して、アブラハムがイサクのための執り成しのための反論をしていないからです。アブラハムは何も言わずに黙々と神の命令に従いました。しかも、「朝早く起きて」とあるように、前日から周到な準備をして、決然として、すべての用意をして、次の朝早く旅立ったことがわかります。「朝早く起きて」という表現は、アブラハムが迷いなく旅立ったことを際立たせる表現だと思います。

アブラハムのベエル・シェバからモリヤの山への旅は、三日かかったのですが、その間のアブラハムとイサク、および二人の若者のとの間の会話や心理状態についての描写は一切ありません。アブラハムの心の中の葛藤についても、一切何も語られません。

この点を、ギリシャのホメーロスの『オデュッセイア』の場合と比較して、『オデュッセイア』なら、このような時に登場人物の心理描写を逐一行うところだが、何も言わずに事実だけを淡々と描写して読者に自分で考え

(18)　神のアブラハムに対する子孫の約束は、一二・七、一三・一五、一五・五、一七・一九・、一八・一で繰り返されました。

る余地を与えるのがヘブライ文学の特徴だと、ユダヤ人の比較文学者アウエルバッハはその著書「ミメーシス」で述べます。[19]

また、デンマークの信仰者で哲学者であるキルケゴールは、このアブラハムがイサクをささげる記事をもとに、彼の解釈、登場人物の心理描写、さらに哲学的考察などを加えて、日本語訳で一〇八ページにもおよぶ著書『おそれとおののき』を書きました。[20]

この僅か一九節の創世記の物語が、アウエルバッハやキルケゴールに素晴らしい考える材料を与えたことがわかります。それほど、この記事は私たちに信仰についてだけでなく、文学の形についても考えさせる印象深い物語です。

なおアウエルバッハとキルケゴールを、後の「コラム9-13 アウエルバッハとキルケゴール」で簡単に紹介します。

創世記二二章に戻ります。三日目に遠くにその場所が見えると（四節）、アブラハムは従者に「ろばと一緒にここにいなさい。私と子どもはあそこまで行き、礼拝をしてまた戻ってくる」（五節）と言いました。

続く六―八節は、以下のとおりです。

「[六]アブラハムは焼き尽くすいけにえに用いる薪を取って、息子イサクに背負わせ、自分は火と刃物を手に持った。こうして二人は一緒に歩いて行った。[七]イサクが父のアブラハムに、『お父さん』と呼びかけると、彼は、『息子よ、何か』と答えた。そこでイサクは、『火と薪はここにありますが、焼き尽くすいけにえにする小羊はどこですか』と尋ねた。[八]するとアブラハムは、『息子よ、焼き尽くすいけにえの小羊は神ご自身が備えてくださる』と答え、二人はさらに続けて一緒に歩いて行った。」（二二・六―八）

イサクが父アブラハムに、「火と薪はここにありますが、焼き尽くすいけにえにする小羊はどこですか」（七節）と尋ねました。イサクがこの質問をしたということは、彼は父アブラハムが自分を焼き尽くすいけにえにしようとしているとは、全く考えていないことを示すものです。「するとアブラハムは、『息子よ。焼き尽くすいけにえの小羊は神ご自身が備えてくださる』」（八節前半）と答えました。私は、この物語のテーマは、「神が備えてくださる」というアブラハムの信仰にあると思います。この後、何事もなかったかのように「二人はさらに続けて一緒に歩いて行った」（八節後半）とあります。

アブラハムは、すでに長年の自分の失敗の経験から主が信頼するに値する方であることを実感として知っていて、三日の旅路の最中から、なんらかの形で「神が備えて下さる」という確信を得たのではないかと思います。ですから突然、イサクに聞かれたときに、すぐに「息子よ、焼き尽くすいけにえの小羊は神ご自身が備えてくださる」と答えることができたのだと思います。そのことを信じていたから、アブラハムは最後の瞬間まで、神の言われた命令に粛々と従うことができたのだと思います。

次の九―一四節は、以下のとおりです。

「九神が示された場所に着くと、アブラハムはそこに祭壇を築き、薪を並べ、息子イサクを縛って祭壇の薪の上に載せた。一〇アブラハムは手を伸ばして刃物を取り、息子を屠ろうとした。一一すると、天から主の使いが呼びかけ、「アブラハム、アブラハム」と言った。彼が、『はい、ここにおります』と答えると、一二主の使いは言った。『その子に手を下してはならない。あなたが神を畏れる者であることが、今、分かった。あなたは自分の息子、自分の独り子を私のために惜しまなかった。』一三アブラハムが目を上げて見ると、ちょ

(19) アウエルバッハ『ミメーシス』上、一五頁。
(20) キルケゴール『おそれとおののき』

うど一匹の雄羊がやぶに角を取られていた。アブラハムは行ってその雄羊を捕らえ、それを息子の代わりに焼き尽くすいけにえとして献げた。[一四]アブラハムはその場所をヤハウェ・イルエと名付けた。それは今日、「主の山に、備えあり」と言われている。」(二二・九—一四)

神が命じた場所に着くと、「アブラハムはそこに祭壇を築き、薪を並べ、息子イサクを縛って祭壇の薪の上に載せた」(九節)とあります。急に縛られで祭壇の薪の上に載せられた息子イサクは、信頼していた父が自分を焼き尽くすいけにえにしようとしていたことをこの時初めて知って、どんなに大きな驚きと恐怖に襲われたことでしょう。続く一〇節に「アブラハムは手を伸ばして刃物を取り、息子を屠ろうとした」とあります。縛られていたイサクが、父が刃物を取って自分に切りかかろうとする姿を見なかったことを願うばかりです。

まさにこの時に、最後まで忠実に神の命令に従ったアブラハムに対して、主は、「あなたが神を畏れるものであることが今、分かった」と言いました。ということは、これまでは、主はアブラハムを真に神を畏れる者であるとは確信していなかったことを示します。神を畏れるというのは、いろいろな意味がありますが、神に全き信頼をおいて、人生を歩むということもその中に入っていると思います。一二章でアブラハムをカルデヤのウルの地から呼び出して以来、神はずっとアブラハムを見ていました。たしかに、アブラハムは、飢饉でエジプトやゲラルに移住した時に、神に信頼せずに、二回も自分の知恵で自分の延命を図るために、妻サラを妹だと言って、妻の人格を犠牲にして自分の命を助けようとしました(一二・一三、二〇・二)。エジプトで神に助け出されたのを忘れ、二度目のゲラルでは、神が自分を守ってくれるという信頼をしないで、勝手に「この土地には、神を畏れることが全くないので」と、人のせいにして、自分の知恵で、またもサラを犠牲にして自分の命を永らえようとしました。

また、サラが自分に与えたハガルを、二度も荒れ野に追い出しました(一六・六、二一・一四)。もしアブラハムが、神に全き信頼を置いていたら、神に祈って、サラとハガルの両者を大事にする、もっと別な方法をアブラハムは教えられたかも知れません。たとえば、アブラハムは家長として孫のヤコブのように、自分の妻たちとその子どもたちすべてについて責任ある行動をとれたかもしれません。彼の孫のヤコブは、二人の妻、二人の妾の計四人とその子供たち一二人をすべて連れて、叔父であるラバンのもとから逃げ出すという形で、家長としての責任を果たしました（三一章）。

ですから、二二章の前のアブラハムは、まだ「主が備えて下さる」（二二・一四）という全き信頼の境地にまでには成熟しておらず、自分の人間的な知恵と自分の命に対する恐れから行動していたのです。

前に神がソドムを滅ぼすことをアブラハムに告げた時に、あれだけ執拗に執り成し反論したアブラハムですが（一八・一六―三三）、今回のイサクを犠牲としてささげよ、という神の言葉には、イサクのための執り成しの反論を一言もせずに従順に、しかもイサクを縛り上げて祭壇の薪の上に載せ、刃物を取って、イサクを屠ろうとするところまで従順に従いました。厳しいけれども、神はこのような従順さを信じる者に求めています。アブラハムは、主の使いがこのとき、止めなければ、おそらく息子イサクを屠り、焼き尽くすいけにえとして献げる覚悟ができていたと思います。それでもなおアブラハムは、何らかの形で、「主が備えてくださる」ことを信じていたと思います。たとえば新約聖書で、死に至るまで、しかも十字架の死に至るまで、神に忠実に従ったイエスを復活させたように。あるいは、ヨハネの黙示録にある次の言葉のように。

「死に至るまで忠実であれ。そうすれば、あなたに命の冠を授けよう」（ヨハネの黙示録二・一〇）

しかし、ここでは旧約聖書ですから、その前に主の使いが現れて、アブラハムを制止したのでした。このことは全くアブラハムには予想外のことで、奇蹟的であったと思います。

一三節でアブラハムは、主の使いの声を聞いて我に返り、目が開かれて、やぶに角を取られていた雄羊を見つけ、息子イサクの代わりに焼き尽くすいけにえとして献げました。続く一四節で、アブラハムがその場所をヤハウェ・イルエと名付けたことが書かれます。「ヤハウェ・イルエ」とはヘブライ語で、「主は備えてくださる」という意味です。アブラハムがこの辛い試練から得たものは、まさにこの「主は備えてくださる」という信仰だったのではないでしょうか。この一四節で、この話のクライマックスは終わります。

次の一五―一八節は、後からの加筆で、エロヒム資料のこの話は本来は一九節の「アブラハムは従者のところに戻り、皆一緒にベエル・シェバへと向かった。アブラハムはベエル・シェバに住んだ」で終わります。ベエル・シェバは、ゲラルの王アビメレクが、アブラハムに住まいとして与えたところで、アブラハムが長く滞在したところでした（二一・三四）。

一五―一八節は、「内容・用語その他から二次的加筆で本来ヤハウェ資料にもエロヒム資料にも属さぬものと思われる」と関根正雄訳創世記は注釈で言います。[21] この一五―一八節の後からの加筆については、コラム9-11で詳述します。

神はなぜアブラハムを試す必要があったのでしょうか。神がなぜアブラハムを試したのかについては、古来さまざまな読み方があります。月本昭男氏は、その著書で以下のように述べます。[22]

「ユダヤ教の学者たちは、総じて、神がそのような命令を実際に下したのかどうか、下したとすればそれはなぜであったのか、またアブラハムは本当にイサクを殺そうとしたのか、などといった疑問と取り組みました。キリスト教には、十字架の道を歩む神の子イエス・キリストの姿をこの物語に重ね合わせる伝統が生まれました。愛児イサクをイスマイールと読み替えるイスラム教では、神の命令に同意するイスマイールを伝えています。近世以降は、哲学者や文学者のさまざまな解釈や、聖書学者たちによる諸考察が加わります。」

なお、旧約聖書には、モアブの王が自分の息子を焼き尽くすいけにえとしてモアブの神に献げた、という記事があります（列王記下三・二七）。またユダヤ人の中にも息子・娘を火で焼くいけにえとして献げたことがエレミヤ書七章三一節に出てきます。このように中東地域には子供を犠牲として献げる慣習がありました。そのような背景から、この物語は、まず神がアブラハムに息子イサクを献げよと命令しておいて、最終的には、その代わりに雄羊を犠牲に献げた、という話を創世記に入れることで、イスラエルの民の間では、子どもを犠牲として献げる必要はない、子供の代わりにアブラハムがしたように、羊などの家畜を犠牲として献げればよいのだというこ とになったこともこの物語から読み取れます。その結果、子どもを犠牲として献げることは旧約聖書では禁じられました（レビ記一八・二一、列王記下一七・一七、エレミヤ書七・三一）。

前に紹介したデンマークの哲学者キルケゴール（一八一三―一八五五）の著作『おそれとおののき』は、この物語に正面から取り組んだものとしてよく知られています。私も読みましたが、彼はキリスト者として真摯に神を信仰する立場から、神の命令がどんなに不条理に思えても、その不条理を「おそれとおののき」を持って受け入れることにこそ信仰の本質がある、と言っています。

以上を読んだ上で、「なぜ神はアブラハムをためしたのか」に関する、私なりの答えを次のコラム9-6とコラム9-7で、二つの観点から述べます。

---

(21)『旧約聖書創世記』関根正雄訳、一八一頁。
(22) 月本昭男『物語としての旧約聖書　上』一三〇頁。

コラム 9-6

なぜ神はアブラハムを試したのか（その一）
――アブラハムの信仰の成熟を試したのではないか

なぜ神はアブラハムを試したのか、という疑問を解く一つの鍵になる言葉として、「あなたが神を畏れる者であることが今、分かった」（一二節）を取り上げたいと思います。すでに本文で述べましたが、「今」とあるのは、それまでは、アブラハムが心から神を畏れるものだと、神は確信していなかった、ということを意味します。二二章に至る前のアブラハムの信仰は、まだ「主が備えて下さる」（二二・一四）という全き信頼の境地にまでには成熟しておらず、自分の人間的な知恵と自分の命に対する恐れから行動していました。

前に神がソドムを滅ぼすことをアブラハムに告げた時に、あれだけ執拗に執り成しに反論したアブラハムですが（一八・一六―三二）、今回のイサクを犠牲としてささげよ、という神の言葉には、イサクのための執り成しの反論を一言もせずに従順に従いました。しかもアブラハムは、イサクを祭壇の薪の上に載せ、刃物を取って屠ろうとするところまで、従順に従いました。これまでの経験から、ようやくアブラハムは、「主が備えて下さる」という全き信頼を神に対して持ったことが、その最後の瞬間に至るまでの従順な態度からわかります。アブラハムは、長い間の多くの失敗と少しの成功（たとえば一四章での軍事的勝利）のアップダウンに満ちた人生の結果、晩年になってイサクが与えられたことで、「主が備えて下さる」との全き信仰に達したことになります。このように、創世記は、信仰の父アブラハムを、最初から完全な信仰を持った人間として書いていません。そこには私たちと同じように、対世間的には強い権力者におびえ、また家庭内の諸問題に悩まされながら、つまずきつつ歩んだ末に、このような全き信頼を神に持つに至ったことが書かれています。創世記には、このように最初から全き信仰を持った人間は書かれていません。人生の厳しい山や坂や谷を歩んだ末に、人間が神を次第に信頼して行く信仰の成長、成熟の過程を、創世記は生き生きと描きます。私が創世記を好きな理由は、このように最初から全き信仰を持った人間を描くのでなく、人間の信仰の成長過程をダイナミックに描いているところにあります。

前に述べたキルケゴールの「おそれとおののき」の一つの章「アブラハムをたたえることば」で、キルケゴールは、アブラハムを神への全き信仰を持った人間としてほめたたえています。二二章のこの部分だけを読めば、そのように確かに読めます。しかし、一一章二七節から二一章に至るまでのアブラハム物語では、アブラハムはそのような全き信仰を持った人間としては描かれていません。キルケゴールが讃えるアブラハムの全き信仰は、彼が老年になってようやく達した信仰の境地だといえます。「おそれとおののき」を書いた時のキルケゴールは三一歳です。三一歳でようやく学問が成って、世の中のことが頭でわかりだしたキルケゴールが、理想の信仰者の姿としてアブラハムを描いたのは理解できます。しかし、私のように七七歳になって多少の人生を経験した者には、上述のように、アブラハムが私たちと同じように、つまずきつつ歩んだ末に、過去を振り返って、それぞれの時に神が助けてくださったという実際の体験を経てたどりついた信仰の境地であったという理解の方が、よりリアルに感銘を受けます。そういうアブラハムの信仰の成熟過程を、私たちは創世記を初めから順に一章ずつ読んでいったので知っています。ここに創世記を初めから順に一章ずつきちんと読んでいく意味があると私は思います。創世記は、全き信仰を初めからもった人間を描いた書ではなく、一人の人間の成長・成熟の過程を描く書物だからです。

イサクの代わりに、雄羊の犠牲をささげて、わが家に帰ったアブラハムについて、キルケゴールは、「この日から、アブラハムは老人になった」と述べます。キルケゴールがどういう意味で「アブラハムは老人になった」と言ったのか私はわかりませんが、私は、この「老人になった」の意味を、信仰的に成熟した人間になったと読みたいと思います。老人になるということは、人生の経験を経て、神が信頼するに値する方であることを実感できるようになった、ということだと思います。その実感に基づいて、自分は神のみもとに行くことになっているのだから、その時が来るまでは、自分のためにではなく人のために働いて、神に仕えることだと考えるようになることだ、と思います。そう読むなら、キルケゴールの「この日から、アブラハムは老人になった」と言ったことの意味がよくわかります。

コラム 9-7

なぜ神はアブラハムを試したのか（その二）——わが子への肉の愛を離れ、神に一度お返しして聖化して返してもらう

この疑問を解く鍵になる言葉として、もう一つ、神がアブラハムに呼びかけた言葉の中にある、「あなたの息子、あなたの愛する独り子イサク」（二節）を取り上げます。

あれだけ長年の間、何回も約束され、ようやく年老いた妻サラが産んだイサクを、アブラハムは人間的に深く愛していました。このことを神はよく知っていたので、イサクについて、神は「あなたの愛する独り子」と言ったのだと思います。アブラハムがイサクの誕生と無事の成長を喜んだことは、彼がイサクの乳離れの日に盛大な祝いの席を設けたことからもわかります（二一・八）。その盛大な祝

宴の時に、人々はアブラハムのところに来て、口々にお祝いの言葉を述べたでしょう。アブラハムは大いに喜んで、あるいは有頂天になったかもしれません。こうした状況を見て、アブラハムが息子イサクへの肉による愛に囚われすぎて、神に信頼し、神を第一とすることを忘れたのではないか、と神は心配になったのではないでしょうか。そこで神はアブラハムに、イサクを焼き尽くすいけにえとして献げよ、と命令して、試したのではないでしょうか。これが私が考える第二の理由です。

しかし実際には、アブラハムは神の命令に対して、イサクのための執り成しの反論もしないで従順に、イサクを祭壇の薪の上に載せて、刃物を振り上げるところまで従ったので、神はアブラハムが、神に従うことを第一にしていることを確認できて、満足したのではないでしょうか。

新約聖書に、イエスの言葉として次のようにあります。

「誰でも、私のもとに来ていながら、父、母、妻、子、兄弟、姉妹、さらに自分の命さえも憎まない者があれば、その人は私の弟子ではありえない。」（ルカによる福音書一四・二八）

このように、まず神を第一とし、この世で自分が愛する肉親をも一度神にお返した後に、神から返して頂く、という態度が私たちに要求されているものと思います。「まず神の国と神の義とを求めなさい。そうすれば、これらのものはみな添えて与えられる」（マタイによる福音書六・三三）ともあります。これらのものというのは、その前に出てくる食べもの、飲みもの、着るものの他に、父、母、妻、子、兄弟、姉妹などの肉親も含まれると考えてよいと思います。

私たちが自分でこの世的な執着を捨てるのは難しいのですが、一度神にすべてをお返しした上で、まず神の国と神の義とを求める生活をすると、そのような執着は絶たれて、真に必要なものだけを神は添えて与えてくださる、ということではないでしょうか。

そのためには、アブラハムは、この世的に愛する息子イサクを一度神に献げてお返ししました。その後に、息子イサクをいわば聖化されて与え返されたのです。これは私たちがふつう求めるこの世的なものは、一度あきらめて神に返すと、もしそれが本当に私たちにとって必要なものならば、聖化されて与えられ直す、ということだと思います。もしそれが私たちにとって本当に必要なものでない限り、それは与えられません。たとえば、この世的な地位や名誉、さらに必要以上の富などがこのようなものとして考えられます。このようなものが与えられない結果、私たちの生活が簡素化され単純化されます。このことによって、肉的なものに対する執着が断たれて、神が与えてくださったものだから感謝して受ける、という態度が私たちの心の中に生まれるのだと思います。たとえば自分の子どもも自分の所有物と考えないで、神に一度お返しして、神から自分たちに与えられた子どもとして受け入れるという心の態度が生まれることになります。

このように、この世で、自分が最も大切だと思うものを（アブラハムの場合は、愛する独り子イサクを）、神の命令に従い捨てる気があるかどうかを、神は試されたのだと思います。その試みをパスしたアブラハムに、神はイサクをいわば聖化してお返しになったのだと思います。

こうすることにより、わたしたちは、この世のさまざまな誘惑（名誉、利益、肉親に対する愛など）に対して、神第一の考えをもとに、価値の順序付けを明確にすることができます。中でも肉親への愛は一番捨てにくいものです。神を第一として、これを一度捨てることにより、聖化して返してもらう、というところに、信仰の厳しさと美しさがあると思います。

コラム 9-8

息子イサクの側から見ると

息子イサクは、信頼していた父アブラハムから、突然縛り上げられ、祭壇の薪の上に載せられ、刃物を振り上げられました。どんなに大きな驚きと恐怖に襲われたことでしょう。その後のイサクにとって大きなトラウマになったことは間違いないと思います。

息子イサクの側からみたこの物語について、キルケゴールは、「おそれとおののき」の中で、この結果、イサクは信仰を得たという見方と失ったという二つの異なる見方があることを、次のように述べます。

見方一[23]　その時、イサクはふるえながら、不安のうちに叫んだ。「天にいます神さま、わたしを憐れんで下さい。アブラハムの神さま、わたしを憐れんで下さい。地上にはわたしは父を持ちません。ですから、あなたがわたしの父になって下さい！」　しかし、アブラハムは静かにひとりでつぶやいた。「天にいます主よ！　わたしはあなたに感謝します。イサクがあなたへの信仰を失うようなことになるよりは、わたしを人でなしだと思ってくれるほうがましでございます。」

見方二[24]（このことがあった後、）彼らはまたわが家に帰り着いた。サラはいそいそと彼らを出迎えた。しかし、イサクは信仰を失ってしまっていた。このことについて、彼は、この世では、ひ

(23)　キルケゴール『おそれとおののき』一一頁。
(24)　同右一三頁。

とことも語らなかった。イサクは彼が見たことを誰にも言わなかった。

私自身は、ただ一つの出来事の結果で、このように信仰を得たとか失ったかを判断することはできないと考えます。確かにイサクは、この後の物語の中で、この出来事については一言も語っていません。私の推測では、この時、イサクの心の中に、自分に対して刃物を振り上げた父の姿とともに、その父アブラハムが従った神のことが心に焼き付いたと思います。この後の物語の中では、イサクはどちらかというとおとなしい人間として描かれます。それは、イサクがこの出来事について自分の人生の中で何度も反復して思いを巡らせていたことを示すものではないでしょうか。

イサクも、飢饉の時に、父アブラハムと同じようにペリシテ人の王のところに行き、妻リベカを妹と偽りました。また井戸のことでペリシテ人と争いました（二六章）。このような人生の厳しい経験を経て、子供の時に焼き付いた父アブラハムの神に対する信仰を、父アブラハムの場合と同じように、人生の経験を積んでいく中で、イサクも次第に持つようになっていったのではないか、と推測します。老年のイサクが、息子ヤコブに語った祝福の言葉は、彼の信仰をよく表しています（二七・二七―二九、二八・三―五）。たとえば、「神がアブラハムの祝福をお前とお前の子孫に与えてくださるように。それは、神がアブラハムに与えた地、お前が身を寄せているこの地をお前が受け継ぐためである」（二八・四）とあります。イサクは、神が父アブラハムに与えた祝福を、息子ヤコブに伝え、ヤコブも神に全幅の信頼を抱いて神の祝福にあずかる者となることを祈っているのだと思います。このように、イサクは信仰的には何か新しい発見をするとか、イスラエルの伝統の中でめざましい働きをするというよりは、いわば世代間のつなぎとして、信仰を次の世代にきちんと伝える、地味ですが確かな役割を果たしているのではないでしょうか。

信仰の父と言われるアブラハムでさえ、全き信仰を持ったのは、創世記を読む限り老人になってからでした。ですから、若い時の一つの出来事だけでイサクは信仰を得たとか失ったとかいうことはできないと私は思います。しかし、このモリヤの山での経験は、父アブラハムの神に対する信仰を息子イサクが実際に体験した大きな事件であったことは確かです。

私たちも子孫への信仰の継承は、このようなものだと考えるのがよいと思います。つまり、上記のヤルケゴールが整理したように、親から直接に子どもに信仰が伝わることもあるでしょうが、多くの場合はそうでないと思います。親としては子供に、自分が神を信じる者であることだけを伝えて、それにふさわしく生きつつ、子供自身がその後の自分の人生の中で、自分と同じように神と出会い、次第に信仰を深めていくようにと、祈りつつ待つしかないと思います。

コラム 9-9

神の命令が、神の戒めに矛盾しているとき、人はどうすべきか

「愛する独り子イサクを焼き尽くすいけにえとしてささげなさい」と神が命令した時に、アブラハムは、その命令に反論することもできました。

モーセの十戒は、出エジプト記二一章三―一七節に出てきます。その第六戒に、「殺してはならない」とあります。

神のアブラハムに対する命令は、明らかに第六戒に反しています。一般的な道徳としても人を殺すことは道徳に反しています。ですから、神の命令と神の戒めがこの場合、矛盾することになります。

私はこのような場合、やはり神に反論するか、少なくとも質問をすべきだと思います。ましてや、このような命令が人から出された場合には、反論するか、従わないという選択を考慮すべきだと思います。神は、アブラハムが刃を振り上げた瞬間に、み使いを遣わしてアブラハムを止め、イサクの代わりとなる雄羊を備えてくださいました。アブラハムは、「殺すな」という第六の戒めを破らずに済みました。

つまり、神の命令と神の戒めは、ついには両立するものであると信じて、やはり神の戒めは守るべきである、と私は思います。これは殺人が正当化される戦争の場合を含みます。ですから国が人を兵役につかせて「殺せよ」と命令する場合、良心に基づいて兵役拒否をして「殺すな」の道徳を守る道を信仰者に開いている良心的兵役拒否の制度は素晴らしいと思います。

コラム 9-10

独り子イエスをささげられた神

神は、アブラハムに、「あなたの息子、あなたの愛する独り子イサク」を焼き尽くすいけにえとしてささげなさいと言いました(二節)。また「あなたがこのことを行い、自分の息子、自分の独り子を惜しまなかったので」とも言いました(一六節)。神はアブラハムが「愛する独り子」を焼き尽くすいけにえとするのが、どんなに辛いことであるかを知っておられたのです。

新約聖書によれば、神はアブラハムの場合と同じように、ご自分の独り子イエスを惜しみませんでした。それは、「神は、その独り子をお与えになったほどに、世を愛された。御子を信じる者が一人も滅びないで、永遠の命を得るためである」（ヨハネによる福音書三・一六）とあるとおりです。

このように、神はご自分でも最も辛い「愛する独り子」を世の罪の身代わりの小羊として殺すことにより、その神の愛を信じる者たちを義として天国に入る道を備えてくださいました。ここに神の人類に対する愛があります。まさに「神は備えたもうた」のです。

しかし、新約聖書においては、神は、その愛する独り子を、人の目には不思議と思われる方法で、復活させせました。やはり、この場合も「神は備えたもう」たのです。

コラム 9-11

神がアブラハムに与えた最後の祝福

神が主の御使いを通してアブラハムに与えた最後の祝福が一六節から一八節に出てきます。これは、後からの加筆とされているところです。バビロンで捕囚の憂き目にあっていた同胞を励ますための加筆であったのかも知れません。いずれにせよ、その内容は、次の三つの祝福から成っています。

一つ目は、「私はあなたを大いに祝福し、あなたの子孫を空の星のように、海辺の砂のように大いに増やす」（一七節前半）です。アブラハムの信仰は、ユダヤ教、キリスト教、イスラム教を通じて、今も受け継がれています。アブラハムの信仰を受け継いだこれらの人の数の累計は、これまでの歴史上の人々も含めて考えると、まさに天の星、海辺の砂のように多いでしょう。その意味でこの子孫に対する祝福は実現しています。

二つ目は、「あなたの子孫は敵の門を勝ち取るであろう」（一七節後半）です。これを、文字どおりアブラハムの子孫が、武力で戦って敵となる諸民族の門を勝ち取る、という意味に解釈するのでは、あまりに狭すぎます。また、歴史上もそれは実現していません。しかし、そのような意味に取って、過去に武力で敵の門を勝ち取ろうとした例もありました。

やはり新約聖書にあるように、神がアブラハムの子孫として生まれた神の子イエスを十字架につけることによって、敵であるサタンに打ち勝ったという意味に取るのが一番ふさわしい、と私も考えます。神はご自身でも、愛する独り子を献げ物としてささげるのがどんなに辛いか知っておられたのです。しかし、神は自らご自身が愛する独り子イエスをあえて十字架に付けて屠ることによって、世を愛し、その罪を赦して救いの道を備えてくださいました。それにより、敵であるサタンの門を勝ち取ったのです。その意味で、この祝福も成就したと考えてよいと思います。

三つ目の、「地上のすべての国民はあなたの子孫によって祝福を受けるようになる」（一八節）というのも非常に大切な祝福です。アブラハムの信仰の子孫、すなわち、ユダヤ教、キリスト教、イスラム教の信者が、人々にこの愛の神のことを宣べ伝えたため、地上のほとんどすべての民にこの福音は伝えられ、これらの人々は祝福を受けました。ですから、この祝福も成就されたと見ることができます。しかし、アブラハムの子孫をもって任じるユダヤ教、キリスト教、イスラム教の信者と称する人々が互いに争ったり、他の諸国民を殺したり搾取したり奴隷にしたりして、地上の諸国民の呪いのもとになったのも歴史上の事実です。この点は、ユダヤ教、キリスト教、イスラム教の信者は、心に留めて反省すべきことだと思います。

コラム 9-12

ユダヤ教のラビであるサックス氏のこの物語に対するコメント

ユダヤ教のラビであるサックス氏は、その著書で、創世記二二章について、次のようなことを書いています。[25] ユダヤ人のラビのこの物語に対する一つの見方を示すものと参考になると思いますので、紹介します（原文英語、日本語訳筆者）。

「神は、アブラハム・サラ夫妻に、何度も子供を約束した（一二・一―二、一三・一四―一六、一五・五、一七・一五）。やっと約束が成就して、彼らに息子イサクが生まれた。しかし、今度は、イサクを焼き尽くすいけにえとしてささげよ、と命令した。それは、アブラハムも、また彼の子孫であるユダヤ人も、子供が与えられることを当然のことと考えないようにするためである。ユダヤ教徒にとって、人生は、子供が与えられることを含めて、すべてを当たり前のこととして受け取らないための継続的な教育・訓練の場である。」

つまり、人に子が生まれるということを当たり前ととらないで、神からの祝福として「有り難い」こととして受け取りなさい、ということです。

以下もまた、サックス氏が同じページで言っていることです。

「親になるということは、私たちが愛の行為から人を生み出すという意味で、最も神に近くなることである。ユダヤ人は長い歴史の中で、子供たちを宝として大切にする文化・文明を育んでき

(25) Rabbi Jonathan Sacks, pp. 117-119.

た。私たちの要塞は学校、私たちの情熱は教育、私たちの最大の英雄は教師たちである。私たちの祭りの中で最も重要な過越の祭は、子供が質問をすることから始まる。」

このサックス氏の言葉の最後に出てきた「過越の祭」は、神がイスラエルの民をエジプトから救い出したことを記念するもので、代々子供たちにこのことを伝えるための祭です。出エジプト記一二章二六―二七節に、以下のとおり書いてあります。

「[二六]子どもたちが、『この儀式の意味は何ですか』と尋ねるときは、[二七]こう言いなさい。『それは主の過越のいけにえである。主がエジプトの地で、エジプト人を打たれたとき、イスラエルの人々の家を過ぎ越され、私たちの家を救われた。』それで、民はひざまずき、ひれ伏すのである。』」

ですからユダヤ教の中で、最も大切な儀式である過越の祭の儀式は、子供からの質問「この儀式の意味は何ですか」で始まります。

私も、親友にユダヤ人夫妻がいますが、本当に子供を大切にして、教育にも熱心です。英語に「Jewish mother（ユダヤ人の母親）」という言葉がありますが、教育熱心な賢い母親を表す言葉です。

コラム 9-13

アウエルバッハとキルケゴール

エーリッヒ・アウエルバッハ Erich Auerbach（一八九二―一九五七）は、ドイツ産まれのユダヤ人で、比較文学研究者です。ナチスの迫害を逃れて、イスタンブールに逃れ、トルコ国立大学の教授になります。後に一九四七年にアメリカに渡り、そこで亡くなりました。その著書の一つ『ミメーシス』は、ヨーロッパ文学における描写の移り変わりを題材とした研究書で、取り上げられた文献の時代範囲は三千年近くにわたっています。「ミメーシス（模倣）」とは、文字による描写を現実の模倣（ミメーシス）とする考えから付けられた題名です。日本語訳の上巻の一―一八頁に、創世記二二章の物語を例に、ギリシャのホメーロスによる『オデュッセイア』と比較して、ヘブライ文学の特徴が描かれています。(26) その特徴とは、すでに述べたように、登場人物の心理描写をせずに、事実だけを淡々と描写して読者に、登場人物の心理などについて自分で考える余地を与えることである、としています。

セーレン・キルケゴール Søren Kierkegaard（一八一三―一八五五）は、デンマークの哲学者です。著書には『おそれとおののき』のほか、『あれかこれか』、『野の百合空の鳥』、『キリスト教の修練』、『哲学的断片』などがあります。『おそれとおののき』は彼の三一歳の時の著書です。私の信仰の恩師杉山好（よしむ）先生は、キルケゴールの研究者で、『キリスト教の修練』、『哲学的断片』などを日本語に翻訳して出版しました。

9・5　アブラハムの兄弟ナホルの子孫（二二章二〇―二四節）

ここはヤハウェ資料からであるとされ、次のとおりです。

「二〇これらのことの後、アブラハムに次のような知らせがあった。『ミルカもまた、あなたの兄弟ナホルに
子どもを産みました。二一長男のウツ、その弟ブズ、アラムの父ケムエル、二二ケセド、ハゾ、ピルダシュ、

(26)　アウエルバッハ『ミメーシス』上、一〇―一八頁。

イドラフ、ベトエルです。』二三ベトエルはリベカをもうけた。ミルカはアブラハムの兄弟ナホルにこれら八人の子を産み、二四またレウマという名の側女も、テバ、ガハム、タハシュ、マアカを産んだ。」

この系図は、二つの理由から、ヤハウェ資料のものであるとされています。

一つ目の理由は、アブラハムの兄弟であるナホルの系図は、一一章二七—二九節のヤハウェ資料によるテラの系図に続くものだからです。

二つ目の理由は、この系図の中に、「ベトエルはリベカをもうけた」と後のイサクの妻となるリベカの名前が出てきます。ですから、この系図は、二四章の「イサクとリベカの結婚」(ヤハウェ資料)の物語に対して事前の準備をするものとなっているからです。

ここにこの系図が置かれた理由を推測すると、後の二四章で、アブラハムは自分の僕に、イサクの妻を彼の親族の娘から選んで、連れてくるようにと誓わせます。その前提として、彼の親族には、兄弟ナホルがいて、亡くなった兄弟ハランの娘であるミルカ(一一・二九)との間に八人もの子がおり、さらにナホルの側女のレウマにも四人の子がいるので、その中にはイサクの妻になる娘がいるに違いないと確信させるためだったと考えられます。

9・6　サラの死と埋葬(二三章一—二〇節)

この章はすべて祭司資料からです。それは取引用語の法律的な正確さとアブラハムをカナンにおける寄留者であり滞在者としていること、その他数多くの用語からわかるとのことです[27]。

一節の「サラの生涯は百二十七年であった」から、サラが亡くなったときのアブラハムは、一三七歳だったことがわかります。なぜならアブラハムはサラより一〇歳年上だからです(一七・一七)。イサクが生まれた時、アブラハムは百歳でしたから、イサクはすでに三七歳の青年になっていることもわかります。

ですからサラは、イサクを三七歳の立派な大人にまで育て上げてから逝ったことになります。サラは、アブラハムが七五歳の時に、ハランを出発してから（一二・四）、五四年間の長きにわたってアブラハムとともにカナン地方を苦労しながら歩いたアブラハムの同志でした。その長年の同志を失ったアブラハムが「サラのところに行き、その死を悼んで泣いた」（二三・二）ことは、容易に理解できます。

「サラは、カナンの地のキルヤト・アルバ、すなわちヘブロンで死んだ」（二節）とあります。ヨシュア記一四章一五節に、「ヘブロンはかつてキルヤト・アルバと呼ばれていた」とありますから、ヘブロンのかつての名前がキルヤト・アルバだったことがわかります。

アブラハムがイサクを連れてモリヤの山に行き、帰ってきたのは、ベエル・シェバでした（二二・一九）。また次の二四章で、「イサクはネゲブ地方に住んでいた」（二四・六二）。とあることから、アブラハムの根拠地は、ネゲブ地方のベエル・シェバであったことがわかります。ですから、サラがヘブロンで死んだということは、ベエル・シェバから一家をあげてヘブロンに移り住んでいたのか、それともアブラハムが死の床にあった妻サラをヘブロンに移していた可能性があります。それは、かつてヘブロンに住んでいた時に、マクペラの洞窟をいずれは自分の家族の墓地にしようと考えていたので、サランの死期が近いことを知ったアブラハムがヘブロンに一時的に移住したのかも知れません。なおベエル・シェバとヘブロンの位置関係については、図６-２を参照してください。

続く二―四節は、次のとおりです。

---

(27)『旧約聖書創世記』関根正雄訳、一八二頁。

「三アブラハムは妻のなきがらの傍らから立ち上がり、ヘトの人々に語りかけた。四『私は、あなたがたのもとでは寄留者であり、滞在者です。あなたがたが所有している墓地を譲っていただきたいのです。そうすればこのなきがらを移して葬ることができます。』」（二三・三―四）

アブラハムが自分自身を「寄留者であり、滞在者です」と相手に言っているところが印象に残ります。アブラハムは、すでに主から「このカナンのすべての土地を、あなたとその子孫に、永久の所有地として与える」（一七・八）と言われてますが、現時点における自分の立場をわきまえた発言です。

さらに「墓地を譲ってくださいませんか」の「譲る」はヘブライ語で「テヌー（与える）」です。この語（テヌー）では、所有権を与えてください、というのか、使用権を与えてくださいと言っているのか、あいまいです。アブラハムは、所有権を売ってくださいという積りで話しているのは、この後の九節でわかります。

ここで「ヘトの人々」とありますが、ヘトの名前はカナンの次男として創世記の一〇章一五節に出てきます。この章に出てくる「ヘトの人々」は英語訳聖書では、KJVが「sons of Heth」と訳していますが、RSVおよびNIVは、「Hittites（ヒッタイト人）」と訳しています。The New Interpreter's Bibleには、「ヒッタイト王国は、アナトリア（今のトルコがある小アジア）にあり、その王国はカナンまでは版図に入っていなかった。しかし、彼らの小集団がカナンにいた可能性はある」（原文英語、日本語抄訳筆者）と言っています。[28] いずれにせよ、ヘトの人々は、七節、一二節、一三節で、「その土地の民」となっているので、すでにカナンの地に住んでいた人々であることがわかります。

このアブラハムの発言に対して、ヘトの人々は言いました（六節）。

「お聞きください、ご主人。あなたは私どもの中で神のように優れたお方です。どうぞ、私どもの墓地のいちばん良い所に、亡くなられた方を葬ってください。私どもの中には、自分の墓地を差し出さずに、亡くなられた方を葬らせない者など一人としていないでしょう。」（二三・六）

ここで、「差し出さずに」のヘブライ語は、「ロー・イクレー」で「拒まない」という意味です。『旧約聖書１　創世記』月本昭男訳では、「墓を拒んで、あなたに死者を葬らせないような者は誰もおりません」と訳されています。(29) この六節のヘトの人々の言い方は大変丁寧ですが、「墓をどうぞお使いください」と、使用権は売るとだけ言っており、所有権を売るとは言っていません。さらに最初に、「ご主人。あなたは私どもの中で神のように優れたお方です」（六節）とアブラハムを持ち上げておいて、その使用権の値段を吊り上げようとしている魂胆が見えます。事実、アブラハムはこの時点では相当富んでいました（二一・二二、二四・一）。だから、足元を見られているのです。

そこで、アブラハムは婉曲な表現は避けて、ずばりと次のように言います（八―九節）。

「八 亡くなった妻を葬ることを認めていただけますなら、どうぞ私の願いをお聞きください。ツォハルの子、エフロンに頼んでみてください。九 彼の畑地の端にあるマクペラの洞窟を譲っていただきたいのです。十分な代価をつけてお支払いしますので、あなたがたが所有しておられる墓地を譲ってください。」（二三・八―九）

ここで、最後の言葉である「墓地を譲ってください」は、原文のヘブライ語では、「ラアフザット・カーベル」となっており、「所有地としての墓地」という意味です。新改訳聖書（二〇一七）では、「私の所有の墓地と

(28) The New Interpreter's Bible, p. 503.
(29) 『旧約聖書１　創世記』月本昭男訳、六六頁。

して」と明確に意味が出るように訳されています。英語の King James Version (KJV) でも「for a possession of burying place 」となっています。つまりアブラハムは使用権でなく、マクペラの洞窟を所有権を持った私有の代々の墓地として、十分な代価を支払って購入したいとの明確な意志を示しました。

これを受けて一〇節以降に、エフロンが登場します（一〇—一一節）。

「一〇エフロンはその時、ヘトの人々の中に座っていた。ヘト人エフロンは町の門にやって来たすべてのヘ
トの人々が聞いているところで、アブラハムに答えた。一一『どうか、ご主人、お聞きください。あの畑地
は差し上げます。そこにある洞窟も差し上げます。私の一族の立ち会いの下、差し上げますので、どうか亡
くなられた方を葬ってください。』」（二三・一〇—一一）

このようにエフロンは、彼の所有になる畑地とそこにある洞窟を売る気があることを示しました。しかし、いくらで売る気があるのか、それはまだ言いませんでした。価格交渉の最初の値付けの金額を、エフロンは自分からは言いださずに、様子を見ようとしているのです。なお、「町の門にやって来たすべての人々が聞いているところで」というのは、公式な場で、という意味になります。

すると、アブラハムは次のように答えました（一二—一三節）。

「一二アブラハムはその土地の民の前にひれ伏した。一三そして、その土地の民が聞いているところで、エフ
ロンに言った。『いやそれでも、私の願いを聞いてくださるのでしたら、畑地の代金はお支払いします。ど
うかお受け取りください。そうすれば、亡くなった妻をそこに葬ってやれるでしょう。』」（二三・一二—一三）

「アブラハムはその土地の民の前にひれ伏した」（一二節）という文章から、アブラハムが、ようやく畑地と洞窟の所有権を差し上げると言ってくれた人が現れたことに対して、まず神と人に感謝している様子がうかがえます。彼は四節にもあるように、自分がカナンの地では、まだ「寄留者であり、滞在者（口語訳では「旅の者」）であ

ることを自覚していました。神が、「あなたの子孫にこの地を与える」（一二・七ほか）と約束したカナンの土地のほんの一部ですが、自分の所有になる可能性がようやく見えてきたので、彼は神と人に感謝したのだと思います。同時に、神が約束したからと言って、武力で土地の人々を追い出して所有することをせず、土地の人々の前でひれ伏しながら代金をしっかりと支払って所有したい、と言っている点も注目に値します。

「私の願いを聞いてくださるのでしたら、畑地の代金はお支払いします」とあくまでも代金を支払って所有したいのだ、という意志を、へりくだりながらも明確に繰り返しました。

そこでエフロンは次のように言いました（一四―一五節）。

「一四するとエフロンはアブラハムに答えた。一五『ご主人、お聞きください。土地は銀四百シェケルです。
それが私とあなたの間で何ほどのものでしょう。どうか亡くなられた方を葬ってください。』」（二三・一四―
一五）

エフロンは最初の言い値として、銀四〇〇シェケルと提案しました。エレミヤ書三二章九節には、エレミヤが、「アナトトにある畑を買い取り、銀一七シェケルを量って彼に支払った」とあります。土地の値段は、土地の場所や広さ、さらに時代によって銀の価値も変動するので、エレミヤ書の記述との比較は単純にはできませんが、一七シェケルと四〇〇シェケルでは二桁の差があります。

一方、この銀四〇〇シェケルという値段について、『旧約聖書1　創世記』月本昭男訳の一四節の注には次のような説明があります。[30]

「一シェケルは約一一・五グラム。前二千年紀末のシリア出土の民間売買契約文書などからみると、四〇〇

(30)『旧約聖書1　創世記』月本昭男訳、六六頁。

シェケルは畑地の価格としては破格の高額。」さらに、月本昭男氏は、「『銀四百シェケル』は法外な値段。シリアのエマルからは、畑、果樹園、家屋などの不動産売買契約書が残るが、銀で数十シェケルが通常価格」と講義資料に書いています。[31]

ですからエフロンは、アブラハムが値切りの価格交渉をしてくることを前提として、最初の言い値として破格の高額の値段を言ったことに間違いなさそうです。

これに対して、続く一六節には次のようにあります。

「アブラハムはエフロンの言うとおりにした、アブラハムはエフロンに商人の通用銀で四百シェケルを量って支払った。それはヘトの人々が聞いているところで彼が言った代金の額である。」(二三・一六)

このようにアブラハムは、値引き交渉を一切しないで、エフロンが最初の言い値として要求した破格の値段である銀四〇〇シェケルをヘトの人々の目の前で支払いました。しかも彼は、「商人の通用銀の重さで量り」とあるので、商人の通用銀の重さを量ることのできるはかりを、あらかじめ周到に用意してきていたこともわかります。

次の一七―一八節は次のとおり、この話を締めくくります。

「一七こうして、マムレの向い、マクペラにあるエフロンの畑地、すなわち、畑地とそこにある洞窟、および畑地の境界の中にあるすべての木々が、一八町の門にやってきていたすべてのヘトの人々の見ているところで、アブラハムの所有と決まった。」(二三・一七―一八節)

こうして町の門の、地元のヘトの人々みんなが見ているところで、マクペラの洞窟と畑地は、晴れて正式にアブラハムの所有となりました。

その後、アブラハムは、マクペラの畑の洞窟に妻のサラを葬りました(一九節)。最後に祭司資料は、以下のように念を押します。「こうして、その畑地とそこにある洞窟は、ヘトの人々の手から離れて、アブラハムが所有する墓地となった」（二〇節）。

この墓には、後にアブラハム自身も葬られました（二五・九）。さらにその後、息子イサクとその妻リベカ、さらに孫のヤコブとその妻レアもこの墓に葬られました（四九・三一）。

この墓こそが、神からその所有として与えると言われたカナンの地での、アブラハムの唯一の所有地となりました。神がアブラハムに「カナンの全土を、あなたとあなたに続く子孫にとこしえの所有地として与える」（創世記一七・八）と言った契約が成就されるのは、その後さらに数百年経った、ダビデ・ソロモンの時代になります。アブラハムが生きたのは、紀元前一六―一八世紀であり、ダビデ・ソロモンが周辺のカナン人を征服して、カナンの地を支配したのは前一〇世紀ですから、約束の成就には、その後六百年から八百年かかったわけです。しかし、ここでアブラハムは神の約束の成就に向けて、最初の一歩を踏み出したのでした。

コラム
9-14

最初の一歩

神は何度もカナンの地をアブラハムに与えると約束されました（一二・七、一三・一五、一五・七、一五・一八、一七・八）。たとえば一七章八節では、神は、「私はあなたが身を寄せている地、カナンの全土を、あなたとあなたに続く子孫に、とこしえの所有地として与える」と言ったと、創世記は記して

（31）月本昭男「アブラハム物語―創世記を読む（２）」講義資料四頁。

います。しかし、アブラハムが生きているうちに所有地として得たのは、このヘト人エフロンから相手の言い値で、墓地として買い取ったマクペラの畑地とそこの洞窟だけでした。

神が何度も約束されたとはいえ、実際に土地を所有地として得るためには、アブラハムは、その土地の民の前にひれ伏す（一二節）などした上で、相手の言い値の高い代金を支払って、地元の人から土地を買い取ったわけです。このことを、ユダヤ人ラビのサックス氏は、次のように言います[32]（原文英語、日本語訳筆者）。

「信仰とは受動形ではない。信仰とは、決してあきらめずに行動する勇気を意味する。神の約束によって霊感を受け、力を与えられ、強さを与えられて、私たちは将来を、自分で実現していかなければならない。」

私は、サックス氏の言うことに賛成ですが、一点だけ付け加えるとすれば、ここでいう力（power）や強さ（strength）は、武力による力や強さでなく、アブラハムの場合のように、粘り強い平和的な交渉によって、相手の言い値でもよいから、僅かな土地でも自分の所有地としてゆく自制心に満ちた力や意志の強さではないでしょうか。神の約束を信じて、小さくてもよいからと、アブラハムはその実現のための最初の一歩を踏み出したわけです。最初から「カナンの全土」を所有するのでなく、第一歩を着実に踏み出したのでした。

すでに先住民がいた「カナンの全土を、あなたとあなたに続く子孫に、とこしえの所有地として与える」という神の約束は、アブラハムとその子孫が武力で実現するのでなく、アブラハムが、その実現に向けての最初の一歩で模範を示したように、交渉によって一歩一歩長い時間をかけて平和のうちに実現してゆくことを神は期待しておられる、と私は思います。ですからアブラハムの子孫を自任する人々には、やはり信仰の祖アブラハムを模範にして、自分の目的とするものを、アブラハムにならって、武力により奪うのでなく、平和的な交渉によって得て欲しい、とこの記事を書いた祭司資料は言っているように思います。

この関連で、内村鑑三の『愛吟』という詩集に収められた次の詩を私は思い出します[33]。

「小なるつとめ小ならず。世を覆うとても大ならず。
小はわが意をなすにあり。大はみ旨によるにあり。」

コラム
9-15

旧約聖書における約束の地と新約聖書における約束の地の違い

創世記における約束の地は、「カナンの地」です（一二・七、一三・一五、一五・七、一五・一八、一七・八などを参照）。特に一七章八節では、神は「私はあなたが身を寄せている地、カナンの全土を、あなたとあなたに続く子孫に、とこしえの所有地として与える」と言ったと、創世記は記しています。

この約束は、前一〇世紀には、ダビデ・ソロモンが周辺のカナン人を征服して、しばらくは成就しました。しかし、その後は、歴史の流れの中で、幾多の変遷を経ましたが、現在でもイスラエル国がカナンの全土を支配しているわけではありません。ユダヤ人は、今でもこの約束の成就を期待し、そ

(32)　Rabbi Jonathan Sacks, p. 127.
(33)　内村鑑三『愛吟』角川書店、一九六二年、八八頁。

の実現に努めているようです。しかし、先住民がいるので、当然争いが絶えません。なんとか平和的共存の道を探して欲しいものです。

これに対して新約聖書では、約束の地は天国です。イエスは、「わたしの父の家には住む所がたくさんある」（ヨハネによる福音書一四・二）と言いましたから、地上のカナンの地のように限りあるものでなく、土地争いは起こりません。平和をもたらす約束の地です。

第一〇章　アブラハム物語（その五）（創世記二四章―二五章一八節）

二四章は、アブラハムがその子イサクの妻を見つけるように老僕に頼み、老僕が無事親戚の娘リベカをアブラハムの故郷から連れて来て、イサクとリベカが結婚する話です。その後、二五章一―一八節では、アブラハム物語の締めくくりとしてアブラハムの死の記事などが続きます。以上で、アブラハム物語は終わり、二五章一九節からは、イサク物語が始まります。創世記全五〇章のちょうど折り返し点になります。

10・1　イサクとリベカの結婚（二四章）

二四章全体の原資料は、ヤハウェ資料です。ヤハウェ資料らしく、文学的で、美しい物語になっています。

二四章は、次のように始まります。

「一アブラハムは多くの日を重ねて年をとったが、主はすべてのことにおいてアブラハムを祝福された。二アブラハムは、財産のすべてを管理している家の老僕に言った。『私の腿の下に手を入れ、三天の神、地の神である主にかけて誓いなさい。私が今住んでいるカナンの娘たちの中から、息子の妻を迎えてはならない。四私の生まれた地、私の親族のところに行って、息子イサクのために妻を迎えなさい。』」（二四・一―四節）

「自分の腿の下に手を入れ」というのは、自分の男性性器に手を触れさせて、という意味の婉曲な表現です。割礼を施した男性性器は、神との契約の印ですから（一七・一〇参照）、この行為は厳粛な誓約の儀礼ということになります。[1]

この老僕の名は、すでに一五章二節に出てきた、エリエゼルであるとされます。[2]アブラハムの一族のいる故郷とは、一一章三一節に出てきたハランです。ハランはメソポタミアのユーフラテス河上流の地方にあります。六章の図6-1を参照してください。

アブラハムが老僕エリエゼルに伝えた息子イサクの妻選びの条件は、次の二つでした（五―九節）。

一つ目の条件は、アブラハムの親族から選ぶことでした。これはアブラハムと同じ主（ヤハウェ）に対する信仰を持っている可能性が高いからだと思います。この章の後の物語の中で、アブラハムの親族が事実、主に対する信仰を持っていたことがわかります。

二つ目の条件は、選んだ娘はアブラハムとイサクが今住んでいるカナンに来なければならないことでした。これは、神がカナンの地をアブラハムとその子孫に対する約束の地としたので、それを息子イサクが受け継ぐために、カナンの地にいなければならないことから理解できます。

アブラハムは老僕エリエゼルを送り出すにあたって、次のように言いました。「私を父の家、生まれ故郷から連れ出し、『あなたの子孫にこの地を与える』と誓われた天の神である主は、あなたの前に御使いを遣わされる。それであなたはその地から息子に妻を迎えることができる。」（七節）

この言葉からアブラハムは、今ではすっかり「神が備えてくださる」の全き信仰を持っていることがわかります。二二章の試練を経て、アブラハムが到達した信仰の境地でした。しかし、すぐ続けて、「しかし、もしその人があなたに付いて来るのを望まなければ、あなたは私との誓いを解かれる。ただ、息子を向こうへ連れて行くことだけはしてはならない」（八節）と、そうならない可能性もあることを受け入れて、その女性を力づくで拉致して来るようにとは言っていません。女性の主体性を尊重して、彼女に判断の余地を残すようにと言っています。「神が備えてくださる」の信仰から、すべてを神の導きに任せているアブラハムの余裕のある心の態度がよく分

（1）　大野惠正『創世記』五五頁。
（2）　The New Interpreter's Bible Vol. 1, p. 509.

かります。

「僕は主人のらくだのうちから一頭を選び、主人の貴重な品々を携えて出かけた。彼はアラム・ナハライムへと向かい、ナホルの町に行った」（二〇節）と続きます。

アラム・ナハライムというのは、前述のハランのある地方で、アブラハムはこのハランにいたときに、主からの召命を受けてカナンの地に向けて旅立ったのでした（一二・四）。ここに「ナホルの町」と出てきますが、「ナホルの町」というのは、アブラハムの兄弟ナホル（一一・二七）が住んでいた町ということです。アブラハムの親族が住んでいた町であることを強調するために、「ナホルの町」と言ったのだと思います。「ナホルの町」とは、実際にはハランであったかもしれないし、あるいはその近傍にあって、かつてアブラハムの兄弟ナホルが住んだところを、「ナホルの町」と言ったのかも知れません。

一一章三一節には、アブラハムの父テラが、息子アブラハムとその妻のサライ、そして、アブラハムの弟ハランの息子ロトを連れて、カルデアのウルを出て、ハランまで来たとあります。ここには、息子ナホルについての記述はありませんでした。ハランは当初カルデアのウルに留まっていたと考えられます。しかしナホルもまた、父テラと兄弟アブラハムとハランが、ハランに定住したと聞いて[3]、カルデアのウルを出て、ハランまで来て定住したであろうことが、「アラン・ナハライムのナホルの町」という表現から推測できます。

すでに6・2節で述べたように、主の呼びかけに応じてアブラハム（当時はアブラム）が父テラの家を出たとき、まだ父テラは存命中でした。長男アブラムが家を出たので、存命中の父とその家を見るために、ウルにいた次男ナホルがハランに来たという推測もありえます。ですから、アブラムが主の呼びかけに応じて、妻サライおよび甥ロトを連れて、ハランを出た後、ハランに残っていたのは、ナホルだけだったと考えられることが、この二四章一〇節の「アラム・ナハライムへと向かい、ナホルの町に行った」という表現から推測されます。

老僕エリエゼルは、創世記が「ナホルの町」と呼ぶ町の町外れの井戸に着いた時、らくだを休ませて、女たちが水をくみに来る夕方まで待つことにしました。夕方、泉に水を汲みに来るのは、女たちの役割でした。待っている間、老僕エリエゼルは、主人アブラハムの神、主（ヤハウェ）に次のように祈りました（一二―一四節）。

「一三私は今、泉のそばに立っています。この町の娘たちが水を汲みにやって来たとき、一四私が一人の娘に、『水瓶を傾けて、水を飲ませてください』と願い、彼女が、『お飲みください。らくだにも飲ませてあげましょう』と答えれば、彼女こそ、あなたが僕イサクのために定められた者としてください。そうすれば私は、あなたが主人に慈しみを示されたと分かるでしょう。」（二四・一三―一四）

これにより、その娘が、見知らぬ旅人に親切を施す人であるかどうかを知ろうとしたのです。見知らぬ旅人を親切にもてなすことは、アブラハムも実践し（一八・一―五）、ロトも実践しました（一九・一―三）。当時の中東の遊牧民の間の風習であったとはいえ、ソドムの人たちのように、そうでない人々もいました。ですから、アブラハムの親族に共通のよい伝統が継承されているかどうかは大事な点でした。もしその娘が見知らぬ旅人に親切に振る舞えば、彼女がアブラハムの親族である可能性も大きい、と老僕が考えたのだと思います。さらに、「らくだにも飲ませてあげましょう」と答えれば、娘が家畜にまで気を配るやさしい性格であることもわかります。

老僕がまだ祈り終わらないうちに、アブラハムの兄弟ナホルの息子ベトエルの娘リベカが水がめを肩に載せてやって来て、泉に下りて行き、水がめに水を満たして上がって来ました。リベカについて、「娘は極めて美しく、処女で、男を知らなかった」（一六節）と付け加えられています。

（3）　人名のハランと地名のハランについては、コラム6-1を参照してください。

続く一七―二一節は次のとおりです。

「一七そこで僕は彼女に駆け寄り、『どうか、水がめの水を少しばかり飲ませてください』と言った。一八す
ると彼女は、『どうぞお飲みください、ご主人』と言って、素早く水がめを下ろして、手に抱え、彼に飲ま
せた。一九僕に飲ませ終わると、『らくだにも、十分な水を汲んで来てあげましょう』と言って、二〇素早くか
めの水を水槽に空け、水を汲みに井戸に走って行き、すべてのらくだに水を汲んでやった。二一僕は、主が
この旅の目的をかなえてくださるかどうかを知ろうと、黙って彼女を見ていた。」（二四・一七―二一）

リベカの行動は、まさに老僕が祈ったとおりでした。そこで、次の二二―二五節は次のようになります。

「二二らくだが水を飲み終えると、僕は重さ半シェケルの金の鼻輪一つと、重さ一〇シェケルの金の腕輪二
つを取り出していった。二三『あなたはどなたの娘さんですか。教えてください。お父さんの家には私ども
が泊めていただける場所はあるでしょうか。』二四彼女は、『私は、ミルカがナホルに産んだ息子ベトエルの
娘です』と答え、二五『私たちのところには、わらも飼い葉もたくさんあります。お泊りいただける場所も
あります』と言った。」（二四・二二―二五）

ここで重さ一シェケルは、約一一・四グラムですから[4]半シェケルというのは約五・七グラム、一〇シェケルというのは、一一四グラムになります。これは現在の価格にしても、相当に高価なもので、立派なものだったことがわかります。

その後、老僕はひざまずいて主を伏し拝み、感謝の祈りをささげました。その祈りの中に、「主は、その慈しみとまことを主人から取り去られることはありませんでした」（二七節）とあります。この老僕の言葉の中に出てくる「慈しみとまこと」は、ヘブライ語で「ケセッド（慈しみ）」と「エメット（まこと）」で、ヤハウェ資料がよく使う言葉です。この箇所のほか、二四章四九節、三二章一一節、四一章二九節に計四回出てきます。「慈し

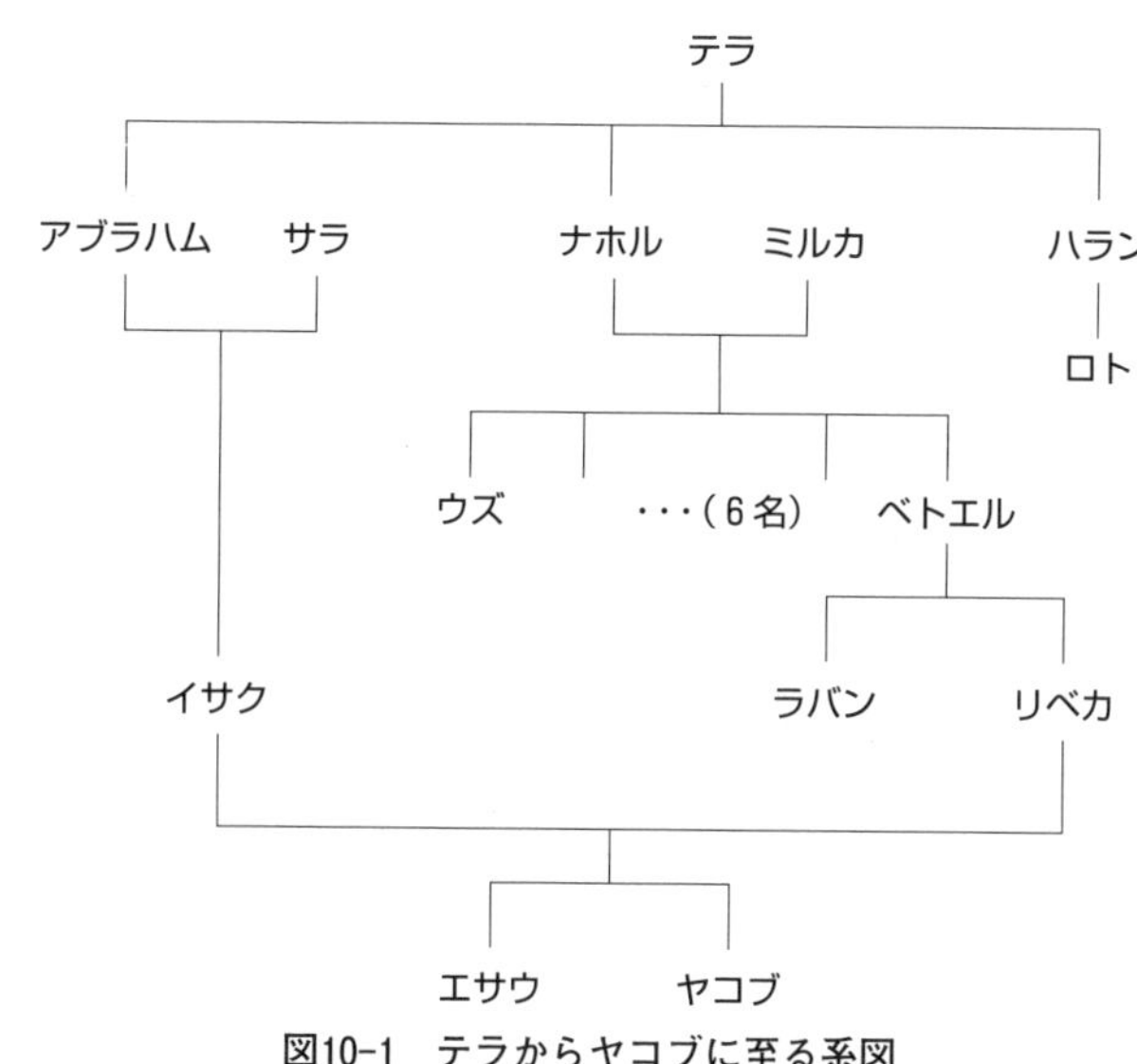

図10-1　テラからヤコブに至る系図
［出典：創世記11:27-32, 22:20-24, 24:15-29, 25:24-26］

み」と訳された「ケセッド」は、一時的なやさしさだけでなく、「変わらぬ確固としたやさしさ」を意味します。英語訳 Revised Standard Version では、steadfast love と訳されています。単なる love でなく、steadfast（しっかりとした、不動の）という形容詞がついたやさしさです。また「まこと」と訳された「エメット」は、「信頼がおけること、偽りのないこと」を表し、英語訳 Revised Standard Version では、場合により、faithfulness（二四・二七、三二・一一）とか、truth（二四・四九、四七・二九）と訳されています。

アブラハムの父テラからリベカ、さらに後に出てくるエサウ、ヤコブに至る系図を図10－1に示します。

この図10－1の系図で気が付くのは、次の点です。

まずリベカは、イサクのいとこであるベトエルの娘であり、アブラハムが老僕に誓わせたようにイサクの親族となります。

次に、イサクは祖父テラの孫である一方、リベカは祖父テラのひ孫になり、世代が違います。しかしイサクはアブラハム・サラ夫妻の年老いてからの子なので（アブラハム一〇〇歳、サラ九一歳）、イサクといとこの子リベカ

（4）聖書協会共同訳巻末五九頁の「度量衡および通貨」の表から。

の年令は、ほぼ同じとなります。

なお、二九章五―六節では、ラバンをナホルの息子とし、リベカもナホルの娘としています。これを関根正雄氏は、別の伝承からであるとします[5]。

リベカは、「走って行って、これらのことを母の家の者に告げた」（二八節）とあります。ふつうは、「父の家」と言うところですが、ここで、「母の家」と書いてあるので、父ベトエルの影が薄いことが示唆されます。すぐ次の二九節にも「リベカには兄がいて、その名をラバンと言った。ラバンは町の外の泉のほとりにいる、その人のもとに走って行った。」と書いてあるので、リベカの家は兄ラバンが実質的に取り仕切っていたことが想像できます。

続く三〇節に、「彼が妹の鼻輪と手の腕輪を見て」とあります。兄ラバンは、それらが金でできた立派なものであったことから、これから会う人が相当裕福な人であると考えたに違いありません。兄ラバンは、後の二九―三一章にも再び出てきますが、利にさとい人でした。しかし、ここではヤハウィストは、少しそのことをほのめかす程度で、あくまでも美しい牧歌的な物語として話を続けます（二八―三一節）。

兄ラバンは、泉のほとりに行き、老僕に、「お出でください、主に祝福された方」（三一節）とまず呼びかけます。ここで注目するのは、ラバンが、神という一般名詞でなく、主（ヤハウェ）という固有名詞を使っていることです。つまり、ラバンも、神としての主（ヤハウェ）を信じていたことがわかります。このことから、アブラハムがなぜ故郷に行って親族から妻選びをしなさい、と老僕に言ったかもわかります。親族ならば、主（ヤハウェ）を信じているはずだと考えたからでした。続けて、ラバンは、「なぜ、外に立っておられるのですか。泊まる所とらくだの場所を用意しました」（三一節）と老僕に言いました。そこで、老僕はラバンの家に来て、らくだの鞍を外しました。そして、らくだにもわらと飼い葉が与えられ、老僕と従者たちには、足を洗う水が運ばれて来ました（三二節）。

続く三三―三四節は次のとおりです。

「三三それから食事が運ばれてきたが、僕は、『用件をお話しするまでは、いただくわけにはまいりません』と言った。そこでラバンが、『どうぞお話しください』と言うと、三四彼は話し始めた。『私はアブラハムの僕です。』」（二四・三三―三四）

そこで老僕は自分が来た用件をまず述べ、ついで今日の泉のほとりであった出来事の一部始終を話しました（三五―四八節）。続いて、「それで今、あなたがたが、主人に慈しみとまことを示してくださるならば、そうおっしゃってください。そうでなければ、そうでないとおっしゃってください。それによって私はどうするか、決めなければなりません」（四九節）と言いました。老僕は、食事にあずかる前に、自分の使命を述べて、もし答えが否ならば、食事をしないで、立ち去る決意でした。

これに対して、五〇節は次のとおりです。

「五〇ラバンとベトエルは答えた。『これは主から出たことですから、私どもにはそのよし悪しを言うことはできません。五一ここにリベカがおりますので、連れて行ってください。主が言われたように、ご主人の息子の妻にしてください。』」（二四・五〇―五一）

このラバンとベトエルの言葉から次の二つのことがわかります。まず第一に、「これは主（ヤハウェ）から出たこと」、また「主（ヤハウェ）が言われたように」と主（ヤハウェ）が出てきて、しかもその使い方から、この一族も主（ヤハウェ）とその導きを信じていたことがわかります。ですから、ラバンとベトエルは、老僕の真摯な態

（5）『旧約聖書創世記』関根正雄訳、一八三頁。

度と話された事実から、このことが主から出たことをすぐにわかったのだと思います。第二に、ラバンとベトエルが、「ここにリベカがおりますので、連れて行ってください」と言っていることから、アブラハムが老僕に述べたように、彼らもリベカがこの地を離れ、イサクが住むカナンに地に行くことを承知しています。

この老僕とラバンとベトエルの間に交わされたやりとりも、一瞬のためらいも逡巡も感じさせない、主を信じる者の間に交わされた美しい、またいさぎよいやりとりです。

なお、ここで初めてリベカの父ベトエルの名が出てきます。しかし、この場合も兄ラバンの名が先であることから、兄ラバンが実質的に父ベトエルの家を取り仕切っていたことがわかります。

ただ、現代のわたしたちの目から見て、不思議なのは、リベカが結婚する相手を家長である父と実質的な家長である兄ラバンが決めていることです。当のリベカの意志を全く聞いていません。このことについて、関根正雄氏は「結婚の承認は当の娘によらないが、彼女がその父の家に留まらず、夫の家に移らねばならぬ時は、娘の同意を得る必要があったらしい。アシリヤ法によると結婚した女も父の所に留まることができた」と言います[6]。

このラバンとベトエルの言葉（五一節）を聞くと、老僕は、地に伏して主を拝した後、金銀の装身具や衣装を取り出してリベカに贈り、その兄と母にも高価な贈り物をしました。

続く五二―五三節は次のとおりです。

「五二この言葉を聞いて、アブラハムの僕はひれ伏した。五三そして僕は銀や金の品々や衣服を取り出してリベカに贈り、高価な品物を兄と母に贈った。」（二四・五二―五三）

高価な品物を贈ったのは兄と母に対してであった、となっていて、父ベトエルの名は消えます。やはり父ベトエルが本当にいたのかどうか不確かです。

こうした後に、ようやく老僕と従者たちは、酒食のもてなしを受け、そこに泊まりました。翌朝、皆が起きると老僕は、早速「主人のもとに帰らせてください」（五四節）と言いました。この急ぎ方は、どのように説明がつくのでしょうか。アブラハムが死の床にあったので、存命中に一日でも早く、この朗報をアブラハムに伝えたいという老僕の願いがあったのではないか、と推測されます。あるいは、洋の東西を問わず、「善は急げ」ということだったのでしょうか。

老僕のこの申し出に対して、リベカの兄と母は、「娘はあと十日ほど私たちのもとにとどめ、それから行かせるようにしたいのです」（五五節）と言いました。その間、結婚の支度もちゃんと整えつつ、別れを惜しむこともしたかったのでしょう。この兄と母の申し出は十分に理解できるものです。しかし、死の床にあるアブラハムに一刻も早く朗報を伝えたい老僕は、「この旅の目的をかなえてくださったのは主なのですから、私を引き止めないでください」（五六節）とすぐに帰ることを主張しました。

続く五七―六〇節は、次のとおりです。

「五七そこで彼らは、『娘を呼んで直接聞いてみましょう』と返事をし、五八リベカを呼んで、『この人と一緒
に行くか』と尋ねた。すると、彼女が『行きます』と答えたので、五九彼らは、妹のリベカとその乳母、ア
ブラハムの僕とその従者たちを送り出すことにし、六〇リベカを祝福して言った。

『妹よ、あなたから幾千万の民が出るように。
あなたの子孫は敵の門を勝ち取るように。』」（二四・五七―六〇）

ここで初めてリベカが呼ばれ、彼女の意志が聞かれました。呼ばれたリベカはきっぱりと一言で、「行きます」と答えました（五八節）。リベカのいさぎよさがきわ立ちます。リベカも老僕の一連の言葉と態度から、この

（6）同右。

話が主から出たものだということを確信したのだと思います。

このリベカの一言の「行きます」には、次の二重の意味があったと考えられます。一つは、先に紹介した『旧約聖書創世記』関根正雄訳の注にあったように、リベカは父の家を離れて夫の家に移ることを承諾したという意味です。[7] これでアブラハムの条件であった、イサクの妻となる娘がカナンの地に来なければならないということは満足されました。二つ目の意味は、リベカは兄と母が言うように一〇日を待たずに、今すぐに僕と一緒に出発するという意味です。

そこで兄と母は、リベカとその乳母を、老僕と従者たちとともに、出発させることにして、兄ラバンはリベカを祝福しました（六〇節）。リベカのいさぎよさだけでなく、兄と母も、リベカがすぐ発つことを認めました。このテンポのよさは、関係者のみんなが、このことが主から出たことを悟っていたからだと思います。

兄と母が言った祝福の言葉は、二二章一七節のアブラハムに対する主の祝福の言葉とほぼ同じです。二二章一七節のアブラハムに対する主の祝福の言葉は、後からの二次的加筆とされています。[8] ですから、この二四章六〇節のリベカの祝福の言葉も、極めてイスラエル民族中心主義的な人が後から加筆したのではないかと推測されます。

続く六一節には、「リベカと侍女たちは立ち上がってらくだに乗り、僕に付いて行った。こうして僕はリベカを連れて行った。」と、リベカが無事出発したことが語られます。侍女たちの一人の名前はデボラであることが、後の三五章八節でわかります。

なおリベカという名は、「ヘブライ語で『祝福する』という動詞『バラク』の言葉遊びのようである」と一つの註解書にありました。[9] 兄と母がリベカの出発に際して与えた祝福に関係があるようです。そしてアブラハムと僕、そしてイサクにとってもリベカは祝福でした。このように、みんなから祝福されて、結婚の道に旅立つリベカは幸いなるかな、です。

次の六二節は、以下のとおりです。

「さて、ネゲブの地に住んでいたイサクは、ベエル・ラハイ・ロイから戻ってきたところであった。」

ネゲブの地とは、アブラハムが住んでいたベエル・シェバ（二二・一九）を含むきわめて広い地方で（図6-2を参照してください）、そのどこに住んでいたかは明確に書かれていません。しかし、おそらく父アブラハムが住んでいたベエル・シェバに住んでいたものと思われます。ベエル・シェバは広いネゲブ地方の北部にあります。一方、ベエル・ラハイ・ロイの位置は、カデシュとベレドの間にある（一六・一四）と書かれています。カデシュの位置はネゲブ地方の南部にあることはわかっていますが、ベレドの位置が不明なため、ベエル・ラハイ・ロイの位置は不明です。しかし、ネゲブ地方の南部にあったことは確かです。ということで、イサクは住んでいたネゲブ地方の南部のベエル・ラハイ・ロイに行き、そこから北部にあるベエル・シェバに帰って来たばかりだったということになります。その時に、老僕エリエゼルが連れてきたリベカに会ったのでした。

ここで、老僕エリエゼルが、主人アブラハムのところにリベカを連れて行かず、息子イサクのところにリベカを連れて行ったのは、老僕エリエゼルが旅に出ている間にアブラハムは亡くなったからであろう、とされています。[10]

なお、アブラハムが死亡し埋葬された記事は、二五章七―一一節に出ており、時間的には、二四章六〇節のリ

（7）同右。
（8）同右一八一頁。
（9）『フランシスコ会訳聖書』（旧約）五三頁。
（10）『旧約聖書創世記』関根正雄訳、一八三頁。

ベカが出発した前後のことだったと推測されます。しかし、創世記の編纂者は、イサクとリベカの結婚の記事を、二四章でひとまとめにして話すために、アブラハムが死亡した記事を二五章に持って来たようです。

次の六三節に、「イサクは夕暮れ近く、野原を散歩していたが、ふと目を上げると、らくだがやってくるのが見えた」とあります。

イサクは、すでに母サラを亡くし（二三章）、さらに父アブラハムも亡きあと、一人夕暮れどきに野を散策して寂しさに耐えていたものと思われます。矢内原忠雄氏はこの情景を、「生来物静かなイサクは、一層孤独寂寥の感に閉ざされて、夕暮れ野に出て、黙想に沈みながら歩いていた」と書きます[11]。そうして歩いていると、遠くから、らくだがやって来るのが見えました。

続く六四―六五節は次のとおりです。

「[六四]リベカもまた目を上げて、イサクを見た。彼女はらくだから下り、[六五]僕に言った。『野を歩いて、私たちに会いにやって来るあの男の人は誰ですか。』僕が、『あの方は私の主人です』と答えると、彼女はベールを取り出してかぶった。」（二四・六四―六五）

リベカが初めてイサクに会う感動的な場面を、ヤハウェ資料は美しく描きます。リベカが、野を歩いて自分たちの方にやってくるイサクを見たとき、ある直観が働いたのでしょう。彼女はらくだから下り、ベールを取り出してかぶりました。花嫁が結婚の夜までは、夫に顔を見せないでベールをかぶることは、後に二九章時二三―二五節にも出てくるとおり、当時の習慣でした。ここで老僕エリエゼルが、イサクのことを「私の主人です」と言っていることもアブラハムがすでに亡くなっていたことを示します。彼はイサクに旅の報告をしました。それを聞いたイサクは、リベカを亡き母サラの天幕に案内します。このことからイサクが亡き父・母のいたテントの近く、つまりベエル・シェバに、このときはいたことがわかります。

遊牧民の間では、夫婦であっても女性用のテントは別でした。今や、族長となったイサクが、亡き母の天幕にリベカを案内したのは、リベカを妻として迎えたことを意味します。

この物語は、「彼はリベカをめとり、妻となった彼女を愛した。こうしてイサクは、母の死後、慰めを得た」（六七節）という言葉で結ばれます。母を亡くし父も亡くして、さびしかった独身のイサクは、こうして愛する妻を得て、女性のいる暖かい家庭を持つに至り、慰めを得たのでした。美しいエンディングです。

イサクは生涯リベカだけを妻として、側女などは持ちませんでした。この事実からもイサクがリベカを深く愛したことがわかります。

コラム 10-1

アブラハムはなぜ僕に、息子イサクの妻を故郷の親族の中から探しなさい、ただしイサクを故郷に連れていってはならない、と言ったのでしょうか

アブラハムの故郷ハランにいた親族は、父テラに連れられて、ともにこの世的な栄華と退廃に酔いしれていたカルデアのウルから出て来た人たちです。その意味では、すでに一歩を踏み出した人たちでした。この人たちが、アブラハムが信じていた神、主を信じていたことは、リベカの兄ラバンの言葉である、「主に祝福された方」（三一節）、およびラバンとベトエルの言葉である「これは主から出たことですから、私どもにはその良し悪しを言うことはできません」（五〇節）からわかります。

（11）　矢内原忠雄『聖書講義創世記』一五五頁。

結婚は、二人が相手を見つめ合うのでなく、ともに同じ方向を見て、手を取り合って進むのでなければ、長続きしないものです。ですから、アブラハムは、少なくともこの世からは一歩を踏み出している同じ神、主を信じる親族から、息子イサクの妻を選んで、二人が手を携えて主に向かって歩んでほしいと願ったのだと思います。

アブラハムは、ハランからさらに神の呼びかけに応じて、「父の家を離れて」神が示した約束の地であるカナンの地に来たものです。アブラハムは、神が何度も、「あなたの子孫にこの土地を与える」（一二・七など）と約束したことを覚えていました。ですから自分の子孫は、この土地にいなければならないと思ったのでしょう。そこで、イサクを故郷に連れて行ってはならない、選んだ妻がこちらに来ないというのなら、この誓いから解かれる、と老僕に言いました。この言葉は、女性の主体性を認めて尊重すると同時に、すべてを神さまの導きに委ねるアブラハムの信仰を言い表しています。

なお、旧約聖書では、神が示した約束の地はカナンの地ですが、新約聖書では、約束の地は天国です。たとえば、新約聖書の次の言葉を読めば、私たちに約束されているのが天国であるとわかります。

「喜びなさい。大いに喜びなさい。天には大きな報いがある。」（マタイ五・一二）

「宝は、天に積みなさい。」（マタイ六・二〇）

「しかし、わたしたちの国籍は天にあります。」（フィリピ三・二〇）

ですから息子イサクが約束の地を継ぐために息子の妻に同じ信仰を持つ人をとアブラハムが望んだように、私も新約聖書の観点から、親として子どもが同じ約束の地である天国を目指す人と結婚するようにと望み祈ったことは事実です。

コラム 10-2

リベカのいさぎよさ

老僕がリベカを連れて、今日出発して主人のところへ帰りたいと言ったときに、リベカの兄ラバンと父ベトエルは、リベカを呼んで、お前はこの人と一緒に行きますか、と聞きました。すると彼女は即座に、「行きます」ときっぱりと答えました。リベカの潔さはどこから出てくるのでしょうか。リベカの潔さは、老僕エリエゼルの真摯な態度と祈りの姿を見て、この結婚が神さまから出たことであることを確信したからだと思います。

私の信仰の恩師である杉山好先生は、かつて、「クリスチャン女性には、いさぎよさがある」と言われましたが、まさにその典型的な例が、このリベカのいさぎよい答えとその後の態度です。

このいさぎよさは女性だけでなく、男性にも必要です。女性でも男性でも人生の岐路に立たされた場合、その進路が神の御心から出たことが確信できるときには、将来を見通せなくても、すべてを愛の神の導きに委ねて、潔く出発すべきだと思います。アブラハム自身も、「父の家を離れて、わたしが示す地に行きなさい」という神の呼びかけを聞いた時に、「行く先を知らず」に、いさぎよく出て行きました[12]。

アブラハムの場合も、リベカの場合も、将来どうなるかはわからなくとも、ことが神から出たのであれば、愛の神の導きに信頼していさぎよく出て行ったのです。

(12) ヘブライ人への手紙一一章八節。

コラム 10-3

イサクとリベカの結婚

イサクとリベカの結婚は、事前に二人は会っていなかったので、「お見合い結婚」でさえありませんでした。本人たちの知らないところで用意され、定められた、完全な「arranged marriage」でした。

老僕エリエゼルが、リベカに会う前に、「私は今、泉のそばに立っています。水を汲みにやってきたおとめに、水がめの水を少しばかり飲ませてください、と私が願い、彼女がお飲みください、らくだにも水を汲んでやりましょう、と答えれば、彼女こそ、主が主人の息子に定められた妻としてください」(四三―四四節)と祈りました。老僕は、主のみ旨を知るための方法を主に提案して、主を試した形になっています。

人間がこのようなやり方で、主のみ旨を知ろうとすることは、よいことなのでしょうか。私は許されることだと思います。それは、老僕の普段の信仰の態度から、老僕が自分の利益でなく、主人アブラハムの利益のために、さらにアブラハムを通して主がなさろうとしているご計画の実現のためだからです。もし、老僕が自分の利益のためだけにこのように主を試しているのなら、主は決してその通りにはされないでしょう。

老僕のこの祈りと真摯な態度は、リベカの兄、父、母にも通じて、この結婚が本当に主から出たものとなりました。関係者すべてが神の前に真摯に謙虚に、神の御心を受け入れるときに、この結婚はみんなに祝福されたものとなります。その結果、イサクは、神から与えられたリベカを心から愛し、生涯、妻はただ一人で、リベカだけを愛しました。父アブラハムや息子エサウやヤコブのように、複数の妻を持つことは生涯ありませんでした。

コラム 10-4

この物語の美しさ

この物語は、牧歌的な中に、老僕の信仰心と忠実さ、リベカのけなげさといさぎよさ、リベカの兄と母の彼女に対する愛情と気配り、イサクの喜び、そしてすべてをよきに導く神様のテンポのよい導きのすばらしさが描かれていて、いつまでも心に残る話です。その美しさの秘密は、登場人物のみんなが主の御心とご計画を信じており、誰一人自分を主張する人がいない点です。

私にとって、この物語について、次のように書いた矢内原忠雄氏の言葉も忘れられないものになっています[13]。

「世に結婚の物語は数多くあるが、イサクの結婚にまさりて美しき物語はない。また創世記に美しい記事が多くあるが、この第二四章に匹敵するものは少ない。ここには、その物語の顕著なる素朴さに拘わらず、人間的の欲望、駆け引き、打算、煩慮の陰影は豪末もなく、すべてが信仰的に単純に、純粋に取り行われた。祝福は信仰に伴う。」

(13) 矢内原忠雄「聖書講義創世記」一五七頁。

10・2　アブラハム物語の締めくくり（二五章一―一八節）

二四章で、イサクの妻となるリベカを伴いナホルの町を出発した老僕エリエゼルは、ベエル・シェバのイサクのもとにリベカを連れて帰りました。エリエゼルが、イサクを主人と呼んでいることから、アブラハムはすでに死去していたものと考えられています。

しかし、創世記の編者は、アブラハムの信仰の継承者としてのイサクが、妻を同じ信仰を持つ親族から迎えられたことを記すことに重点を置いて二四章を書いたので、アブラハム物語を締めくくる章を二五章にもってきました。

10・3　ケトラとの結婚（二五章一―六節）

二五章は、以下のように始まります（一―四節）。

「[一]アブラハムは再び妻をめとった。その名はケトラと言った。[二]彼女はアブラハムに、ジムラン、ヨクシャン、メダン、ミデヤン、イシュバク、シュアを産んだ。[三]ヨクシャンはシェバとデダンをもうけた。デダンの子孫はアシュル人、レトシム人、レウミム人であった。[四]ミデヤンの子孫はエファ、エフェル、ハノク、アビダ、エルダア。以上は皆、ケトラの一族である。」（二五・一―四）

『旧約聖書創世記』関根正雄訳は、原資料を「やや不明なるも、二二章二〇節以下と似ており、用語その他から見ればヤハウェ資料」とします。[14]

このケトラとの結婚の記事は、アブラハムとサラの話を長く聞かされてきた私たち読者にはやや唐突です。その時期や内容について、学者の間で諸説があります。その中で、最も私の印象に残ったのは、ユダヤ教のラビであるジョナサン・サックス氏の解釈でした[15]。少し長くなりますが、以下にその解釈を引用します（原文英語、日本語抄訳筆者）。

「イサクがリベカと幸福に結婚した記事の後に、予想外に創世記はアブラハムのケトラとの結婚の話を持ってきた。創世記には、単なる思い付きで書かれた記事はない。一方、創世記はすべての出来事を書いているわけでもない。書かれている記事をヒントに隠された物語を読む必要がある。このアブラハムのケトラとの結婚の記事を理解するヒントは、二つある。一つは、老僕がリベカを連れて帰ってきたとき、イサクがベエル・ラハイ・ロイから戻ってきたという記事である（二四・六二）。二つ目はアブラハムが死んだあと、二人の息子イサクとイシュマエルが仲よく、アブラハムをマクペラの洞窟に葬ったという記事である（二五・九）。これらをアブラハムとケトラの結婚の記事に関連付けて、ユダヤ教の文書の一つであるミドラーシュ(Midrash)[16]は、次のような隠された物語を紡ぎだした。

イサクは、自分の妻となる娘を父アブラハムが僕を遣わして探しに行かせたと聞いたとき、「父が一人でいるのに、私が結婚してよいものだろうか。私はハガルを探しに行って、父の妻としよう」と考えて、ハガルを探しに彼女が命名した泉であるベエル・ラハイ・ロイ（一六・一四）に行ったのだ。ケトラというのは、

(14)『旧約聖書創世記』関根正雄訳、一八四頁。
(15) Rabbi Sacks, Covenant & Conversation, pp. 142-144.
(16)「ミドラーシュ」とは「探し求める」というヘブライ語の動詞から派生した語で、ヘブライ語聖書の書かれた文字から、ラビたちが行間を読んで得られたいわば隠された解釈や物語を、紀元後四〇〇年から一二〇〇年までの間のものについて、まとめたものです。

実はハガルの別名である。モーセ五書で一人の人が二つ以上の名前を持つことはよくあることである。イサクに見い出されたハガルは、アブラハムのもとに連れて来られて、イサクが勧めたので、アブラハムもハガルも同意して、二人は結婚した。これにより、アブラハムには辛い思い出であり（二一・一二）、かつハガルとイシュマエルを追い出したあの痛ましい話にも幸福な結末がつく。

なお別のミドラーシュは、アブラハムが追い出された息子イシュマエルを二度訪れたと記す。最初に訪れたときは、イシュマエルは不在で、イシュマエルの妻は、アブラハムを見知らぬ老人として接待せず追い返した。それを聞いたイシュマエルはその妻を離縁し、ファティマという女性と結婚した。二度目にアブラハムが訪れたときもイシュマエルはいなかった。アブラハムは自分が誰であるかを言わなかったが、ファティマはアブラハムに食べ物と飲み物を用意し接待した。そこでアブラハムは立って祈ったので、イシュマエルの家は祝福され、多くのよい物で満たされるようになった。その後、イシュマエルが妻ファティマからその話を聞かされたとき、イシュマエルはまだ自分が父アブラハムから愛されていることを知り、父と子は和解した。

なおイスラム教の「コーラン」では、このイシュマエルの妻ファティマは、預言者モハメッドの娘とされる。このミドラーシュが書かれたのは紀元後八世紀であり、預言者モハメッドが活動したのは紀元後七世紀であった。こうしてこのミドラーシュは、イスラム教を認め、肯定的（ポジティブ）に書いている。

以上のように、ユダヤ人もイスラム教徒もアブラハムが愛した息子たちであるイサクとイシュマエルの子孫であり、この二人が父アブラハムを仲よく葬ったという話は現代の私たちに大きな意味を持つ。ユダヤ教の歴代のラビたちは、ここで述べたように示唆に富む感動的な話を紡ぎだした。アブラハムは、サラ亡き後、ハガルを妻として結婚し、アブラハムとイシュマエルは和解し、イサクとイシュマエルも仲のよい関係を続けた。確かに当初は、争いと離別があったが、ついには皆結ばれたのである。だからユダヤ教とイスラム教の間にも、友情と相手への尊敬がありうるのである。アブラハムは二人の息子を愛し、仲よく二人に葬られた。この昔の話の中に、将来への希望がある。」

このようなユダヤ教とイスラム教をつなぐ感動的な美しい話を、聖書の行間から紡ぎだしたユダヤ教のラビたちの物語の中に、「将来への希望がある」というユダヤ教のラビであるサックス氏の言葉に同感です。

この歴代のユダヤ教のラビたちが紡ぎだしたミドラーシュによる解釈の他にも、キリスト教の注釈書には、アブラハムとケトラの結婚の時期や内容について、次のような三つの説があります。その説明ならびに根拠を以下にあげます。(17)

説一　創世記に出てくる順番どおりに、妻サラの死後（二三章）**とする説**(18)

この説の根拠としてあげられているのは、神がアブラハムに「多くの民の父となる」（一七・四）と約束したこと、および神は約束に忠実な方であること、さらに神に不可能なことはないことを考え合わせると、一三七歳になって再び結婚したアブラハムが、妻ケトラを通して、五人の子を得たというのはありうる、とします。

説二　妻サラの要求に従いハガルとイシュマエルを追いだした（二一章）**後とする説**(19)

この説の根拠としては、アブラハムがハガルとイシュマエルを追い出した時は、イサクが生まれて乳離れした時ですから、アブラハムは百歳でした（二一・五）。その時、サラは九一歳でした。サラが死んだのは一二七歳ですから（二三・一）、サラはイサクを産んだ後三七年間、子を産みませんでした。そこで、周りの人が、神の祝福

(17) Wenham, *Word Biblical Commentary Genesis* 16–50, p. 158.
(18) 『フランシスコ会訳聖書』（旧）五三頁。
(19) Wenham, *Word Biblical Commentary Genesis* 16–50, p. 158.

により今や大いに富んだアブラハムに側女を持つように勧めた、という説明です。アブラハム自身も、「多くの民の父となる」（一七・四）という約束を思い出して、自らケトラを妻としたのかも知れません。この説ならば、アブラハムにはまだ子を産む力が残っていたので、五人の子を持つ可能性は、説一よりは大きくなります。

説三　ケトラは、実は息子イシュマエルの妻であったとする説[20]

この説の根拠は、まず妻「ケトラ」の名前が、ヘブライ語の「香を焚く（カータル）」という動詞の女性単数過去分詞からきた「薫香を焚かれた女性」という意味だから、というものです。[21] これはアラビア半島の香料交易に関係する名前であり、次の二―四節に出てくる彼女による子孫の名前は、不詳の名前も多くありますが、全体としてシナイ半島から南アラビアに住んでいた部族や民を指します。したがって、ケトラをアブラハムの妻とすることもできますが、もともとはアブラハムの息子イシュマエルの妻だったとする学者もいるとのことです。[22] いずれにせよ、アブラハムは、その子イシュマエルを通してシナイ半島から南アラビアに住んでいた部族や民を含めた「多くの民の父」となった、とこの説は語ります。

どの説が正しいかに決着をつけることは、旧約聖書学者の間でも困難なようです。私たちは、結局、アブラハムを「多くの民の父とする」という神の約束が、妻たちサラ、ハガル、ケトラによって成就したということを、ヤハウェ資料は述べたかったということを知ればよいのだと思います。

ユダヤ教のミドラーシュが、テキストの行間を読んで、想像力と示唆に富んだ隠れた物語を紡ぎだすという解釈の方法も、とても面白いと思いました。

なお、二節に書かれている五人の子らのうち、聖書に出てくるのは、ミディアン（三七・二八、出エジプト記二・一五）とシュア（ヨブ記二・一一）です。三節に出てくるシェバは、後にソロモンを訪ねたシェバの女王という形で出てきます（列王記上一〇・一〇）。つまり、創世記からは、アブラハムの息子イシュマエルの子孫も含めてアラビアの諸族もアブラハムを祖先としていることがわかります。これにより、アブラハムを「多くの民の父とする」という神の約束は成就されたことになります。注目すべきなのは、アブラハムを祖先とするのは、イスラエル人だけではなく、イスラム教を奉じるアラブの人たちも同じであるということです。

五節の「アブラハムは、全財産をイサクに譲った」という文からは、アブラハムは正妻サラが産んだ約束の子イサクを、自分の正当な後継者としたと、このイスラエル人の間に伝えられた旧約聖書がしていることがわかります。しかしイスラム教では、イシュマエルをアブラハムの正統な跡継ぎとしています。[23]

六節には、「(アブラハムは) 側女の子らには贈り物を与え、まだ自分が生きている間に東の方にあるケデムの地に移住させ、息子イサクから遠ざけた」とあります。この六節は、後からの加筆とされています。ここで、「側女」と訳されたヘブライ語は、「ハッピラグシーム」であり、「側女」を意味する「ピーレゲシュ」の定冠詞がついた複数形です。ところでこの「側女たち」と考えられるのは、ハガルとケトラです。しかし、サライはハガルを「夫アブラムに妻（ヘブライ語イッシャー）として差し出した」（一六・三）とあり、またケトラも「アブラハムは再び妻（イッシャー）をめとった」（二五・一）となっているので、二人とも妻（イッシャー）とされています。側女（ピーレゲシュ）とはされていません。つまり、後から加筆された六節は、イサクの正統性を強調するあまり、ハガルとケトラを側女（ピーレゲシュ）と呼んだのかも知れません。

(20)『旧約聖書創世記』関根正雄訳、一八四頁。
(21)『旧約聖書1　創世記』月本昭男訳、七四頁。
(22)『旧約聖書創世記』関根正雄訳、一八四頁。
(23) 月本昭男『物語としての旧約聖書　上』一二九頁。

10・4　アブラハムの死と埋葬（二五章七―一一節）

七―一一節は、次のようになります。

「七アブラハムの生涯の年数は百七十五年であった。八アブラハムは良き晩年を迎え、老いた後、生涯を全うして息絶え、死んで先祖の列に加えられた。九息子のイサクとイシュマエルは、マムレの向かい、ヘト人ツォハルの子エフロンの畑地にあったマクペラの洞窟に彼を葬った。一〇その畑地は、アブラハムがヘトの人々から買い取ったもので、そこにアブラハムは妻サラとともに葬られた。一一アブラハムが死んだ後、神はその子イサクを祝福された。イサクはベエル・ラハイ・ロイの近くに住んだ。」（二五・七―一一）

七節から一一節前半のアブラハムの死と埋葬の記事は、祭司資料によります。この部分は、アブラハムの年令をきちんと明記している祭司資料らしいところです。「先祖の列に加えられた」というのは、一般的には先祖と同じ墓に葬られた、という意味です。しかしアブラハムは、ハランにあった父の家を出てカナン地方に来た後（一二章）、妻サラを葬るためにマクペラの洞窟を墓所として新しく買ったので（二三章）、物理的に先祖と同じ墓に葬られたのではありません。ですから「先祖の列に加えられた」というのは、先祖と同様にこの世の生涯を終えて死んだと理解するのがよいとされます[24]。創世記には、人が死んだらどうなるのか、たとえば来生とか天国とか、あるいは復活するというような言及は見当たりません。

次いで九節で、「息子のイサクとイシュマエル」が、父アブラハムを一緒にマクペラの洞窟の墓に葬ったことが書かれます。ここで注目されるのは、妻サラの子イサクとエジプトの女奴隷ハガルの子イシュマエルが父アブラハムを一緒に葬ったことです。「息子」と訳された原語のヘブライ語は「バーナウ」で、これは単数の息子「ベーン」の複数形です。イシュマエルが登場するのは、二一章二一節以降初めてです。つまり、イサクの誕生以来、疎遠になっていた（二一・一四以下）、兄弟たちであるイサクとイシュマエルが仲よく父アブラハムを葬ったのです。

一方、ケトラの五人の息子たちが、イサクおよびイシュマエルと一緒に葬っていないことにも気が付きます。このケトラの五人の息子がともにアブラハムを葬っていない理由について、私が参照文献にあげた註解書の中では、ただ一つThe New Interpreter's Bibleだけが、「イサクだけでなく、イシュマエルも神に祝福された息子（一七・二〇）だからである」（原文英語、日本語訳筆者）とします。[25] 確かに、ケトラの子どもたちについての同じような神の祝福の言葉は創世記には記述がありません。しかし、前に紹介したミドラーシュの物語を前提にすると、イシュマエルがハガル（別名ケトラ）の子供たちを代表して名前があげられているだけであって、実際にはケトラの子どもたちも葬儀に参列していたのかも知れません。

一一節の前半の「アブラハムが死んだ後、神はその子イサクを祝福された」という祭司資料の言葉で、アブラハム物語が終わり、以降の創世記の物語の主人公は息子イサクとなります。

一一節の後半の「イサクはベエル・ラハイ・ロイの近くに住んだ」はヤハウェ資料で、二四章六七節のヤハウェ資料の言葉「イサクは、母サラの天幕に彼女を入れた。彼はリベカをめとり、妻となった彼女を愛した。こうしてイサクは、母の死後、慰めを得た」に続くものです。すなわち、イサクは父アブラハムが住んでいたベエル・シェバを離れて、より南部のベエル・ラハイ・ロイの近くに移り住みました。一九節から始まるイサクの物語は、ベエル・ラハイ・ロイで始まることが示唆されています。ベエル・ラハイ・ロイは、ネゲブ地方の南部に

(24) Wenham, *Word Biblical Commentary Genesis* 16-50, p. 160.
(25) The New Interpreter's Bible, p. 515.

りましたが、正確な位置は不明です（一六章一四節の説明を参照してください）。

10・5 イシュマエルの子孫（二五章一二―一八節）

イシュマエルの子孫の系図が、一二節の「アブラハムの子イシュマエルの系図は次のとおりである」という典型的な祭司資料の文章で、祭司資料により一二―一七節まで書かれます。アブラハム物語の最後は、息子イサクの話に移る前に、もう一人の息子イシュマエルの子孫について述べて終わります。

一三―一五節にイシュマエルの一二人の息子たちの名前があげられます。このうち、ネバヨト、ケダル、ハダド、テマは、北アラビアの部族名で、前九世紀以降のアッシリアの王碑文などに言及されており、またアドベエルはその一支配者であったそうです[26]。またドマ、テマの名は、それぞれイザヤ書二一章一一節および一四節に出てきます。全体として、前一千年紀にシナイ半島から北アラビア・シリア砂漠にかけて居住していた部族名です[27]。一六節で、イシュマエルの子孫が一二の部族に分かれていたとありますが、イサクの子のヤコブ（後にイスラエルと改名）の子孫が、一二の部族からなっていたことと対になっています。

このように、アブラハムは、イスラエルの一二の部族、およびアラビアの一二の部族の祖となりました。さらにケトラの息子たち（二五・一―四）もいます。アブラハムは、生物学的にも「多くの民の父」（一七・四）となり、神の約束が成就したことになります。信仰的な子孫を加えれば、さらに多くの民の父になったことになります。

一七節に、「イシュマエルの生涯の年数は百三十七年であった。彼は息絶え、死んで先祖の列に加えられた」とあります。しかし、どこに葬られたのかの記述はありません。一方、イサクは一八〇年の生涯を全うし（三五・二八）、父アブラハム・母サラと同じ、マクペラの洞窟に葬られました（四九・三二）。このことからも創世記は、アブラハムと同じマクペラの洞窟に葬られたので、イサクこそがアブラハムの正当な後継者だと、述べているようです。前にも述べましたが、イスラム教では、イシュマエル（コーランでは、イスマイール）こそがアブラハムの正統な跡継ぎであるとされます[28]。

一八節は、イシュマエルの子孫が住んだ地域を示すもので、後からの註釈的な加筆らしいとのことです[29]。ここに出てくる地名のうち、シュルはシナイ半島の一部とされ（二一・二一）、ハビラは二章一一節、アシュルは二五章四節にそれぞれ出てきた、アラビア半島の一部です[30]。

以上でアブラハム物語は終わり、次の二五章一九節からは、イサクに焦点があてられたイサク物語が始まります。二五章一九節からは、下巻で述べます。

コラム
10-5

アブラハムの生涯

アブラハムは、今日ユダヤ教、キリスト教、イスラム教で共通の信仰の祖先と仰がれています。彼

(26)『旧約聖書１　創世記』月本昭男訳、七六頁。
(27)同右。
(28)月本昭男『物語としての旧約聖書　上』一二九頁。
(29)『旧約聖書創世記』関根正雄訳、一八五頁。
(30)『旧約聖書１　創世記』月本昭男訳、七六頁。

の信仰とは、どういうものだったでしょうか。

彼は、壮年の七五歳のときに、「あなたは生まれた地と親族、父の家を離れて私が示す地に行きなさい」という神の召しを受けて、行く先も知らずに旅立ちました。彼の信仰の第一の特徴は、神を信頼して、その導きに答え、今いる状況からあえて抜け出して、行く先も知らずに出て行ったことです。

しかし、見知らぬ土地に行って、失敗と成功を体験しつつ、彼は人生の谷と山を経験しました。失敗とは、見知らぬ土地で、その土地の権力者を恐れて、美しかった妻サラを妹と偽って、彼女の人格を無視して自分の命を救おうとしたことです。このことが、エジプトに滞在した時（一二章）、およびゲラルに滞在した時（二一章）と二度もありました。この時、神はそれぞれエジプトの王およびゲラルの王に働きかけて、アブラハムとサラを救い出しただけでなく、財産も与えられるようにしました。しかし、神が守ってくださったことをアブラハムはこの時には気づいていなかったようです。

成功とは、カナンの諸王とメソポタミアの諸王が戦って、カナンの諸王が破れ、甥ロトも連れ去られた時に、アブラハムは武装した部下たちとともにメソポタミアの諸王を追撃し、ロトを救い出しただけでなく、カナンの諸王の捕虜、財産も取り戻したことです。このことにより、アブラハムは、サレムの王メルキゼデクの祝福を受けました（一四章）。

アブラハム・サラ夫妻にとっての一番大きな悩みは、「あなたの子孫にこの土地を与える」と神は何度も約束しているのに、子供が与えられないことでした。このためアブラハムは、妻サラの勧めに従い、妻の仕え女ハガルのところに入り、子供イシュマエルを得ます。その後、老年の域に達したアブラハム・サラ夫妻にようやく子供イサクが与えられます。そうすると妻サラはハガルとその子イシュマエルを追い出すようにアブラハムに迫り、アブラハムは非常に苦しみました（二一章）。しかし神が、「サラの言うことに聞き従いなさい。しかし、ハガルの息子イシュマエルも一つの国民の父とする。彼もあなたの子であるからだ」（二一・一二―一三）と言われたので、神の手にハガルとその子イシュマエルを託しました。こうして、アブラハムは神が信頼するに値する方であることを、人生のさまざまな場面における経験を通して学びました。

新約聖書のローマの信徒への手紙で、使徒パウロが言っているように、「彼（アブラハム）は望みえないのに望みを抱いて信じ」（四・一八）たということが、アブラハムの信仰の第二の特徴です。

ですから、神がアブラハムに、あなたの息子、あなたの愛する独り子イサクを焼き尽くすいけにえとして献げなさい（二二・二）と言われた時、何も言わずに神の命令に従いました。それは、これまでの多くの人生のアップダウンから、彼の心のうちに、「神が備えて下さる」の信仰が根付いていたからです。これを見て、主はアブラハムに「その子に手を下してはならない。何もしてはならない。あなたが神を畏れる者であることが今、分かった」（二二・一二）と彼を引き止めました。そして、イサクの代わりに、雄羊を犠牲の献げ物として用意したのです。ですから、アブラハムの信仰の第三の特徴は、「神が備えて下さる」の信仰です。

彼がこの世を去るにあたって最後にしたことは、息子イサクが自分の信仰を継承するように、同じ神を信仰する同族から妻をもらうようにすることでした。これを忠実な老僕エリエゼルに託しました。アブラハムは自分の体験から、信仰を保ちつつこの世の荒波を越えて行くには、夫婦が同じ信仰を持つことが必須であると知っていたのだと思います。その結果、同族の中からリベカが選ばれますが、アブラハムはこのことを知らないで死んだようです。知らなくとも、神が必ず備えてくださる、と神を信頼して安心して死んだことだと思います。

以上のようにアブラハムは、青年期には、神を信頼して、その導きに応え「父の家を離れて」行く先も知らずに出て行く信仰を持ち、壮年期には、子を与えてくださるという神の約束がなかなか実現しないにもかかわらず、「望みえないのになお望む」信仰を持って希望を失わずに歩み、晩年には「神が備えて下さる」の全き信仰を持って、イサクを献げようとしました。この信仰を持っていたアブラハムは、息子イサクの妻も、「神が備えて下さる」の信仰を持って、老僕エリエゼルに、自分と同じ神なる主を信じる親族のなかから探すようにと誓わせました。その晩年に達した信仰の境地は、青年期および壮年期における実人生での失敗の体験とその時々に神が守ってくれた経験を通じて、ようやく得られた信仰であると思います。

そして、彼は「良き晩年を迎え、老いた後、生涯を全うして息絶え」（二五・七）たのでした。「神が備えて下さる」の信仰さえあれば、人は満ち足りて死ぬことができるのだと思います。

コラム 10-6

アブラハムの子孫たち

アブラハムの子としては、出生順に妻ハガル[31]によるイシュマエル、妻サラによるイサク、さらに妻ケトラ[32]による五人の子がいたことになります。それぞれの子はさらに子孫を残し、イシュマエルの子孫らは主としてシナイ半島からアラビア半島の北部に、イサクの子孫は主としてカナンに、そしてケトラの五人の子たちの子孫はアラビア半島の南西部に住んでいたことが創世記に書かれています。

アブラハムが生きたのは、ほぼ前一八―一六世紀と推定されています。一方、旧約聖書のうちのモーセ五書（創世記、出エジプト記、レビ記、民数記、申命記）が今の形に編纂されたのは、ユダヤ民族がバビロン捕囚されていた時期（前六世紀）、そして完成されたのが、前五世紀とされています。つまり、アブラハムの話がその子孫に伝承されて今の旧約聖書におさめられている形になるまで約千年が経っていることになります。この千年余の間、アブラハムの多くの子孫たちが、それぞれアブラハムに関する伝承を伝えたに違いありません。それは、たとえばコーランにアブラハム、および彼のもう一人の子イシュマエルに関する伝承が残っていることからも推測できます。本書で取り上げている「創世記」は、イサクの子ヤコブ（別名イスラエル）の一二人の子の子孫であるイスラエル民族によって伝えられたものです。したがって、叙述がイスラエル民族から見た見方になっているのはやむを得ません。ですからイスラエル民族に属さない私たちが読むときには、その点を考慮して、本当に人類共通の書として、次世代に伝えるべき価値があるものは何であるかを考えて読む必要があると思います。それは、先に述べた三つの特徴を持つアブラハムの信仰であると思います。

いずれにせよ、長い間子供に恵まれなかったアブラハムは、神の最初の約束のように、結局「多くの民の父」になりました。さらに彼の信仰の子孫という意味では、ユダヤ教、キリスト教、イスラム教の人たちは、彼の信仰の子たちですから、さらに「多くの民の信仰の父」となったことになります。

アブラハムはこのことを知らずに死にました。神の約束の成就には、いかに多くの年月が流れたことか、またその成就は一人の人の死を越えて、幾世代にもわたっていったことがわかります。忍耐と

(31) ハガルを妻と呼ぶのは、一六章三節のヘブライ語は「イッシャー」による。これは「アブラムの妻の名はサライ」（一一・二九）の妻のヘブライ語「イッシャー」に同じです。

(32) ケトラを妻と呼ぶのは、二五章一節のヘブライ語「イッシャー」による。

希望を持って死ぬことの大切さを教えてくれていると思います。

あとがき

私が旧約聖書創世記を読み始めたのは大学生時代ですが、その後の五〇年余の人生の中で、仲間と一緒にレポートを分担しながら、結局五回創世記を通読しました。その仲間とは、国立聖書研究会の皆さん、職場のNTTにおける聖書研究会の皆さん、早稲田大学へ転職後の「バイリンガル聖書研究会」に参加した皆さんです。これらの聖書研究会では、毎回レポート当番にあたった一人の人があらかじめ注釈書などの参考書によって学んだことをレポートした後、会に参加したみんなが自由に感想を述べあうという形で勉強を進めました。この進め方は、同じ文章を読んでも、人によってはずいぶん違う意見や感想をもつものだ、ということを私に教えてくれました。創世記自体も、すでに本文で述べたように、一千年余にわたる口伝や時々にまとめられた資料をもとに書かれているので、多様な見方を含んでいます。

内容的には、まず一章から一一章に、普遍的に民族や地域を越えてあてはまる、いわゆる「原初史」と言われる部分が来ます。この部分は、天地の創造から始め、次に人間が「神に似せて神のかたち」に造られたという人間観を提供しました。この人間に対する見方は、みんなで基本的人権などについて議論するのに役立ちました。さらに創造された人間が当初は楽園にいたのに、神と同じように善悪を知るものとなりたいという要求から、禁断の善悪の知識の木から実をとって食べたために、楽園を追放された話が続きました。楽園を追放された人間が次第に道徳的に堕落し、強い者が自分の名を残すために弱い者を圧迫する社会を作り始めました。これに失望した神は、大洪水を送って、ノアとその家族、そして一つがいの動物を残して、すべての生き物を一度は滅ぼしました。

しかし、人間の本質がその後も変わらないことを知った神は、違う方法で人間を救うことにしました。その方法というのは、まずアブラハムを選んで祝福し、彼を通して、神への信仰とはどういうものかということを人類に教えることでした。この話は、一二章でアブラハムを故郷の父の家から呼び出すことによって始まります。アブラハムのその後の人生に関する話しが二五章一九節まで続きました。ここで描かれたアブラハムは当初は権力者を恐れ、妻を犠牲にしても自分の命を救おうという弱い人間でした。しかし、さまざまな失敗を通して、神が自分を守ってくれていることを知って、最後は「神が備えてくださる」という確固たる信仰を持つに至りました。

以上が本書の上巻で読んだ内容の概要です。下巻では、彼の息子イサク、さらに孫ヤコブ、そしてヤコブの一二人の息子たちへと、アブラハムの信仰がどのように伝わっていったかという部分を扱います。特に三七章以降は、ヤコブの最愛の息子ヨセフに焦点があてられます。その後、カナン地方に飢饉が起こり、ヤコブ一家は食料を求めてヨセフが宰相をしていたエジプトに下りました。以上のように創世記の一二章以降、最後の五〇章までは、アブラハムとその家族に焦点が絞られた話となります。

この創世記後半の話も、人間の弱さと強さを、それぞれの登場人物の具体的な姿から描く人生と信仰についての実に興味深い話が続きます。それについては下巻で述べることにします。

なお、私はアブラハムの父の家からの出発について、本文で以下のように述べました（第六章　コラム6－2）。

「しかし、一言付け加えたいのは、一一章三一節に『テラは自分の息子アブラム、ハランの息子で自分の孫であるロト、息子アブラムの妻である嫁のサライを連れてカルデアのウルを出発し、カナンの地に向かった。彼らはハランまで来て、そこに住んだ。』（傍線筆者）とあることです。アブラムの父テラもまたカナンを最終目的地としていることに注意したいと思います。つまり、この信仰への動きは、アブラムが一代でなしたことでなく、父テラが約束の地カナンに向けて旅立ったことに実は始まりがあったと私は考えます。しかし父テラは、道半ばにして、途中の地ハランで亡くなりました。」

これに関連して、一言私事を付け加えさせて頂きます。私自身の場合でも、父加納武彦が真実の人生を求めて、大会社における出世コースを降りて、自分の会社を始めましたが、健康上の理由もあってうまく行かず、途中で倒れました。その意味で私も、父が真実の人生を求めて一歩旅立ってくれたことに感謝をしています。

本書の出版にあたっては、早稲田大学出版部の武田文彦氏に大変お世話になりました。ここに記して謝意を表します。

二〇二〇年二月

加納 貞彦

著者紹介

加納 貞彦（かのう　さだひこ）

早稲田大学名誉教授，英国エジンバラ大学客員教授。
1941年生まれ。
1958-59年　東京都立戸山高校在学中，アメリカの高校に AFS（American Field Service）留学。
1961年　東京大学教養学部理科一類入学。在学中，内村鑑三・矢内原忠雄の流れを汲む「柏蔭舎聖書研究会」で聖書を学ぶ。1964年より現在まで国立（くにたち）聖書研究会（無教会）に参加。
1967年　東京大学工学部電気工学科卒業。日本電信電話公社（のちの日本電信電話株式会社（NTT））入社，武蔵野電気通信研究所に配属。研究分野は交換・信号方式，通信ネットワーク。職場での聖書研究会に NTT 退職まで参加。
1973-74年　英国エセックス大学留学。修士（電気工学）。
1978年　工学博士（東京大学）。
1999年　NTT 退職。
1999-2001年　英国エジンバラ大学客員教授として，エジンバラに滞在。
2001-2012年　早稲田大学大学院国際情報通信研究科およびアジア太平洋研究科教授。在職中，留学生も対象にした日本語と英語のバイリンガル聖書研究会を開く。2012年同大学退職後も同研究会活動を継続。
主な著書　『平和と国際情報通信』（早稲田大学出版部，2010年），*Introduction to Global Healthcare Systems*（Waseda University Press, 2012），*Dismantling the Diving Walls*（Waseda University Press, 2013）など多数。

「創世記」に学ぶ（上）
――21世紀の共生

2020年 3 月25日　初版第 1 刷発行

著　者………………加納 貞彦
発行者………………須賀 晃一
発行所………………株式会社 早稲田大学出版部
169-0051 東京都新宿区西早稲田 1-9-12
TEL 03-3203-1551　http://www.waseda-up.co.jp
装　丁………………三浦 正已
印刷・製本…………精文堂印刷株式会社

　ISBN978-4-657-20007-5